1. 从教 18 年以来，以“教育因尊重每一个学生生命平等而神圣”为理念，以生为本，享受育人的过程。

2. 2015 年 5 月，代表苏州高新区参加苏州市小学数学青年教师基本功大赛并获一等奖。

3. 2015 年 10 月参加泰州市骨干教师送教下乡活动执教研讨课。

4. 2015 年 10 月，在泰州市医药高新区参加小学数学评优课比赛并获一等奖。

5. 教学之余，既是教师，也是朋友，与学生交流数学阅读与数学演讲的方法。

6. 2015 年 12 月，执教泰州市市级研讨课《常见的数量关系》获得好评。

7. 2013 年寒假期间，游历海南，思考教育、阅读与演讲的育人真谛。

8. 2011 年 11 月，面向苏州新区数学骨干教师执教《认识公顷》展示课获得好评。

# 让知识自然生长

游小云　著

东南大学出版社
SOUTHEAST UNIVERSITY PRESS
·南京·

**图书在版编目(CIP)数据**

让知识自然生长 / 游小云著. — 南京:东南大学出版社,2017.4 (2020.6重印)

ISBN 978-7-5641-6997-8

Ⅰ.①让… Ⅱ.①游… Ⅲ.①小学数学课—教学研究 Ⅳ.①G623.502

中国版本图书馆CIP数据核字(2016)第320521号

**让知识自然生长**

| | |
|---|---|
| **出版发行** | 东南大学出版社 |
| **社　　址** | 南京市玄武区四牌楼2号(210096) |
| **网　　址** | http://www.seupress.com |
| **出 版 人** | 江建中 |
| **责任编辑** | 丁志星 |
| **经　　销** | 全国各地新华书店 |
| **印　　刷** | 石家庄继文印刷有限公司 |
| **开　　本** | 700mm×1000mm　1/16 |
| **印　　张** | 14　彩插:0.25 |
| **字　　数** | 250千字 |
| **版　　次** | 2017年4月第1版 |
| **印　　次** | 2020年6月第2次印刷 |
| **书　　号** | ISBN 978-7-5641-6997-8 |
| **定　　价** | 39.80元 |

东大版图书若有印装质量问题,请直接与营销中心联系。电话(传真):025—83791830

# 序

初识游小云老师是在十年前。我多次在教育杂志上看到游老师的文章，他的善于思考、勤于笔耕给我留下了非常深刻的印象。

初见游小云老师是在2013年秋季。当时我刚调至苏州高新区教研室工作，组织全区小学数学课堂教学研讨活动，游老师主动请缨，执教“认识比”一课。我欣喜地看到了游老师所具备的良好专业素养，教态儒雅又不失亲和，语言激情又不失条理，课堂精致又不失创新。令人遗憾的是，课堂上教师的“精彩”似乎遮蔽了学生的“出彩”，这也是很多年轻教师的通病，课堂教学中缺乏“蹲下来”看孩子的意识和能力。

课后，游老师认真地反思了自己的课堂得失，谦虚地与大家交流探讨，回去后又马上用文字记录成教学手记。其实，这只是游老师工作状态的一个镜头。从2011年开始，他几乎每天都坚持把上课的感想记录下来，甚至在上洗手间时也会用手机及时记录下教学点滴与思考。每天夜深人静的时候，是游老师在书海中逗留与思辨的时刻，《做一个优秀的小学数学教师》《怎样解题》……成为他枕边最亲密的“爱人”。

我想，有着这样的好学精神与反思能力的教师，是一定会有提升和拔节的！

果然，好消息接踵而来。2015年3月，游老师参加高新区小学数学青年教师基本功比赛，获一等奖第一名；2015年5月，参加苏州市小学数学青年教师基本功比赛，又获一等奖；2015年11月，参加全省小学数学青年教师基本功比赛获二等奖。在此期间，《简便计算错误原因及其解决策略》《基于模型思想指导下的教学尝试》《概念教学的先学后教》等一篇篇教学论文也相继发表。

再识游老师是在一次次的教研活动中。游老师深知“教而不研则浅，研而不教则空”。他明白教学研究不能“只在云端跳舞，而要贴近地面飞行”，他开始落地课堂，扎根学生，在课堂教学的天地里“徜徉”。走进学生、了解学情，一次次上研究课、磨课、听课、评课，再实践、再反思，以平和的研究心态、扎实的课堂行动来洞悉真问题，挖掘课堂教学的绚丽风景。不知不觉间，游老师的课堂从“精致”

走向了“开放”，从“点状”走向了“多维”，从“教”为重心走向了“学”为中心。“认识负数”“常见的数量关系”“确定位置”“认识公顷”“整数除以分数”“数据的分段与整理”“树叶中的比”……一节节好课伴随着游老师的一路追寻，自然绽放。

游老师具有80后所特有的思维活力与创新意识，同时又有更多的坚韧与毅力。2014年，他被苏州光华集团任命为苏州外国语学校泰州分校校长。从此，苏州、泰州两地奔波，每周一凌晨4点就要从家中出发，为的是能给每一个上学的孩子送上一个微笑和问候，每周五处理完学校事务回到家中已是深夜。周而复始，但游老师却乐此不疲，即使是在腰椎病严重发作时也从不间断。寒暑假和周末，他又报名参加苏州大学的MBA课程的学习，为的是能用更新的理念去管理学校和团队。短短两年，泰州外国语学校有了快速的发展，在当地有了很好的口碑和知名度。

诚如成尚荣先生所说：一线教师的研究路径要围绕着课堂的演绎、围绕着儿童研究的演绎、围绕着专业发展的演绎。《让知识自然生长》这本书记录了游老师的研究方向和成长历程。但愿游老师用他的智慧和坚韧，继续在教育之路上且行且思，一路前行！

袁凤珍（苏州市名教师，高新区小学数学教研员）

# 目 录

绪论 在路上,我的教科研成长故事 …… 001
一、我的两段教学成长经历 …… 001
二、一本好书,激励我成长 …… 006
三、几次比赛,督促我成长 …… 014
四、N 位导师,引领我成长 …… 018

第一章 追梦中,追寻知识的自然生长 …… 027
一、自然生长的基本内涵 …… 028
二、让知识自然生长的可能 …… 035
三、让知识自然生长的策略 …… 039

第二章 感悟中,自然生长与提升素养 …… 049
一、在过程中学习,提升数学素养 …… 049
二、探索体验感悟,构建数学概念 …… 053
三、关注过程体验,挖掘数学本质 …… 057
四、提高简算意识,提升计算品质 …… 061
五、经历数学过程,丰富活动经验 …… 065
六、借助几何直观,提升策略素养 …… 070
七、在精彩处预设,在预设中生成 …… 073
八、基于素养提升,教会学生推理 …… 076
九、借助信息技术,整合数学教学 …… 080

第三章 自主中,自然生长与以生为本 …… 083
一、尝试先学后教,倡导以生为本 …… 083
二、采用先学后教,实施以学定教 …… 088

三、把握学习起点，构建高效课堂 …… 092
四、运用先学后教，尝试概念教学 …… 096
五、基于能力养成，探索衔接策略 …… 101
六、借鉴美国教材，创新教学方式 …… 104
七、优化计算教学，提升数学素养 …… 108

**第四章　追寻中，自然生长与一课三磨** …… 114
一、我的上课历程：模仿—打磨—着魔 …… 114
二、发展数学思维，凸显数学本质——“用数对确定位置”的三次磨课历程 …… 119
三、有效整合教材，增强策略意识 …… 126
四、基于模型思想，提升数学素养——以“常见的数量关系”为例 …… 131

**第五章　多思考，自然生长的教学案例** …… 139
一、反对“三假”现象，追寻本真数学 …… 139
二、“认识负数”教学实录与说明 …… 144
三、“常见的数量关系”教学实录与说明 …… 150
四、“认识比”教学实录与说明 …… 157
五、“确定位置”教学实录与说明 …… 162
六、“认识公顷”教学实录与说明 …… 166
七、“整数除以分数”教学实录与说明 …… 171
八、“数据的分段与整理”教学实录与说明 …… 176
九、“树叶中的比”教学实录与说明 …… 180

**第六章　反思中，自然生长与师生共研** …… 184
一、有感于钱学森之问 …… 184
二、我给孩子编数学读本 …… 188
三、学生数眼看世界 …… 198

**结语　着眼于学生未来的发展** …… 207
一、在体验中学习，激发数学兴趣 …… 207
二、在操作中学习，引发数学思考 …… 208

三、在应用中学习，提高应用意识…… 209
四、在自主中学习，提升数学素养…… 210

**后记** …… 212

# 绪论　在路上，我的教科研成长故事

身边有许多朋友问我："你喜欢做一名小学数学老师吗?"

我的回答是肯定而坚定的。

这是为什么呢?

关于喜欢做老师的原因，随着年龄的推移，对这一问题的思考也越来越深刻。曾记得在报考中等师范学校之前，面试老师问我为什么报考中等师范学校，我的老师教我回答道：我愿在平凡的岗位上做出不平凡的业绩。说出的话语完全不像是出自于一个15岁少年的口，倒十分像是在喊口号。后来，我越来越觉得，可以和学生一起成长、增强学生求知的能力、提升学生的学科素养、着眼于学生的未来发展，就是老师这一职业的魅力所在。

佐藤学在《静悄悄的革命》这本书中写道："日本教师的工作时间是平均每周52课时，超过劳动省规定的标准12个小时，所以教师是非常繁忙的。但是，体现教师是教育专家的工作时间，如授课、课前准备、教研活动、课程建设等，却只占其中的一半，另外近一半的时间是浪费在各种各样的会议和杂务上。"所以，要以文字的形式进行反思，浮躁中保持心灵的宁静。记录课堂，反思言行，多一份理性，不随波逐流。用文字的形式研究自己的课堂教学，对自己的实践进行反思和重建，以实现持续的"静悄悄的革命"。

## 一、我的两段教学成长经历

为什么要和大家分享这个话题? 截至目前，我已工作了近二十年。以时间为分界，正好分为在公办学校的前9年和在民办学校的后9年。我前9年在一所农村完小工作，后9年在苏州外国语学校工作。

1998年我刚刚师范毕业，当时分配在一所农村小学，那个学校只有5个班，5个老师。那个时候初出茅庐，有股初生牛犊不怕虎的豪情，天天吃住在学校。当时，我们校长让我带小学毕业班，我说没有问题。整整一年，我和学生们一同吃饭一起玩耍，课堂上我是老师，课下我们是朋友，当时压根没有想到要营造和谐的师生关系，但是不自觉地感觉到老师的人格魅力是吸引学生的重要因素之一。那一年，没有师傅引领，我就自己报了自学考试，学习教育学和心理学；没有教材教辅，我一人坐火车跑去南昌购买了一大摞的小升初试卷，自己先跳进题海，有针对性地指导学生练习，教会学生解决问题的策略。最终，功夫不负有心人，我带的班以全县第一名的毕业统考成绩向社会、学校、家长、学生以及自己交了一份满意的答卷。

我的第一个 9 年留给我的记忆还有发表的第一篇文章《中国为什么没有诺贝尔奖》，这篇文章很短，主要是探索了中国为什么没有人获得诺贝尔奖的几个主要原因，第一次指出了中国学生的创造力不足，只会停留在做题解题的低层次发展水平，而发现问题和提出问题等高层次发展水平相对较弱，现在想起那篇文章时，我依旧庆幸自己有从事教科研的潜力。第一个 9 年，在艰苦的村小从教，我是师范生毕业的学生中分配最不好的，但是在宁静的山村教学环境中，我把精力用在了读书和研读教材上，反思教材，收获的是自己一篇篇文章的发表。

2007 年，我的教育人生进入一个转折期，我通过层层选拔，进入苏州外国语学校任教。学校浓郁的教科研氛围让我陶醉，备课组、教研组活动组织有序，教学之余注重撰写教学反思。洛克曾说过：反思是以思维活动为思维的对象，是对思维的思维。我的备课、反思等都是自己原创的，我向学校申请每年带两个年级，目的是尽快熟悉苏教版的小学数学教材。我从 2011 年开始，每天坚持把上课的感想记录下来，有时在上洗手间的时候，我也会用手机及时记录我的教学点滴、对教材处理的心得、我的教学手记、我的课堂、我的教学以及我的思考。我近乎每天都写，几十字，几百字……无论繁忙与悠闲，我乐此不疲。

反思不是反反复复地思考，反思是反过来思考，换一种角度思考，反思是回过性思考。记得我来苏州第一次发表的文章是《小数乘法和除法的教学思考》，我是这样进行思考的：

"小数乘法和除法"是苏教版小学数学五年级上册的教学内容，共分为两个模块，先教学小数与整数相乘、除数是整数的除法，然后再教学小数乘小数、除数是小数的小数除法。小数乘、除法的教学是建立在整数乘、除法计算的教学基础之上，只是在计算时多了处理"小数点"这一新问题。在进行小数乘、除法的教学过程中，教师应当引导学生大胆尝试、自主探究，去猜想、验证、总结，通过发现问题、解决问题来获得成功的体验。我认为，在进行小数乘法和除法这一内容教学时，应该让计算"立体"起来，即：估算在前、笔算在后、口算和验算有效补充的立体模式,多种算法有机结合,发展学生思维的广度和深度。让计算“立体”起来,教师应该从以下四个方面展开计算教学。

## (一)理解算理、算法是小数乘除法计算教学的首要目标

什么叫算理?什么叫算法?这是进行教学必须首先搞明白的问题。算理就是计算过程中的道理,解决“为什么这样算”的问题。算法就是计算的方法,解决“怎样算”的问题。

从教材的编写来看,小数乘除法分两个模块来编写,一个模块学习小数乘整数、除数是整数的小数除法。教材的例题也是以“购物情境”来导入新知,一方面为学生理解算理、掌握算法打下基础,同时也渗透了小数乘、除法与整数乘、除法的联系,这部分内容,比较容易转化成整数乘、除法。根据心理学的正迁移理论,学生很容易理解小数乘整数、除数是整数的小数除法的意义,为理解算理、掌握算法打下坚实的基础。另一个模块教学小数乘小数以及除数是小数的除法,这部分教学内容既是建立在前一个模块的知识的基础上,同时又要运用积的变化规律、商不变的规律分别进行相应的转化,这部分的难度较大,教师需要加强指导,引领学生通过思考,逐步理解计算方法。

教学中,教师既可以在学生交流算法的过程中指导学生理解算理,也可以在学生总结算法的过程中,指导学生根据“转化”策略来解决问题,进一步理解算理。如:教学西瓜每千克 0.8 元,夏天买 3 千克西瓜要多少钱?列式:0.8×3,教材就已经渗透了 0.8×3 就是求 3 个 0.8 是多少。也可以把 0.8 元转化成“角”作单位,也解决了这一问题。以上的算法都可以让学生自主探索。竖式的书写,则需要教师的指导。这是因为小数乘法的竖式书写和小数加减法不同,不是相同数位对齐,而是写成末尾对齐。这一点,可以让学生结合自己的算法来理解,也可以结合把 0.8 元转化成 8 角来理解,还可以结合“先按照整数乘法的计算方法算出积”帮助学生理解小数乘法竖式的书写。

再如,9.6÷3,教师要在学习了竖式计算之后,引导学生讨论:商的小数点为什么要和被除数的小数点对齐?使学生明确:因为是把 9 个 1 除以 3,得到 3 个 1,所以 3 应该写在个位上,再把 6 个十分之一除以 3 得到 2 个 0.1,所以 2 写在十分位上;再如:用竖式计算 18÷5,个位上商 3 还余 3,现在怎么办?用竖式计算 5.7÷7,个位不够商 1,怎么办?通过组织学生探索算法算理,提出问题、分析并解决问题,最终理解算理、掌握算法。

## （二）运用策略，形成技能是小数乘除法计算教学的重要目标

经常对孩子们谈及数学学习的过程，总是告诉他们学习数学其实就是从未知到已知，由复杂到简单的过程。这就要求我们多运用“转化”的策略，提升学生的数学能力。

授予“数学思想”比给予“解题技巧”更重要。如：妈妈用 7.98 元买了一些鸡蛋，每千克鸡蛋 4.2 元，妈妈买了多少千克鸡蛋？同学们列出算式 7.98 除以 4.2，随即追问学生，你能把 7.98 除以 4.2 转化成我们学过的除数是整数的小数除法吗？学生们提出了很多设想，列举如下：

（1）把两个数都转化成用“角”作单位。最后转化成 79.8 除以 42。

（2）利用商不变的规律，先把除数的小数点向右移动一位，使它变成整数，然后把被除数的小数点也向右移动一位。最后转化成 79.8 除以 42。

（3）更有一些同学把被除数扩大 100 倍，除数扩大 10 倍，最后把所得到的商再缩小 10 倍，等等。

学生提出这么多设想，组织同学讨论，最后得出第二种方法具有解决问题的普遍性和适用性。通过这样一个教学过程，让我们的学生明白：数学学习就是把自己不会的转化成自己会的，把复杂的问题变得更加简单。

讲授“除数是小数的除法练习”这一内容时，我先出示一张表格，目的是复习“商不变的规律”，即被除数和除数同时乘和除以相同的数(0 除外)，商不变。同时让学生感悟和体会到：被除数不变，除数和商的变化情况；除数不变，被除数和商的变化情况。练习分为三个层次进行：

第一层次：出示简单的口算题：如 $2.8\div0.7$，让学生独立思考、小组合作、互相说一说你是怎样转化的。然后出示填空题，小组内讨论并补充完整。

除数是小数的除法，先移动除数的小数点，使它变成整数；除数的小数点向右移动几位，被除数的小数点也向右移动几位，位数不够的，在被除数的末尾用“0”补足；然后按照除数是整数的小数除法进行计算。同时让学生把原来的小数点和 0 划去，这样原式就转化成了 $28\div7$，这样就顺利解出了这道口算题。

第二层次：随后出示练习题，巩固转化技巧，同时说出自己的转化过程。

第三层次：除此之外，除数是小数的小数除法，应该是运用多种策略，灵活运用运算律或者是除法的性质等。如 $8.1\div4.5$、$4.38\div0.25\div4$、$2.6\div7.5+7.4\div7.5$……

当然，在教学过程中，还有一些孩子对于转化的过程不熟练，可以利用课后

的时间进行有针对性的辅导。

### （三）算法互补、建立“立体式”算法是小数乘除法教学的终极目标

建立“立体式”算法、各种算法互补是小数乘除法教学的终极目标。计算教学始终应该采用估算在前、笔算在后，发展口算，多种方法验证的“立体式”模式。

比如：3.6×2.8，先让学生估计它的结果比几大，比几小？为什么？学生在说出它的结果比6大、比12小之后，让学生明确估算的理由。然后，引导学生探索笔算的算理算法。学生在笔算结束后，对照一下自己的估算是否准确，或者自己的笔算结果是否在估算值范围之内。最后引导学生用乘法交换律进行验算，养成验证的计算习惯。又如，探讨积和因数的关系时，让学生大胆猜测：当其中的一个因数小于1，积和另一个因数的大小关系；当一个因数等于1或当一个因数大于1呢？再如，探讨被除数、除数和商的关系时，同样引导孩子去猜想：被除数小于除数、被除数等于除数以及被除数大于除数时，商和1分别是什么关系？这样既发展了孩子的数感，又培养了学生的估算意识。

发展口算是培养和发展学生数感的重要途径。每节数学课之前，我安排3分钟口算时间，在这3分钟之内，让同学们先算再说，通过让学生说算理算法，理解算理算法，最终熟练掌握算理算法。

### （四）建立数感、形成技能、拓宽思维广度，提升学生的思维深度

思维的深度和广度是思维的两个特性：培养学生思维的广度即是强化一题多解，重视变式练习；训练学生思维的深度即是培养学生追根溯源的习惯，并注重知识的系统性。

1. 强化一题多解，拓宽思维广度

一题多解，是指在问题解决过程中，鼓励学生独立思考，用自己的方法解决问题，这样在群体中就会出现多种解题方法，而后，在集体中对各种方法进行汇报、交流。例如：1.3×0.28＋0.65×2.8＋44×0.014这道题，学生独立思考就可以发现，题中的每一项都存在数字2和8，所以原来的算式利用积不变的规律转化成：

① 1.3×0.28＋6.5×0.28＋2.2×0.28

② 0.13×2.8＋0.65×2.8＋0.22×2.8

③ 还可以转化成因数都是0.14的算式。

……

2. 追根溯源，提升思维深度

如：求 $0.8+0.88+0.888+\cdots+0.8888888888$ 的和的整数部分。

首先让学生理解，如果你列出竖式后，和的个位上是由 10 个 0.8、9 个 0.08、8 个0.008 相加得到的。那么万分位上的各数位与和的整数部分就没有关系了！

继续提升：求 $0.79\times4+0.78\times4+0.76\times4+\cdots+0.71\times4$

3. 深度和广度相互渗透，统一于一体

数学思维的训练必须使深度和广度完整统一。每节课后，我给孩子们留下一道创新题，由于我和班级的孩子们约定：做对创新题是可以免做作业一次，所以孩子们的热情很高！这对于训练孩子的思维深度和广度是很有帮助的！

创新题如下：若 $A=0.\underbrace{000\cdots0}_{9\text{个}0}25$，$B=0.\underbrace{00\cdots0}_{10\text{个}0}8$，求：

(1) A+B　(2) A－B　(3) A×B　(4) A÷B

让计算“立体”起来，有利于发展学生的数感，形成技能，提升学生学习数学的能力。重视口算，加强估算，理解和掌握算理算法，养成验算习惯，提倡算法多样化，使估算、笔算、口算和验算方法结合起来，形成一个有机整体，为学生终身学习的能力形成与可持续发展打下良好的基础。

以上就是我来到苏州发表的第一篇文章，它在我的内心深处点燃了一把火，在心底不断鼓励我要成为一名乐于思考的教书匠，具备匠气十足的工匠精神。这粒教科研的“种子”在我内心深处生根，勉励我要不断思考、追求卓越。

## 二、一本好书，激励我成长

我常常问自己三个问题：

(1) 教这么多年的书，我喜欢教书吗？

(2) 做这么多年的老师，学生喜欢我吗？

(3) 对于数学这门学科，我是越教越明朗还是越教越迷茫？

我想说的是，不管怎样——

### (一) 过好“三种”生活

我常常思考：一个人为什么活？该怎样活？

未成家时，我基本不考虑这些问题，因为总觉得自己有足量的青春可以等待，等到上有老下有小，开始考虑这些问题，似乎也就活得更加明白了！

人总要有一些梦想。陶行知说：“人生天地间，各自有禀赋。为一大事来，做一大事去。”我想天下大事必先成于细，我可能是“为一小事来，做一小事去”。以前我当班主任时，我觉得把一个班级的学生教育好——学生懂礼仪、讲文明、晓规则、会求知，就是快乐而幸福的。后来担任年级组长，一个年级 10 个班级，400 多个孩子，我认为把一个年级的学生培育好了，我是成功的！再后来成为教科室、小学部的管理中层，我发现通过阅读共享、读书沙龙等活动形式带领一支教师队伍走向专业成长，我是开心而受益的！现在我成为校长，我不能停留在当下的快乐，而应该成就孩子未来的幸福，我把一个学校的孩子引导好了，那将来可以说是幸福一个个家庭。

来到苏州，我践行我的“三活”人生。

“好好地活。”这是著名作家史铁生的母亲对爱子的嘱托，我第一次读到这句话时，瞬间就被它击中了内心。2015 年上半年我因腰椎间盘突出住院，当我躺在病床上，我害怕了！人只有躺在病床上才会想到珍惜自身的健康。一个人，只有拥有健康的体魄，才有本钱爱周围这个世界、爱自己的学生以及自己的家人。

我 1998 年中师毕业，先是在规模为 5 个年级、5 个班，只有 6 位老师、120 名学生的农村小学工作，后来调到有 100 多个班级、近 4 000 名学生、400 多位老师的苏州外国语学校工作。18 年间，我先后亲历了农村小学、城市小学的教师生活，处在不同的工作环境，却有着同样的做教师的滋味——繁杂、忙碌、辛苦、疲惫。这几个词，也是现实中大多数教师生活的写照。我们可能熟悉那种教室、餐厅、家庭几点一线式的生活，其实，无论干哪一行的人，经过一段时间后，大多数都会倦怠于自己的工作。倦怠，来自于简单，来自于重复，来自于单调。岁岁年年，朝朝暮暮，我们跨入校门，走进办公室，然后走向教室……这按部就班、日复一日、无声漫长的行程，委实静默平淡。我们都行动在习惯之中，大多数的日常行为都是习惯的反复而已；时间长了，习惯进入潜意识中，便成了秉性。习惯，有些是有益的，有些是无益的，甚至是有害的。将无益、有害的改为有益的，哪怕一处小小的改变，假以时日，必能受益无穷。否则，我们仍只会继续那种我们以往一点一滴积淀的、旧的行为方式。缺乏思考的忙碌，犹如疯长的野草，如果熟视无睹、不求革除，将在习惯的支配下蔓延。正如著名经济学家汪丁丁所说：“我们需要思考，尤其在忙碌的生活之流里停下来思考”。

“认真地活。”善待我的学生，做一个称职的老师；善待我的教学，做一个永葆激情梦想的追梦人；善待我的同事，做一个有情有义的人；善待我的事业，做一个匠气十足的教书匠……认真做好每一件事，即使放下粉笔、拿起书籍，也要凭借对学生的珍爱去唤醒孩子内在求知的力量，使孩子在成长过程中得到历练与收获。

只有了解学生，才能走近学生；只有走近学生，才能走进学生的内心；也只有走进学生的内心，才能体现教育的价值。

曾经读到这样一个哲学故事：一位哲学家把学生带到旷野里上最后一节课。哲学家问："这旷野之上长满野草，如何除掉这些野草？"

有的学生说："老师，只要用铲子就够了。"

有的学生说："用火烧也是不错的办法。"

还有的学生说："斩草除根，把草根挖出来就行。"

……

等学生都讲完了，哲学家说："课就上到这里，你们回去，按照各自的方法除去一片杂草，一年后再来这里相聚。"

一年后，学生们都来了，相聚的地方是怎样的景象呢？——不再是杂草丛生，而是长满谷子的庄稼地。学生们这才恍然大悟：要除掉一片杂草，最好的办法或许就是在上面种上庄稼。

曾经和很多老师交流过这样的问题：学生不认真听课怎么办？学生的礼仪常规怎么训练？如何利用老师的身教作用，激发正能量？

记得班级里有位C同学，上数学课的时候，不是偷偷玩自己心爱的玩具，就是沉迷于画漫画，反复提醒，效果并不明显。之前教过她的老师忍无可忍，狠狠地批评一通甚至把她的画撕掉。她表面上被驯服了，但内心未必服气，学生负面的情绪、消极的对抗就此产生，逐渐讨厌上数学课了。老师和她家长交流孩子的问题，家长却说孩子对数学不感兴趣主要是老师的课吸引力不够，孩子要画画就让她画好了，明显不配合老师的教育。

师道尊严，的确可以一时显威，但终究显得教育的策略与机智不足，有悖于教育的本意。面对C同学，我把她前两次的漫画收藏起来，请她签上她的大名，开玩笑地说，"如果将来你成名了，你的漫画就成为价值连城的艺术品了，我就成'土豪'了！"课间，我和她谈起她的漫画，我说你有兴趣的话可以进行漫画创作，我的提议引起了她的兴趣，她说正好这段时间在创作《猫咪特工队》，我们一起探讨漫画的构图，由漫画的构图谈到数学在漫画中的运用……我对她说，如果你在数学课上想画漫画时可以跟我说，我同意她到我的办公桌上创作《猫咪特工队》。同时，我和她的妈妈进行沟通，交流六年级的孩子自主学习的要求、学习心理以及行为习惯的养成，得到了家长的大力支持。两个月过去了，在几次交流中，C同学发现用数学的眼光画漫画果然更好看，由此激发她要学好数学课，成绩逐渐提升了，课堂上能积极主动思考、踊跃发言了。教育学生正是如此，只有服其心，才能使学生把严格要求自己变成自觉行为，才能做到老师在与不在一个样，从内心深处进行自我监督，克服对老师“阳奉阴违”的行为。

反思教育生活并通过文字记录，就是以书面方式提醒自己不满足单调的、简单的、重复的生活，在试图改变的过程中穷尽创意生活的可能性，不断调整工作心态，改变工作方式，改善教育行为，重建教育观念。这过程，理智地复现自我，筹划未来的自我；这过程，辛苦但不心苦，忙碌但不盲目。我愿意用“心”来写一点文字。我相信有心的地方，就会有欣赏；有欣赏的地方，就会有爱；有爱的地方，就会有美；有美的地方，就会有自由；有自由的地方，就会有快乐！快乐工作，应该成为我们追求的目标。

还记得我第一次上公开课，我的板书是一块黑板接着一块，写满了再擦，擦了再写，压根儿不知道板书的作用与艺术性。课后，有一位老教师提醒我：小游老师，教师的板书一般是不能擦去的，要体现本节课的重点和教学流程，简洁明了地展示给我们的孩子。正因为有许多老教师提醒我，鼓励我，引领我不断总结、反思自己的教学，我才能站稳这三尺讲台。

“真实地活。”说真话、干真事、做真人；不违心、不虚伪、不欺骗。课堂讲错了内容不要遮丑，无意中伤了孩子需要道歉，若是在教学过程中出现了不认真备课而走进教室的我一定会羞于见人……这就是我，一个真实的人，风光也好，落魄也罢，皆以素面示人。

“真实地活。”这一点要求我们作为教师要尊重每一个学生。我常常告诉自己：教育因尊重每一个生命的平等而神圣！面对每一个孩子，我们更多的是需要一些爱心、耐心和责任心。以下是我和一位特殊女生的故事。

**背景：“特殊”的小女孩**

班级中有个孩子小J，父母离异，上学期从苏州蓝樱学校转到我班，她爸爸只考虑到孩子的基础弱，全然不顾小J的反对让她重读五年级。刚开始她总是低着头，上课注意力不集中，喜欢玩东西，做什么事情都提不起兴趣。老师课堂提问，她缄默；孩子自理能力弱，不会整理自己的学习用品。她的作业或是一片空白，或是乱写一通，写满为止。小J与班级的同学关系也很紧张，在宿舍里常常违反纪律，也常常捉弄别人，同学们都不喜欢她。每次测试门门功课都“亮红灯”，自信心不足，总觉得自己学不好。到了六年级，随着身心的逐步成熟，常常以个人空间和隐私为由，变得独来独往了。看到小J的在校和家庭表现，我急在心头。有一天，看到她一个人坐在台阶上伤心地哭泣，显得很委屈，我通过侧面了解到她的日记本被几位男同学强行掰开、密码被破解了，日记中的内容被其他同学们知道了，个别男生还在班级里大声宣读，这让她觉得很没有面子。我再进一步了解到原来她喜欢班级里的一位男生，她把这些想法都记录在日记本中。

针对她的情况，思虑再三，我决定从三方面入手。

1.“攻心计”，让孩子找回信任

首先，召开班队会，主要内容是讨论如何尊重他人隐私。同学们纷纷表示：每个人在人格上都是自由平等的，不能因为成绩暂时落后而不尊重她，把她的隐私公布于众。接着，我让同学们换位思考一下，如果你的日记本被其他同学看了并被大声宣读，你心里是什么感受？

“如果我的日记被别人偷看了，我就会找一个地方躲起来”；

“我当时可能会无地自容，会找一个地洞钻进去”等等。

通过换位思考，我们才能充分了解对方的内心感受。班级同学认识到不能因为小J同学的成绩和行为习惯不好就不尊重她。随后我给大家讲了英国首相卡梅伦的故事：从羞涩的差等生到耀眼的政坛新星。同学们听完后安慰小J暂时落后不等于永远落后，说不定小J就是我们班中国式的“卡梅伦”。

事后，几位男生很诚恳地向小J道歉，我注意到小J心情平静了许多。

2.“统战计”，让孩子感到温暖

我抓住一切机会多和她交流，以关爱之心来触动她的心弦。引导她多读书，给她推荐了阅读书目；鼓励她多思考问题，遇到事情多和老师交流，多用感恩的心态看待现实生活，做到不说谎，做一个让人信任的人……与此同时，我组织班干部来帮助她，跟她一起进行课外活动，跟她一起做作业。让她感受到同学对她的信任，感受到同学是自己的益友，感受到同学给自己带来的快乐，让她在快乐中学习、生活，在学习、生活中又感受到无穷的快乐。对于学习落后，每堂课我让她优先发言，让她体验到学习的快乐，获得成功的体验。对于作业，优先辅导，既注重良好学习习惯的养成，也注重学习基础的提高。

3.“赏识计”，让孩子建立自信

最后，与各科老师统一意见，用赏识的眼光来看待她，多发现她身上的优点。这孩子心地善良，乐意为班级做事情，主动给班级里建立图书馆，从家里带来了很多课外书；学习上也渐渐主动起来，主动买课外习题进行巩固练习，抓住这些闪光点我及时表扬她、鼓励她。学习上的点滴进步，我们也没有忽视。在一次数学口算练习中，她全对了。我非常兴奋，对她大加褒奖，并说：“世上无难事，只怕有心人，你看，这次你口算全对了，这段时间你肯定花时间复习了！只要努力，你一定不会比其他同学差的，你说是吗？"她自信地点了点头。和语文老师交流，听到她也进步了，课堂发言比以前积极了，作业也没有像以前那样总是拖拉，态度也认真了很多！在这以后的辅导中，我始终坚持"赏识鼓励"的育人理念。她的成绩也逐步上升。与此同时，在英语老师的帮助下，她的成绩有了很大起色。上学期期末调研，她以语文 85 分、数学 92 分、英语 88.5 分的好成绩取得"进步总分"班级第一。

每个学生身上都有优缺点，后进生也并非一无是处，对于后进生身上表现出来的优点，哪怕很微弱的闪光点、很微小的进步，我们教师都要及时予以引导肯定，尽量挖掘其闪光点，努力用赞美去满足他们的心理需求，使他们产生欣慰、幸福的内心体验，增强他们的荣誉感、自信心、上进心，提高学习的兴趣与内在的动力。当一个孩子对学习有了兴趣与动力，他的提高就变得轻松、容易多了。

一位智者说过："教育就是一棵树摇动另一棵树，一朵云推动另一朵云，一个灵魂召唤另一个灵魂。"在集体中形成互相尊重、互帮互助的良好风气，不能因为同学的暂时落后就疏远他，甚至讨厌他，这不是现代国际公民的为人处世原则。"教育没有情感，没有爱，如同池塘没有水一样。没有水，就不称其为池塘，没有爱，就没有教育。"作为一名教师，要做好教育工作，需要用一颗火热的爱心，用爱的甘露滋润孩子们的心田，用爱心点燃一颗颗纯洁的灵魂。对于暂时落后的学生，教师应给他更多的爱，经常鼓励、帮助，增强他们的自信心，最终达到全体同学一起鼓励、帮助、督促他们，尊重他们，用集体的智慧使他们不断进步。

### （二）阅读＋反思＝成长

对我影响最深刻的一本书是贲友林老师撰写的教学反思集《此岸与彼岸》。这本书主要分成三个部分：第一部分主要写了贲老师教书育人十多年以来的主要课堂教学反思；第二部分是前进中的摸索，主要介绍了他所上的教研课的教案；第三部分是在全国青年教师赛课中的成功案例。

《此岸与彼岸》这本书我曾多次仔细品读：一读让我振奋，一个从师范毕业后立足乡村教育，随后成为南京一所实验小学的教导主任、副校长并获得全国青年教师课堂展示课的一等奖，实在是了不起！二读令人震惊，我和他也有相同的教学经历，都在乡村小学的基层一线任教过，可是他有自己的教学模式、特色和风格，而我还是一个教书匠。三读在佩服赞赏之余，深感自己也应该向贲老师学习，取人所长，补己之短，借鉴创新。

读完之后，我的体会有三点：

1. 教师是在实践反思中不断成长

贲友林老师非常重视课堂教学的反思撰写，每堂课后都立刻撰写课堂教学的得与失，详细记录课堂的点滴经验，尤其是学生特殊的思考方法。记得有一段是这样记录的：在教学“2000—578”这一类万以内的笔算减法时，老师把笔算减法的方法讲授如下：

$$\begin{array}{r} 2\ 0\ 0\ 0 \\ -\quad 5\ 7\ 8 \\ \hline 1\ 4\ 2\ 2 \end{array}$$

并且把退位的算理和算法让同桌间互相说说、交流。

这时，突然有一个学生说还有一种方法，聪慧的贲老师让这位同学说说自己的想法：

$$\begin{array}{r} 2\ 0\ 0\ 0 \\ -\quad 5\ 7\ 8 \\ \hline \end{array}$$

可以转换成：

$$\begin{array}{r} 1\ 9\ 9\ 9+1 \\ -\quad 5\ 7\ 8\qquad \\ \hline 1\ 4\ 2\ 1+1 \end{array}$$

开放的课堂培育出机灵的学生！贲友林老师及时表扬了这位学生，并且用这位学生的名字命名这种新算法，同时说明了这种算法的优越性在于把连续退位减法变成了不退位减法！像这样的例子还有很多很多，课堂教学重视师生互动，学生的学习方式由单纯的记忆、模仿和训练转变为自主探索、合作交流、实践创新。

2. 注重数学过程的细化

数学教学是一种过程，贲老师非常重视教学过程的细化。他常常说：“我不可能把每一堂课备课备得像全国赛课那样，但一定能达到校级公开课的水准。”每一次上课的前一天，他总是认真备课，每一个上课的环节都胸有成竹。特别是对教学重点、难点的突破，环环相扣、循序渐进。对于这一点，我也是亲眼所见、亲耳所闻。那是在 2009 年苏州数学年会听贲友林老师的教学课堂展示课“找规律”，他把找规律这一过程细化，强化在探索规律的过程中诱思——注重启发，培养学生的创造性思维。

俗话说："学起于思，思源于疑。"教师要努力营造一种宽松、平等、和谐的课堂气氛，激发学生敢想、敢说、敢做的热情。鼓励学生展开想象的翅膀，标新立异。教师可根据教学内容，利用多种途径，或借助实物、直观教具，或运用丰富、优美、生动的教学语言，或组织丰富多彩的课外活动，为学生装上想象的翅膀。例如：在他的数学课堂上，把一些数学题变成一道道与生活紧密相关的情境题，这样，学生解决问题的积极性提高了，做题不是那么枯燥了！

3. 课堂紧凑、务实高效，随时随地抓住学生求知的眼球

从贲老师的备课过程中可以看出他认真细致、严谨务实。教材、教法、学生的学习方法等他都要面面俱到，竭力使一堂课设计下来紧凑不松散，学生没有开小差、做小动作的空隙，学生时刻紧跟教师的教学思路。只有教师创造性地运用教材，选择适合本班学生的教学方法，让学生能听得明白，理解掌握所讲授的知识点，学生才会体会到学习的乐趣，变"厌学"为"爱学"。备课是上好课的基础，在授课过程中，掌握语言的艺术性，让学生在听的过程中感受到是一种享受。

贲老师教学方法、风格的形成得益于他对日常教学的反思总结，热衷于教学研究。据介绍，他每个月平均发表教学论文 3 篇。每一次教学后及时进行教学反思，有时学生在他的旁边说贲老师你在写什么，贲老师总是微笑地说在写你们上课的表现。对照自己，每一堂课并没有做到及时、立刻、马上进行反思。自从看过贲老师的书，我从他身上学到作为教师要不断反思课堂教学。

## （三）宁静方可致远

课堂是我一直神往的地方，我认为课堂是师生结伴成长的加油站。我只要一走进课堂，浑身就充满着激情，在与学生思维的碰撞中，时时会产生灵感的火花。在教学时，我努力把每堂课当做公开课来研究，从中体会教学、琢磨教学、享受教学。我常常观摩名师和新秀的教学录像带，一睹他们课堂上亮丽的风采。近一年来，我观看了上百节数学录像课，特别是吴正宪的数学课，我百看不厌。吴老师和学生的智慧对话等都深深地烙印在我的脑海之中，我常常为他们新颖独到的教学设计叫绝！正是这样的观摩课使我在借鉴中创新，努力探索一条符合学生和自身实际的教学新路。

每次上课之前，我常常思考：怎样创设问题情境？课的重难点在哪里？怎样帮助学生自己去跨越这些障碍？在今后的教学工作中，我一定要及时反思自己的课堂教学，总结得失。"不做教书匠，要做大教师。"在不断的实践反思中让自己成长！实施新课改以来，我的教学理念发生了质的变化，逐步形成了以学生为

主体，通过学生“自学、提问、交流”的自学策略和教师“解惑、思辨、提升”的教学策略，努力构建自主、高效、智慧的课堂。我始终认为：学生的知识不是教出来的，是学生悟出来的。随着我对课堂研究的不断深入，我的教科研能力也不断增强。正因为有了“阅读＋反思”这一教师成长模式，我们广大教职员工能静下心来潜心研究我们的学与教，使教学之路走得更远。

## 三、几次比赛，督促我成长

我的成长得益于几次教学比赛。我第一次参加苏州高新区青年教师评优课比赛是在 2010 年，当时我们高新区小学数学教研员刘健老师就采用了当前小学数学青年教师基本功（第一届是 2012 年）的比赛形式：初赛分为数学理论、解题能力、粉笔字和说课，复赛采用出数学试卷的形式，决赛采用上课的形式。由于我缺少对学生情况的分析（采用借班上课），最后得了二等奖，但刘健老师一句鼓励的话始终在我耳边萦绕：“游老师，你的理论知识很扎实，理论部分就你一个人满分。”但这句话我却换了角度思考，作为一名老师，不仅要理论扎实，更重要的是要充分了解学情，从学生已有的知识经验出发，建立在学生的心理基础之上。我把每一次比赛当成一种历练、一种经历和一种成长。2012 年 5 月，我参加了苏州高新区小学数学网络教研比赛，获得了一等奖第一名。比赛过后，我及时总结课件上的不足，在代表高新区参加苏州大市比赛时再次获得一等奖。在 2015 年高新区小学数学青年教师基本功比赛中，获得了一等奖第一名，并代表高新区参加苏州大市比赛；2015 年 5 月，参加苏州市小学数学青年教师基本功比赛，再次获得一等奖，并于 2015 年 11 月份参加全省基本功大赛。2015 年 10 月，参加高新区评优课比赛，获得一等奖的好成绩。在参加各种比赛的同时，积极承担苏州市、高新区的公开课，培养青年教师，“认识公顷”“认识射线、直线和角”和“认识比”在苏州高新区有效课堂活动中获得好评，“统计”“常见的数量关系”等公开课在市基本功培训中获得好评。

在参加苏州市小学数学青年教师基本功比赛中，我抽到的演讲题目是：你怎么看数学阅读？这个题目正好是我从事的数学课题，也是我一直倡导小学生通过数学阅读，提升数学能力的教学理念之一。

在上课部分，我抽到的课题是“认识平行四边形”，我从现有的两块一样的三角板引入课题，启发学生思考：用两块一样的三角板，你能拼出什么图形？通过找生活中的平行四边形、指一指、画一画等活动使学生初步感悟平行四边形的特征,接着我引导学生从边和角两个方面讨论交流平行四边形的特征。在教学“三角形的高”这一知识点时,我想运用知识的迁移理论,从三角形的高迁移到平行四边形的高。教学过程如下:

回忆:这是一个三角形,你能画出这个三角形的高吗?

谈话:如果再添加一个这样的三角形,通过旋转、平移等方式,这样两个完全一样的三角形就拼成了一个平行四边形,上下对边是一组平行线,你能量出两条平行线之间的距离吗?应该怎么量?把你量的线段画出来。

交流:学生自己尝试后交流。教师指导明确“平行线之间的垂直线段就是平行线之间的距离”。

启发:大家画的垂直线段位置都不一样,你们想想这是为什么呢?这样的线段到底有多少条呢?

揭示:一组平行线之间的距离处处相等,有无数条。

示范:画一组平行线之间的垂直线段。

说明:在平行四边形里,一组对边之间的垂直线段就是平行四边形的高,而对边就是底。

谈话:这是上下一组对边之间,我们可以画出无数条高,如果左右一组对边呢?如果从其中一条边上的一个点作平行四边形的高,你会吗?

激趣:如果这个点向左或向右移动,你能想象出这个平行四边形的高吗?

交流:能。

以上教学活动是我在教学之前进行预设的,目的在于着眼于发展学生的空间观念。但由于前一段引入部分有些拖沓,20 分钟的微课时间马上就过去了,这一环节还没有展示完就下课了,这一次比赛让我明白了课要懂得取舍,把时间集中起来,讲清重点,分解难点,提高能力,提升素养。

最令我难忘的是 2015 年的江苏省小学数学青年教师基本功比赛,那几天我每天睡眠很少,身体也不争气,无论白天和黑夜,一直不停地咳嗽,但我依旧珍惜这样的一次学习机会。那一次我现场抽到的课题是“认识百分数”,我从这一次课程改革再出发这一切入点,重点培养学生发现问题和提出问题的能力。以下是我的两个片段:

**片段一:初步感知百分数**

谈话:给出生活中百分数的事例。

交流:这是一个百分数。看到这个百分数,你们会想到什么?这堂课要解决什么问题呀?

汇报:(1) 什么是百分数?

(2) 百分数有什么用?

(3) 百分数和我们以前学过的分数有什么联系和区别?

谈话:让我们带着提出的问题一起探究百分数。

在这一环节中,通过交流,了解学生的知识起点,让学生提出教学的要求,激发学生学习的兴趣,使学生明确这堂课的教学目标,增强学生发现问题和提出问题的能力。

**片段二:进一步理解百分数的意义**

启发:现在你能一眼看出哪一场投篮比较准吗?

交流:发表自己的想法。

汇报:看谁投篮比较准,可以算出投中次数占投篮次数的几分之几。

谈话:好主意!(出示研究表格)

| 姓名 | 投篮次数 | 投中次数 | 投中次数占投篮次数的几分之几(投中的比率) |
|---|---|---|---|
| 第一场 | 25 | 16 | |
| 第二场 | 20 | 13 | |
| 第三场 | 30 | 18 | |

谈话:投中次数占投篮次数的几分之几也叫做投中的比率。

交流:说一说每一场投中的比率的意义。

启发:现在能一眼看出谁投篮最准吗?

汇报:不能。

设疑:怎样能够方便比较哪一场的投篮成绩最好呢?

汇报:可以把$\frac{16}{25}$、$\frac{13}{20}$、$\frac{3}{5}$这三个分数通分成分母是100的分数。

谈话:为了便于统计和比较,通常把这些分数用分母是100的分数来表示。

设疑:$\frac{16}{25}$表示什么意思?$\frac{64}{100}$又表示什么意思?$\frac{65}{100}$和$\frac{60}{100}$呢?学生明确了,虽然分数的形式改变了,变成分母是100的分数,但表示的意义并没有改变,表示的是投中次数占投篮次数的百分之几。

谈话：现在你知道哪一场的投篮成绩最好了，为什么？

汇报：因为$\frac{65}{100}>\frac{64}{100}>\frac{60}{100}$，所以第二场的投篮成绩最好。

谈话：观察这一组数，你有什么发现？

汇报：他们都表示投中次数占投篮次数的一百分之几？表示的是一个数和另一个数的关系。

这次上课，江苏省小学数学教研员王林老师一直在后面观看，课后，我请王林老师帮我评评课，指点我的不足。王老师亲切地笑了笑，说："小伙子，课上得不错！"

比赛结束后的当天晚上，我和苏州市教科院的刘晓萍老师、苏州工业园区独墅湖学校朱红伟校长和江苏省特级教师钱坤楠老师一起交流比赛心得，他们都鼓励我不要多想了，比赛也结束了，不管比赛结果如何，这一种经历是无价的。晚上回到宿舍，我和我们学校的蔡杰老师一起聊课，说比赛的感想，也许用"比赛虐我千百遍，我待比赛如初恋"的感觉再合适不过了。

当天晚上，我基本没有睡着！

第二天上午，在泰州实验学校报告厅举行闭幕式，许多优秀选手上台展示课件、演讲、粉笔字和课。我在观摩的过程中发现了自己身上的差距。当组委会宣布获奖名单的时候，我心一直"砰砰砰"地跳得厉害，或许是对比赛结果十分在意吧！最后，组委会宣布我获得二等奖时，内心还是有一丝丝遗憾。

江苏省教研室鞠文灿主任从虚构的有关笛卡尔的数学故事和篮球投篮的比率引入说起教材的改革，从特级教师的二等奖现象到教师的基本功的十年磨一剑，聆听鞠主任的讲话真是获益匪浅。

回到苏州我在心里对自己说："我，还是我！走好当下的每一步，上好当下的每一课！今后，我要走的路还很长，还要多在课堂中继续下真功夫、硬功夫。我要研究我的课堂，记录我和学生的教学活动，反思我的言行，在记录与反思之中，多一份理性，不随波逐流。对自己的实践进行反思和重建，以实现持续的'静悄悄的革命'。"我警醒自己：不浮躁，不糊涂！形成文字的过程，是与自己对话、跟自己诉说、和自己谈心的过程，渐渐地，养成了过内心生活的习惯。祛除内心躁气，心无旁骛，保持自由、从容、安静、专注。对教育对象由浅入深的把握，表面上如同平静的水面波澜不惊，而内心一直在默默思考，不时有灵光闪现，内心豁然开朗。用文字记录自己的实践，给日渐贫瘠的心灵以丰富温暖的慰藉，给平淡无奇的日子以清新明亮的色彩。

总之，不浮躁，不糊涂。一个人的幸福，是做自己喜欢做的事情。

## 四、N位导师，引领我成长

在我个人专业成长的过程中，遇到过许多名师给我指路，为我点灯。虽然我们之间没有正式的拜师仪式，但是他们乐意为我提供帮助，给我打气。在我进行教学实践中，苏州市小学数学教研员刘晓萍老师，高新区小学数学教研员袁凤珍老师，苏州市工业园区独墅湖学校朱红伟校长（以下简称为朱特），著名特级教师徐建文（以下简称为徐特）、曹振荣（以下简称为曹特），苏州工业园区小学数学教研员杭瑛老师等一一对我的教学设计、上课、演讲、粉笔字等教学基本功进行过细心的指导。

### （一）朱特教会我教学的“道”

在执教“树叶中的比”这一课时，我对教材进行分析后，认为这属于综合与实践领域，这部分内容是在学生掌握了比的相关知识，特别是学习了如何求比值之后安排的一个综合实践活动——测量树叶中的比。教学内容引导学生经历收集整理数据、分析数据、发现规律的过程，通过测量、比较同一树叶的长和宽的比值，发现树叶中隐藏的秘密。比如同一种树叶，长和宽的比值都比较接近；比值接近的不同树叶，形状也相似；树叶长与宽的比值越大，树叶就越狭长，等等。让学生在动手操作的过程中，进一步体验比在现实生活中的应用，加强学生对比的认识，积累通过数据分析发现事物特征的经验，增强数据分析观念，提高初步的实践能力和创新意识，同时为第三学段学习图形的相似性打下知识基础。

我是通过创设比较两个长方形的形状开始授新课的，过程如下：

出示：长和宽分别是4厘米、2厘米和8厘米、4厘米的两个大小不同的长方形。

引导学生观察。

启发：这两个长方形的大小不同，但是它们的形状相同。

激趣：这是为什么呢？

交流：这是因为长方形的长和宽的比都是2∶1，只要是长和宽的比是2∶1，长方形的形状就长得差不多，数学上称为相似。

谈话：图形有自己的形状，那生活中的树叶呢？课前大家收集了很多树叶，随后进入观察阶段。

……

朱特在点评我的教学设计时，直面问题（我非常喜欢的评课方式），表示他的看法。如果采用画一画的方法，比一比谁画的树叶更像，这样的导入可能会更好一些，而相比较两个长方形的形状对学生来说有很大难度。我一听，立马肃然起敬，连连赞叹，质问自己怎么没有想到。从朱特的点评之中，我学会了在处理教学目标时，我们既要考虑到教学目标的显性要求，就是我们常常所提及的基础知识和基础技能；也要考虑到教学目标的隐性要求，即学生的能力、非智力因素，这些隐性要求需要借助知识技能作为载体，达成隐性目标的完成；更要在教学目标的设定的过程中进行学情分析，要研究学生，尤其是研究不同年龄阶段学生的共性以及他们的差异，然后对教学目标进行调整。

教学没有目标，犹如大海航行没有方向。每次上课时，我总要问问自己，我这节课的教学目标是什么？我要带我的学生到哪里去？

在选材、教学、评价等方面，朱特都给予了我细微的指导，他对我讲解了三个原则：为学而选、为学而教和为学而评。

为学而选主要是在教材处理上我们要注重有效性、整体性和丰富性，做到三性一体。在教学过程中，我们要关注教学环节的整合，切忌重复。如在课的新授部分，我们倡导简洁；在练习部分，我们提倡素材的丰富性，同时做到低调的奢华；又如在统计与概论领域，我们应该让学生体会到统计的价值，学生在有统计需求的基础上产生解题方法。

为学而教主要是指在教学方式的处理上，我们如何把握直线推进和螺旋上升的尺度。如果仅仅是知识，不需要探究，我们适合采用直线推进的方式；如果需要经历认识、理解、巩固等过程，则可以采用螺旋上升的方式。

在教学的过程中，我们要思考“知识的‘生长点’和‘延伸点’在哪里？”“教学中的行云流水或磕磕碰碰，哪一个更有利于教学？”“如何在教学过程中制造教学的冲突、思维的冲突来触发学生的数学思考，引发数学问题以突出学生的主体性和教师的主导性？”以上这些问题朱特一一抛给我，让我进行深层次的思考。

为学而评主要探讨的是数学评价。朱特特别提到课前的交流、课中过渡语的衔接以及课后的总结如何进行。他把多年听评优课的心得和我们一起分享：现在很多课堂常常以“同学们，通过今天这节课的学习，你有什么收获？”作结语，作为评委老师，一天听十几遍难免会产生乏味之感，而我们的学生，一年365天，如果每天都听到以“你有什么收获”来结语，肯定会减淡他们对数学的兴趣。他提出：总结也要有味道，课后小结也需要分层，逐层逐步进行小结，还可以是一个综合性的练习。

## （二）刘老师教会我教学的“法”

如果说我从朱特身上学习到教学的“道”，那么从苏州市教科院小学数学教研员刘晓萍老师身上学到的就是教学的“法”。在备战江苏省基本功大赛的半年多的时间里，刘老师准备数与代数、几何与图形、统计与概率以及综合与实践等四个领域各一个课题，和我们一起磨课。记得在磨“数据的分段与整理”这一课中，刘老师以课为例，指出教学要指向学生的核心素养的培养。

“数据的分段与整理”是在学生已经初步学习了简单数据的收集和整理，知道用画“√”、画“□”、画“正”字等方法收集整理原始数据的基础上进行教学的。依据学生的认知发展规律和已有经验，运用画“正”字的方法把数据进行分段整理，学生借助自己理解的特殊“记号”帮助自己在计数过程中不重复、不遗漏地进行，通过分段整理，充分理解分段整理的好处以及在什么情况下需要进行分段整理，提升学生的数据分析观念、提高学生的数据分析意识。

基于以上对教材的认识，我的教学从以下几个方面开展：

1. 创设情境，激发需求

谈话：同学们经常到超市购物，你知道这个货架上的商品为什么这样摆放吗？

出示图片：这样的例子还有很多，大数据背景下的天气预测等。

揭示：统计对于我们的生活非常重要。

(1) 激发冲突，引入学习

谈话：梅峰小学就遇到了一个这样的实际问题。

出示：主题图片。

谈话：梅峰小学准备为鼓号队员购买服装。服装分为大号、中号和小号。你知道每种服装各要购买多少套吗？

汇报：缺少条件，即缺少每位同学的身高。

谈话：是的，购买服装需要知道队员的身高、体重、性别等信息。

引导：最重要的信息是身高。

出示：鼓号队 1 至 32 号队员的身高。

启发：现在你能知道每种服装各要购买多少套吗？

汇报：不能。

激趣：为什么呢？

汇报：缺少“多高穿多大的衣服”，即统一的分类标准。

交流:你认为应该以什么样的标准进行分类?

讨论后汇报:应该以身高这一标准进行分类,身高高的穿大号,身高矮的穿小号,不高不矮的穿中号。学生可以举例说一说。

谈话:是的,你们想的和老师想到一块去了。出示标准,学生观察,你知道了什么?

交流:身高130—139 cm的队员适合穿S号,就是小号;140—149 cm的队员适合穿M号,也就是中号;150—159 cm的适合穿L号,也就是大号。

谈话:把上面这些数据分成了几段?每段的范围是10 cm,这样分有什么好处?

交流:段数不能太多,也不能太少。在这里,3段比较合适。

(2) 尝试统计,体验方法

启发:身高数据有了,分段标准也确定了,现在我们知道各种服装需要购买多少套吗?

交流:要统计不同身高的人数。

尝试:学生尝试进行统计数据。

2. 回顾反思,提升素养

(1) 回忆过程,提高能力

谈话:我们刚才经历了几个步骤进行分段整理数据的?

汇报:我们通过收集数据、整理数据、描述数据和分析数据。

启发:通过统计,你有什么收获?

交流:通过分段整理,可以知道每种服装要买多少套,我们最终解决了实际问题。

分段整理时,要注意不重复、不遗漏。

用画“正”字的方法进行统计,方便我们统计人数。

设疑:如果不给你原始数据整理表,直接给你统计表,你可以用画“正”字的方法进行统计吗?

汇报:可以的,先统计,再验证,填表之后再擦去。

(2) 增强意识,提升素养

谈话:在什么情况下我们要对数据进行分段整理统计?

交流:在数据较多,要分成几段不同的范围的时候。

3. 巩固练习,内化新知

(1) 初步练习,练一练。

(2) 深入练习,练习七第2题。

4. 全课总结,增强意识

启发:这几课我们学会了什么?你能上台说给同学们听吗?

针对以上几个片段,刘老师再联系我以前所执教的“整数除以分数”“选择合适的策略解决实际问题”等几节课,从教学方法的细节把握上给我提出几点中肯的建议:

首先,要把学生往前推。精彩的应该是学生的思维,让学生自主探索、学习新知,从学生内需出发,明确学生的学习要求。“数据的分段和整理”要把重点放在学生数据分析观念的培养上,让学生带着问题去思考,基于解决问题的需要,让学生体会到为什么要分段、怎样分段、分段有什么好处。在教学细节上,基本功比赛的上课时间是20分钟,这次你又超时了,教学内容上要做精简。

其次,“数据的分段与整理”这节课,看上去很简单,简单的课如何上出数学味?我们需要对数据进行分析、需要对数据进行解读,除了关注教学过程,我们还要有数据分析的味道。

最后,要对教材进行解读。作为一线教师,我们要读懂教材,要高于教材解读,收集素材,为学生建立数据分析观念打下基础。一节课,我们要用问题引领学生,尤其是要用核心问题引领学生进行数学思考。比如,对学生的服装进行分段整理,我们要考虑哪些是有效的信息。孩子的身高、服装的型号、身高与型号的匹配关系等都是我们要考虑收集的有效信息。基于实际问题的需要,我们可以定义不同的分段标准,让学生经历收集数据、整理数据、描述数据和分析数据的一个完整过程,提高学生的数据分析能力。

### (三) 袁老师教会我教学的“自然之术”

如果说朱特给予我教学的“道”、刘老师给予我教学的“法”,那么我们高新区小学数学教研员袁凤珍老师则给予我教学的“自然之术”。袁老师是我十分敬重的老师之一,也多次听过她的公开课,比如“秒的认识”“运算律”等,听她的课总是如沐春风,十分享受。

其实,有一段时间,我都不好意思见到袁老师,主要原因是我有一次失败的公开课经历。那是2013年11月,我承担了高新区区级公开课“认识比”,当时我正在进行高新区区级重点课题“小学生数学自学实效性的研究”的探索,我很想把我研究的阶段性成果——以学生为主体,通过学生“自学、提问、交流”的自学策略和教师“解惑、思辨、提升”的教学策略,努力构建自主、高效、智慧的课堂——向全区的教师进行展示。之前,在本校试讲了两次,学生数学语言表达流畅,交流讨论热烈,师生互动和谐,我想课应该没有什么问题了。然而教学实际并不是这样,从课的一开始我就忽视了学情的分析,每一个环节都在我的预设之外,没有跟着我的教学设计进行,最后我被学生牵着鼻子走,那节课我上得满头大汗。课后,我听到有学生说:“做老师真的很辛苦,你看这位老师上课都满头大汗了!”

虽然课后袁老师并没有责备我,课后主动和我交流课的设计,说“是不是紧张了?”当时我真想找一个地洞钻进去,想快速地逃走。她殷切地鼓励我,教学设计一定要基于学情展开,不能理想主义。我是一个自尊心极强的人,在心里默默下定决心,一定要证明我能行。

转眼到了2014年11月,我报名参加了高新区小学数学青年教师基本功大赛。当我数学理论、数学文化史、教育学、心理学以及解题能力综合在区排名第四时,袁老师鼓励我说:“基本功不错,看得出来你的心理学和教育学知识掌握得非常好。”

在接下来的粉笔字、即兴演讲和评课中,我一跃成为了小组第一名。尤其是在评课这一环节,袁老师对我的印象很深刻,她说我能把老师的教学实践和教学理论结合起来,知道这节课好在哪里,在哪里可以进行完善。

在最后一个上课环节,我抽到的课题是“常见的数量关系”,这是2013年教材改版后的新内容。我想起袁老师对我说的要注重分析学情,合理制定教学目标,科学预设教学进程,注重学生交流讨论,引发学生的模型思想的培养。这节课我成功了——取得了高新区一等奖第一名。

下班后,我给袁老师打电话,请她给我这节课进行点评。袁老师对我的教学语言进行了点评,提出在教学过程中,要多关注以下五点:

1. 要多问问学生谁还有不一样的想法?

2. 你能够完整地把你的想法说给大家听吗?

3. 什么变了? 什么没有变?

4. 你能举个例子吗? 你能举一个反例吗? 或者举一个特殊的例子吗?

5. 你能让别人一下子听懂你的思路吗?

袁老师指出学生的探究方式主要有两种,其中重要的一种是多元表征方式。数学的话再到别人的话最后到自己的话,几次转换学生就有一个经验,经验在今后的学习过程中依然有用。比如学生的举例,他有了经验就会知道,以后老师再让我举例我就要举全面的例子,我要举0,1,举整百数,要举更大的数还有极小的数，还有学生举例要举类别，比如分数、小数，等等。

听了袁老师的点评，我再次受到袁老师教学理念的洗礼。以至于我在泰州市开设公开课后，再一次和袁老师磨课。不管多晚，袁老师都是第一时间回答我的问题，对于“常见的数量关系”这节课，是一个板块一个板块地进行打磨，最后形成了基于模型思想指导下的教学版本。

我记得学生在体会速度这一板块时，我们是这样进行设计的：

1. 认识速度

师：苏苏从家到学校走了 320 米，贝贝从家到学校走了 350 米，你认为哪位同学走得快一些？

生：只有一个条件不能判断哪位同学快一些，缺少时间。

师：物体行驶的距离叫做“路程”，现在提供给你时间。

师：苏苏走了 4 分钟，贝贝走了 5 分钟。

生：苏苏每分钟走多少米？320÷4＝80（米）。贝贝每分钟走多少米？350÷5＝70（米），所以苏苏走得快一些。

师：在行程问题里，每小时或每分钟、每秒钟等行驶的路程叫做速度，这里的每分钟走 80 米是苏苏的速度，每分钟走 70 米是贝贝的速度。

师：速度单位怎么写呢？

生 1：每分钟走 80 米可以写成 80 米/分。

生 2：每分钟走 70 米可以写成 70 米/分。

2. 体会速度

师：生活中很多物体的速度是不能直接测量的，而是通过计算得出来的。

师：刘翔 110 米跨栏的速度是 8.5 米/秒，你觉得刘翔跨栏的速度怎么样？

生：非常快，“滴答”一下，刘翔就从教室的这边就跑到教室的另一边。

师：我们知道，动物界谁的奔跑速度最快？

生：猎豹。

师：猎豹奔跑的速度是 30 米/秒，它的速度和刘翔相比较，怎么样？

生：快多了！

师：如果给你“500 米”，你能判断这个物体速度的快慢吗？

生：不能，如果是 1 小时行走 500 米，那就很慢了，我们还要看时间的长短。

师：海龟在陆地上爬行的速度是 500 米/小时。

生：海龟的爬行速度和刘翔叔叔比较，慢多了！

师：物体的速度和什么有关？

生:与路程和时间有关。

3. 自主学习探究体验速度模型

师:游老师从苏州开车到泰州,每小时行驶90千米,行驶了2小时,苏州到泰州一共多少千米?

李冬骑自行车到学校,每分钟行驶200米,骑了8分钟,李冬家离学校多少米?

生:根据研究单的提示自主探索。

(1) 写:把速度改写成复合单位的形式。

(2) 算:计算出汽车和自行车行驶的路程。

| | 速度 | 时间 | 路程 |
|---|---|---|---|
| 汽车 | | 2小时 | ( )千米 |
| 自行车 | | 8分 | ( )米 |

(3) 想:路程与速度、时间之间有什么关系?

生:路程=速度×时间

师:如果我骑摩托车从苏州到泰州,行驶了3小时,摩托车行驶的速度是多少?

生1:180÷3=60(千米/小时)

生2:速度=路程÷时间

师:如果泰州开通了高铁,每小时行驶180千米/时,几小时可以到苏州呢?

生1:180÷180=1(小时)

生2:时间=路程÷速度

师:我们把三种交通工具的信息放在一张表中

| | 速度 | 时间 | 路程 |
|---|---|---|---|
| 汽　车 | 90千米/小时 | 2小时 | 180千米 |
| 摩托车 | 60千米/小时 | 3小时 | 180千米 |
| 动　车 | 180千米/小时 | 1小时 | 180千米 |

师:当路程不变时,速度和时间有什么变化?

生:当路程不变时,速度越快,时间花得越少。

师:我们通过解决求路程的实际问题的计算,发现路程=速度×时间;根据这个数量关系,又推导出时间=路程÷速度,速度=路程÷时间。

最后在袁老师的提议下，本节课的其中一个重点是培养学生的模型思想，感悟数学就是研究千变万化中不变的联系。最后让学生看到“千米/时”这个复合单位时，我们也能发现隐藏了“路程÷时间=速度”这一数量关系。

数学真是太神奇！

在我的成长过程中，也得到了苏州常熟市教研室主任徐建文特级教师的指引：是他让我明白对数学知识的表征方式，并且用多种学生能够理解知识的方式对数学进行表征；是他让我明白了作为数学教师要学会智慧地制造冲突，包含新旧知识的冲突、前后知识的冲突、学生之间的思维冲突，然后到数学情境之中寻找冲突的支撑；是他让我深切地体会到学生的错误也是一种教学资源，教师要善于运用学生的错例展开教学，从错误走向正确。

我的专业成长也离不开著名特级教师曹振荣老师的引领：她总是鼓励我，说我是三人之间（当时代表苏州市参加江苏省基本功比赛是三位老师）进步最快、最大的；也是她告诉我要让学生反馈更多的信息，在反馈信息的基础上建立数学模型；在处理练习部分，曹特告诉我要分析教材，要找出习题的编写意图，必要的时候要进行题组练习，在题组练习的过程中重点在于对比；还不断鼓励我上课要有创新点，给人以惊喜，给学生以收获。

苏州工业园区小学数学教研员杭瑛老师也给予了我许多帮助：是她向我建议从研究“教师的教为中心”到“学生的学为中心”，数学课堂要有趣味、数学味、探究味、生活味和文化味；在我的专业成长的过程中，要多进行同题异构、一课三上或者课后访谈等研修实践活动。针对我的上课情况，她建议我要多关注“设计个性作业、坚持组织学生数学阅读、引导学生反思和开设数学节目”等课题，开展丰富多彩的数学活动。

教学过程中有给予我发展动力和能力的导师真好！

# 第一章　追梦中，追寻知识的自然生长

作为老师，我常常思考这样一个问题：什么是教育？

记得有这样一个案例：每次学生进入食堂吃饭、上体育课，学生都要排好路队，班主任常常是讲大道理——上下楼梯靠右走、楼道内禁止奔跑，等等。很多老师对学生的教育形式多为："你应该怎么样，不应该怎样""我说的你要听"，通常冠名于"这都是为你好"等所谓爱的理由，诸如这样的教育形式实际上收到的效果并不明显。

其实，对学生进行常规教育不仅需要在教室里进行教育，更重要的是把学生带出教室进行实践，模拟上下楼梯，模拟排队去音乐教室、去餐厅等，让我们的孩子在亲身体验中受到教育，在思想教育和行为习惯的培养上我们换种形式，让学生动起来，想点办法，我们的孩子们才能健康向上地成长。

让学生亲身经历各种实际活动，在体验中锻炼思想，增长才干，培养良好的行为习惯。锻炼的方式可以是社会活动、课外文体科技活动等。

还有，我们常常要求学生无声就餐，争做"光盘族"。我这样要求学生，首先先严格要求自己。班会课上，我们一起讨论就餐礼仪，争做光荣的"光盘族"，我们一起设计了无声就餐的手势语。比如我需要添加菜就举"食指"，需要添加饭就举"食指和中指"，需要添加包子或馒头就举起"拳头"，等等。我们班级的孩子家庭条件比较优越，有很多同学有挑食现象，我们在制定光盘规则时遵循循序渐进的原则，第一周允许浪费一个菜，第二周就争做"光盘族"了。每次有同学光盘了，都会来到我或者其他同学的面前，炫耀自己的餐盘开心地说："看，今天我又光盘了！"如果哪天谁浪费了，就义务给大家维持教室卫生。有一天，我故意浪费了一点青菜，同学们说老师需不需要义务做值日呢，我说那是必需的。由于师生在规则面前人人平等，每周我们都会推选出班级里的"光盘小达人"，我们班"光盘族"的队伍越来越壮大了。

回到我们的数学课堂，我又问自己：教育是什么？

柏拉图："教育是为了以后的生活所进行的训练，它能使人变善，从而高尚地行动。”

夸美纽斯：“教育是生活的预备，能在成年以前完成。”

裴斯泰洛齐：“人的全部教育就是促进自然天性遵循它固有的方式发展的艺术。”“教育意味着完整的人的发展。”

斯宾塞：“教育即为人的完整生活做准备。”

杜威：“教育即生活”“教育即生长”“教育即经验的重组和改造”“学校即社会”。

卢梭：“人是唯一需要教育的动物，教育的任务根本在于充分发展人的自然禀赋，使人人都能成为自身，成为本来的自我，都得到自我完善。”

巴格莱：“我们把社会进化定义为积累和提炼人类知识的进步过程，在最广泛的意义上讲，教育则是传递这些知识的过程，或者说教育是传递人类知识积累中具有永久不朽价值的那部分知识的过程。”

梁启超：“教育是什么？教育是教人学做人——学做现代的人。”

陶行知：“生活即教育。”

教育学理论上指出：教育是培养人的一种社会活动，是传承社会文化、传递生产经验和社会生活经验的基本途径。从广义上说，凡是增进人们的知识与技能、影响人们的思想观念的活动，都具有教育作用。狭义的教育主要指学校教育，是教育者根据一定的社会要求，有目的、有计划、有组织地通过学校教育工作对受教育者的身心施加影响，促使他们朝着所期望的方向变化的活动。

联合国教科文组织颁布的《国际教育标准分类》中对教育的定义为：“教育被认为是导致学习的、有组织的、持续的交流活动。”

我认为：“教育就是自然生长，数学教育就是让知识自然生长。”

## 一、自然生长的基本内涵

小学数学教育要遵循自然发展的法则，不能单方面地拔高教学目标的要求，如果教学内容偏、难、繁、杂，则会使学生学习数学的兴趣逐渐降低。《义务教育数学课程标准(2011 版)》指出：“学生学习应当是一个生动活泼、主动的和富有个性的过程。”数学知识的教学，要注重知识的“生长点”与“延伸点”，把每堂课教学的知识置于整体知识的体系中，注重知识的结构和体系，处理好局部知识与整体知识的关系，引导学生感受数学的整体性，体会对于某些数学知识可以从不同的角度加以分析、从不同的层次进行理解。

## （一）基于学生的学，顺势而教

教师要善于解读教材，要分层次地解读教材，由易到难、目标清晰，要细读例题和例题之间的联系和区别。在教学过程中，我们要借助直观，或文字直观、或图形直观、或动作直观等不断完善富有层次性的数学课。

《义务教育数学课程标准(2011版)》提出了数感、符号意识、空间观念、几何直观、数据分析观念、运算能力、推理能力、模型思想、应用意识和创新意识等10个核心词。在这10个核心关键词中有一部分又属于数学的核心素养。教师要用10个核心素养、“四基”“四能”着眼于学生的学，顺着学生的学确定教师的教。

在教学六年级“整数除以分数”这一内容时，对于学生的学，我针对两个教学例题进行分层思考。整数除以分数是本单元教学的重点和难点，为了让学生切实理解整数除以分数的算理，教材安排了两道例题，例题2教学整数除以几分之一，例题3教学整数除以几分之几。

对于这一部分教学内容，我合理分析这一知识的上位知识，即运算能力的把握，运算能力的要求有计算正确、借助直观理解算理以及在理解算理的过程中发展学生的推理能力。

基于学生的学，我对教学进行以下处理：

**片段一：复习引入、提出猜想**

1. 口算

$\frac{3}{8}\div 3=$　　　　$\frac{4}{13}\div 2=$

2. 引导

关于分数除以整数，我们知道了什么？

交流：分数除以整数，可以转化成乘法计算；分数除以整数，等于分数乘这个整数的倒数。

启发：如果把分数和整数的位置对调一下，变成整数除以分数，我们能想到什么？

还想知道什么？

追问：是这样的吗？为什么呢？带着这样的猜想我们进入今天的学习：整数除以分数。

片段一的教学是在学生已经掌握了分数除以整数的计算方法的基础上进行的，寻找新知的最近发展区和知识生长点，引发学生的数学思考、拓展学生的思考思路，为本课的数学教学做好铺垫。

**片段二：探索新知、验证猜想**

（一）教学例2，结合具体情境，初步感知算法

1. 出示例2，分析条件和问题。

学生口答列式。

引导：求分给几个人，用什么方法计算？

交流：因为是平均分的数学问题，根据橙子的总数和每人分的个数这两个条件，用除法计算。

启发：现在老师把条件换一下，出示问题(2)：每人分$\frac{1}{2}$个，可以分给几人？

学生列出算式并说明理由(平均分)。

谈话：$4\div\frac{1}{2}$等于多少呢？我们借助圆片来分一分、看一看。

师生动手分四个橙子，一个一个地分。

展示：观察黑板上分橙子的结果：你知道了什么？

$4\div\frac{1}{2}=8$(人)

启发：回想分橙子的过程，你想到了什么？

汇报：1个橙子分给了2个小朋友，4个橙子可以分给8个小朋友，用$4\times2$等于8。

也就是说：$4\div\frac{1}{2}=4\times2$(板书等式)

谈话：$\frac{1}{2}$和2有什么关系？喔，互为倒数。

2. 出示问题(3)。

学生列出算式：$4\div\frac{1}{3}$，$4\div\frac{1}{4}$

启发：我们还是用四个圆片代表四个橙子，同学们先分一分，再想一想，填一填，你发现了什么？

交流：

$4\div\frac{1}{3}=12$人，因为1个橙子可以分给3个人，4个橙子可以分给4个3人。

$4\div\frac{1}{4}=16$ 人，因为 1 个橙子可以分给 4 个人，4 个橙子可以分给 4 个 4 人。

分别板书：

$4\div\frac{1}{3}=4\times(3)$

$4\div\frac{1}{4}=4\times(4)$

交流：括号里的数和除数有什么关系？

谈话：看来，整数除以分数和分数除以整数还是有联系的，但是你发现了这三个等式都是除以几分之一的。如果是整数除以几分之几，符合这个规律吗？

上面这一片段是创设了把 4 个同样大的橙子平均分的实际情境，并由此提出了三个问题，引导学生有层次地开展探索计算方法的活动。学生借助直观图，通过动手实践、自主探索、合作交流等学习方式，感悟整数除以几分之一的计算方法，算理和算法初步统一起来，学生发现除法算式和对应的乘法算式之间的关系，通过比较和交流，初步发现：整数除以几分之一，等于这个整数乘几分之一的倒数。

（二）教学例 3，借助迁移、类比和推理，深入感悟算法

启发：可以剪成几段，你能列式吗？

学生列式：$4\div\frac{2}{3}$

交流：我们先借助直条图或线段图先分一分，再写出结果。

启发：根据分一分得到的结果 $4\div\frac{2}{3}=4\times\frac{3}{2}$ 这一等式是否成立呢？进一步发现：整数除以几分之几，也等于乘几分之几的倒数。

在以上两个教学片段中，从旧知到新知，从前往后，知识是顺着学生的学在有序成长，学生在操作、交流和探究的过程中积累了数学活动经历，感悟了数学转化这一思想。

（二）基于认知的序，遵循自然

著名儿童心理学家朱智贤认为："小学生思维是由具体形象思维逐步向抽象逻辑思维过渡。"在实际教学过程中，从学生熟悉的日常生活情境出发，从简单到复杂，从具体到抽象，由扶到放再到收，符合学生的认知顺序。比如在教学"常见

的数量关系”这一内容时，课的结尾我有这样一个片段：

谈话：单价、速度可以用这样的一段线段表示，3 支或 3 时我们就用这样的三段来表示。今天我们学习的两个数量关系可以用下面的线段图表示。

启发：整条线段表示什么数量呢？

交流：总价或路程。

引导：看到这幅线段图，你能想到什么？

交流：单价、速度我们可以看做是每份数，数量、时间我们可以看做是份数，用每份数乘份数可以求出总数。

启发：线段图中的每一份还可以表示什么吗？

汇报：每一份还可以看做是每天完成的工作量、我们每分钟完成的口算计算题……整条线段表示的是完成的工作总量。

回味：刚才我们说速度是不能直接测量的，而是通过计算的，例如：8.5 米/分，这个复合单位是不是也隐藏一个数量关系呢？12 元/本又表示什么数量关系呢？带着这样的问题课后我们再进行思考。

在实际的备课过程中，我查阅了大量资料，常常思考，能否把本课中的两个基本的数量关系合并成一个数学模型呢？数学模型思想结构的两个主要特点：① 数学模型是经过抽象、舍去对象的一些非本质属性以后所形成的一种纯数学关系结构；② 这种结构是借助数学符号来表示的，并能进行数学推演。

从学生认知的序这一视角，从简单到复杂，由表面到本质，抽取出总量模型和速度模型。

（三）基于知识的序，螺旋上升

除了要考虑学生数学学习认知的“序”，我们还必须考虑数学知识形成的“序”。在实际的教学中，我们要遵循循序渐进与促进发展相结合的原则。促进发展是现代教育的重要观点。这一原则是指教学既要按照学生身心发展及学科知识演进顺序进行，又要尽可能地促进学生的发展，正确处理学生现有的发展水平与可能的发展水平之间的关系。因此，要正确认识和科学评估学生现有发展水平及其潜在的发展可能，科学合理地组织教学，以确保每一位学生都能得到发展。同时，教学要掌握学生发展从量变到质变的飞跃，在学生可接受的程度上发展。

### （四）基于素养形成灵性教育

经常参加中小学、幼儿园的六一文艺汇演或合唱比赛，发现幼儿园的小朋友在舞台上笑得灿烂、跳得开心、唱得美妙；小学生的文艺表演，则多了一丝忧郁和不快乐；到了初高中，表演则多了一份呆气。常常想这样一个问题：为什么我们的孩子越来越大，灵性却越来越少呢？

《义务教育数学课程标准(2011 版)》指出："有效的数学教学活动是学生学与教师教的统一，学生是数学学习的主体，教师是数学学习的组织者、引导者与合作者。学生学习应当是一个生动活泼的、主动的和富有个性的过程，学生应当有足够的时间和空间经历观察、实验、猜测、验证、推理、计算、证明等活动过程。"课程标准还提出 10 个核心关键词，在核心关键词的基础上提炼出数学的核心素养，基于核心素养的培养，教师更多的是扮演一名"播种者"。

1. 体验数学文化的美，播种一粒数学的种子

"数学是一种文化。"在数学发展的历史长河中，数学文化的素材比比皆是。小到有趣的数、美妙的形、奇妙的规律、神奇的数学历史故事、数学名人名言；大到宇宙自然现象，数学与其他学科、与生活的联系等处处蕴含着数学文化。在苏教版小学数学、高年级教材中都有结合所学习的内容安排的"你知道吗"课外知识板块，向学生介绍相关的数学史料和背景知识。在教学"圆的认识"时，为了让学生体验到数学文化的美，我借鉴了张齐华老师的教学，通过以下四个层次让同学体验数学文化的美：首先是导入环节，让同学们观察一粒小石子掉入水中，你发现了什么？紧接着让同学们回忆在自然界、建筑物、艺术品、商标等地方见过的圆，初步通过画一画、剪一剪等实践活动，使学生初步感知圆的"与众不同"，并由此引出毕达哥拉斯的一句名言——"在一切平面图形中，圆是最美的图形。"其次，通过操作发现半径、直径的特点以及它们之间的关系，让学生认识到圆的内在特征：在同圆或等圆内，所有的半径都相等，并由此引出墨子在《墨经》中的一句话——"圆，一中同长也。"围绕"一中同长"进行思辨，"中"指的是什么？"同长"告诉我们什么？再次，通过依次呈现正三角形、正方形、正五边形……让学生展开想象，随着正多边形的边数越多，所得到的图形就越接近圆，圆可以看成是一个"正无穷边形"，并由此体会到"圆出于方，方出于矩"这句古语中前半句的含义。在练习中，给学生呈现阴阳太极八卦图，发现大圆与小圆半径、直径的关系，加深学生对圆的文化体验。最后，解读小石子掉入水中形成圆的原因，生活中车轮做成圆形的原理。整节课同学们的学习兴趣高昂，课后还特意去网上查询了

很多有关圆的知识，如“祖冲之的割圆术”“π 的知识”，学生们在体验数学文化魅力的过程中提升了学习兴趣，也促使我在每一次备课中都关注数学文化、思想、策略的渗透。一次小小的数学文化体验，改变了学生的学习方式和我的教学风格。

2. 体验数学过程的美，播种一粒合作的种子

《义务教育数学课程新标准(2011 版)》指出：“除接受学习外，动手操作、自主探索、合作交流都是学生学习的重要方式。”数学教学的任务不仅要解决“是什么”，而且还要解决“为什么”和“还有什么或还能怎么样”等数学问题。这些教学任务的达成都离不开学生对数学知识形成过程的自主探索、自主体验。在“三角形的内角和”这一课中，通过小组合作，从学生熟悉的长方形、正方形引入课题，先认识它们的内角及它们的内角和，让学生对内角及内角和的概念有了初步的认识，再迁移把长方形和正方形一分为二，揭示出直角三角形的内角和，为学生的猜想埋下了伏笔。随后我给学生充分的时间和空间，引导他们去探究直角三角形的内角和，去验证直角三角形的内角和是不是恰好是 180°，让学生最大限度地投入到观察、思考、操作、探究活动中去。学生通过不同的方法把猜想都集中在直角三角形的内角和可能是 180°上。学生找到了量一量、拼一拼、折一折和算一算等不同的方法来验证直角三角形的内角和是 180°。然后再由直角三角形这个特殊三角形迁移到锐角三角形、钝角三角形这样的一般三角形的验证。在学生交流验证方法时，我给学生渗透了科学探索的方法——由特殊到一般的研究方法。

3. 体验数学思维的美，播种一粒严谨的种子

记得一位外国著名的数学教育家说过：“数学教师最大的失败，就在于把学生教得讨厌数学。”我在所带的班级里坚持“每日一题”，还美其名曰：“我的第四餐”。每天布置一道趣味题让学生思考，做完之后由小组长批改，正确的同学可以获得一个苹果图标，满 10 张可以来换一份小礼物。每天的趣味题紧密联系最近的学习内容，记得一次数学思维课上，我就出了如下的趣味题：“两棵上共有 60 只麻雀，10 只从第一棵树上飞到第二棵树上，接着第二棵树上又飞走 15 只，这时第一棵树上的麻雀是第二棵树上的 2 倍。原来两棵树上各有麻雀多少只?”趣味题把学生的学习积极性都调动起来了，课间孩子们都积极思考，有时家长也参与进来，其乐无穷。

课余时间，我引导学生看《时代学习报》《小学生数学报》，撰写数学日记，并让他们充当“小老师”出试卷，同学们对此乐此不疲。记得有一次，我们班级有一

位名叫朱启程的同学挑战《时代学习报》的出题老师：

原题是"一块长120厘米，宽100厘米的红布，最多能做多少面直角边是40厘米和30厘米的三角形小旗？"出题老师认为：不能用大面积除以小面积得到20面，正确答案是18面，因为宽里面只能剪3行，每行能剪6面，一共能做6×3=18(面)。但朱启程不认为是18面，他认为答案应该是20面，方法不是采用大面积除以小面积得到的20面。

他信心十足地对我说："我们可以在120厘米的那条边放3个40厘米的直角边，在100厘米的边上放2个30厘米的直角边和1个40厘米的直角边，这样就可以做出20面小旗了。"如下图所示：

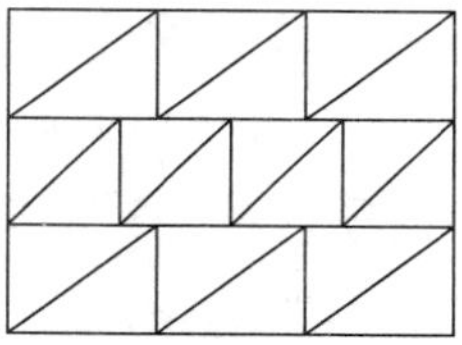


通过不断的思维训练，我班的同学多次在《少年智力开发报》上刊登数学日记、在省竞赛中获奖，这和平时的数学思维训练是分不开的。

数学教师的育人艺术不在于传授知识，而在于传授知识之上的数学思想、方法。只有让学生多多去体验数学文化的美、数学知识过程的美、数学思维的美，从小播下一粒数学、合作、严谨的种子，让他们养成务实的科研态度，数学教师的教学才是真正意义上的成功。

## 二、让知识自然生长的可能

古诗有云："随风潜入夜，润物细无声。"数学教学如何能让知识自然生长也达到"润物无声"的效果呢？让知识自然生长的理论依据主要有以下三个方面：

### （一）教学要关注知识的"生长点"和"延伸点"

数学知识的教学，应注重学生对所学知识的理解，体会数学知识之间的关联。学生掌握数学知识，不能单纯地依靠死记硬背，而应在理解的基础上，在知识的应用中不断巩固和深化。在教学过程中，教师要把数学知识与学生生活实际经验联系起来、与学生的学科知识联系起来，组织学生开展实验、操作、尝试等活动，引导学生进行观察、分析，抽象概括，运用知识进行判断。教师还应揭示知识的数学实质及其体现的数学思想，帮助学生厘清相关知识之间的区别和联系等。

数学知识的教学，要注重知识的“生长点”与“延伸点”，把每堂课教学的知识置于整体知识的体系中，注重知识的结构和体系，处理好局部知识和整体知识的关系，引导学生感受数学的整体性，体会对于某些知识可以从不同角度加以分析、从不同的层次进行理解。

### （二）最近发展区理论

最近发展区理论是由前苏联教育家维果茨基提出的儿童教育发展观。他认为，学生的发展有两种水平：一种是学生的现有水平，指独立活动时所能达到的解决问题的水平；另一种是学生可能的发展水平，也就是通过教学所获得的潜力。两者之间的差异就是最近发展区。教学应着眼于学生的最近发展区，为学生提供带有难度的内容，调动学生的积极性，发挥其潜能，超越其最近发展区而达到下一发展阶段的水平，然后在此基础上进行下一个发展区的发展。

维果茨基是著名的心理学家，创立了心理发展的社会文化理论。他认为，儿童是在积极探索环境的过程中不断获得新信息和新规则的。儿童真正有机制的重要发现是在与教师或指导者的交流和合作中完成的。在这个过程中，教师通过语言、动作等来传递信息，而儿童不断地去理解教学内容，然后将这些信息内化，用以指导自己的行动。

最近发展区的思想注重儿童发展的可能性，教学应该面向儿童未来的发展可能，维果茨基提出了“教学应走在发展前面”，主张教学内容应该略高于儿童现有的水平，这样教学才能促进发展。

### （三）以生为本，构建自由呼吸的课堂

教师的任务就是为学生搭建分享的平台，教师是儿童学习的伙伴，与学生一起走进数学的世界，与学生一起体会学习的快乐。优秀的老师善于用数学提高孩子的思维能力，数学学习并不是为了拥有多少数学知识，而是要在数学学习的过程中，拓展孩子的思维，提高孩子的数学素养，用数学去思考、去分析，解决实际问题。

我多次问我的学生，你眼中好的数学课是什么样的？

在学生眼里，好老师能帮助学生解决一个个问题，学到新的知识；能不停地鼓励孩子，对错误不要有太多的批评；能很好地组织课堂教学，把课堂交给孩子。

一句话，我们需要构建自由呼吸的课堂。

构建自由呼吸的课堂，教师要注意课堂提问与课堂教学的开放度。数学问题有封闭和开放之分。所谓封闭，是指问题的指向单一，只有一个答案，只有一种呈现和表述方式。

而开放的问题则相反，问题只呈现了一个未完成的状态，指出了前进的方向，答案可能不止一个，也可能是多个，但到达的路径、思考的方法、呈现或表述的方式都不唯一。

问题也有好坏之分，好的问题能够激发学生探究的兴趣，引导学生探究的方向蕴含着解决问题的线索，同时又具有一定的挑战性。

以“认识平行四边形”为例，在探索平行四边形的特征时，我们经历了多种方式表征——从角、边两个角度猜想——验证猜想——得出结论这一教学思路；学生在课堂上的数学表达流畅，思路清晰。

谈话：同学们都认识了“平行四边形”，闭上眼睛在小脑袋里想一想平形四边形是什么样子的？好，脑子里有平行四边形的样子了吗？如果老师让你做一个平行四边形，你准备怎么做？

操作：学生用手头材料做，做完后交流我是怎么做平行四边形的。教师巡视指导。

谈话：谁愿意上台来展示自己是怎么做的？

生1：我是用钉子板围成的。

生2：我是用小棒摆的。

生3：我在方格图上画的。

生4：我是直接折的。

生5：我是用剪刀剪的。

谈话：同学们想出的办法真多，请同学们观察一下自己面前的平行四边形，你能猜想一下，它的边和角各有什么共同特点呢？

小组交流：有什么猜想？

交流汇报：

生1：我们小组觉得“上下两条边可能平行；左右两条边可能平行”。（师板书：互相平行）

师：你是怎么发现的？

生1：我是看出来的，上下两条边延长后不相交。

师：其他小组发现这个特点了吗？你有办法证明吗？

生 2:我们的平行四边形上下两条边延长后也不相交,我可以用画平行线的方法证明,左右也一样。

师明确:上下两条边称为一组对边,左右一组对边,可以称两组对边。(板书:两组对边)

生 3:我们可以用三角尺平移的办法证明对边是平行的。

小组讨论后提问并板书:两组对边互相平行。

生 3:我们小组发现两组对边都是相等的?

师:你们听明白他的意思了吗?

生 4:就是上下两条边相等,左右两条边相等。

师规范语言:你指的是两组对边分别相等,是吗?(板书)

谈话:其他小组发现这个特点了吗?你有办法证明吗?

生 5:上下两个小棒长度相等,左右长度也相等。

生 6:我上下拉出的都是 3 格,左右是 2 格,都是相等的。

生 7:我还发现相对的角相等,我是用折的方法验证出来的。

生 8:我发现平行四边形的内角和是 360°……

小结:通过以上研究,我们已经知道了平行四边形的特点:两组对边分别平行且相等。

数学课的精彩在于学生的思维,在于能做出来的不如讲出来,听得懂不如说得通,培养学生批判、质疑的理性精神。

让知识自然生长这一教学主张与教育部课程标准修订组组长、博士生导师王尚志教授于 2015 年 11 月 6 日下午的专题报告中提出的中国学生在数学学习中应培养数学抽象、逻辑推理、数学建模、数学运算、直观想象和数据分析六大核心素养是一致的。

让知识自然生长这一教学主张与义务教育数学课程标准总目标“所达成的学生获得适应社会生活和进一步发展所必需的数学的基础知识、基本技能、基本思想和基本活动经验”也是一脉相承的。

让知识自然生长与提高学生的四能要求具有异曲同工之妙。让知识自然生长就是让学生体会数学知识之间、数学与其他学科之间、数学与生活之间的联系,运用数学的思维方式进行思考,增强发现和提出问题的能力、分析和解决问题的能力。

让知识自然生长的终极目的是为学生的未来发展奠基。在学习过程中,了解数学的价值,提高学习的兴趣,形成终身学习、自主学习的能力,养成良好的学习习惯，具有初步的创新意识和科学态度。

在实际教学过程中，让知识自然成长的策略有哪些呢？

## 三、让知识自然生长的策略

让知识自然生长就是要培养学生善于独立思考，不人云亦云；善于自主探索，主动发现问题和提出问题；善于大胆猜测、想象、操作、推理，具有初步的创新意识；善于有条理地和其他同学表达自己的想法。让知识自然生长的智慧还表现在培养学生用数学的眼光去观察世界，用数学的思维去思考问题，甚至能在“别人只看到一片混乱的地方看出与数学有关的规律”“在千变万化中追寻不变的关系”。让知识自然生长培养学生认识和掌握数学思考的基本方法，在面对具体的数学问题时，能从数学的角度去寻求问题解决的策略，对某些事实进行数学猜测、推理和解释。总之，在学习过程中，学生在处理与数学有关的问题时表现出比较灵活的思维、开阔的思路和较好的数学素养。

### （一）寻找最近发展区

在“常见的数量关系”这一教学内容的备课过程中，我思考数量关系的生长点在哪里？如何从最近发展区的角度把握知识的生长点？我参考教材的情境图，从学生熟悉的购物图展开教学。

师：生活中有许多数学问题，今天的数学课我们就从购物开始。

师：出示例2局部图，从图中你知道了哪些条件？

生：钢笔每支12元，练习本每本3元。

师：教学单价以及复合单位的读、写法。

师：“12元/支”表示什么意思？

生:每支钢笔12元。

师:练习本的单价"每本3元"又可以怎样写、怎样读呢?

生:尝试着写一写、读一读。

生:写成"3元/本",读作:3元每本。

师:"3元/本"又表示什么意思呢?

生:每本练习本3元。

师:像"元/本"这样的单位我们称为复合单位。

师:认识了单价,我们继续看图(出示第二幅情景图),现在你从图中又能找到哪些条件?

生:买了4支钢笔和5本练习本。

师:购买一种商品的件数,叫做购买商品的"数量"。

师:根据我们找到的条件,你能提出一步计算的数学问题吗?

生1:钢笔一共用去多少钱?

生2:笔记本一共用去多少钱?

师:总共用去的价钱,叫做"总价"。

师:你能计算出钢笔的总价是多少?

生:12×4=48(元)。

师:你是怎么想的?

生1:每支钢笔12元,买了4支,就是4个12,用乘法计算就是12×4=48(元)

**为什么用乘法计算?这是在学生已经掌握了乘法的意义的基础上进行的教学,帮助学生建构要求总价,我们只要用单价乘数量就可以。**

生2:练习本的总价是3×5=15(元)

师:如果购买了7本练习本,一共用去多少元?

生:3×7=21(元)

师:10本呢?

生:3×10=30(元)

师:根据上面的计算,你发现单价、数量和总价之间有什么关系?

生:总价=单价×数量。

师:从解决购物问题的过程中我们发现:总价=单价×数量,这是生活里常见的一种数量关系。

师:在二年级的时候,我们就遇到过类似的问题。出示图片:

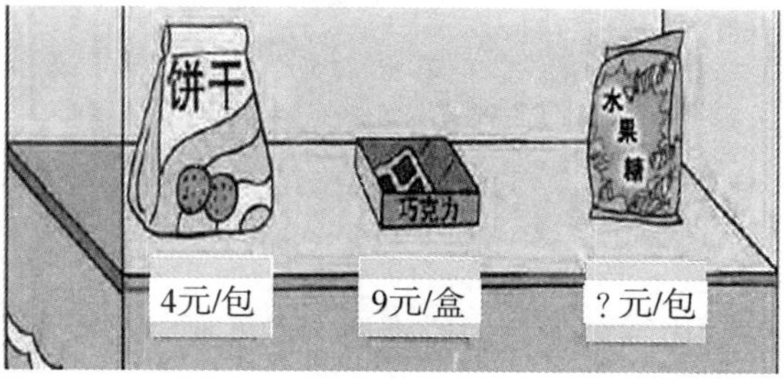


师：张阿姨要买9包饼干，一共要用多少元？要求什么，你是怎样想的？

生：要求饼干的总价，用饼干的单价4元/包乘数量9包，一共要用36元。

师：李阿姨用27元，可以买多少盒巧克力？这又要求什么，你是怎样想的？

生：要求巧克力的数量，用27÷9=3(盒)

师：想一想，知道总价和单价，可以求什么？怎么求？

生：数量=总价÷单价。

师：如果知道总价和数量，可以求什么？怎么求？

生：单价=总价÷数量。

师：赵阿姨用18元买了3包水果糖，每包水果糖多少元？

生：18÷3=6(元/包)。

以上教学片段是带着学生回忆这一部分知识我们在之前的学习过程中也接触过，现在是在解决问题的基础上建立数学模型。数量关系是通过具体的情境达到事例说明，情境达到建立数量关系模型支撑的作用。

师：张叔叔在购物的过程中也遇到这样一个问题，你能分别求出下面三种商品的总价、数量和单价吗？

下面是张叔叔的购物发票：

**大润发购物中心发票**

**客户名称：张××**　　　　**开票日期：2015年12月7日**

| 商品名称 | 单价 | 数量 | 总价 |
|---|---|---|---|
| 红花牌餐具 | 24元/套 | 3套 | |
| CD光盘 | 5元/盘 | | 125元 |
| A4复印纸 | | 10包 | 360元 |
| 人民币(大写) | 仟　佰　拾　元　角　分 | | |
| 备注 | | | |

师：你是怎样想的？

生1：我运用总价和单价、数量三者之间的关系。

生2：我发现了总价、单价和数量这三个数量，只要知道其中的两个，就可以求出第三个数量。

再次回到生活，运用数量关系解决生活中的实际问题，整个片段经历了从生活化走向数学化，从数学化再次回归生活。

（二）基于已有的经验

《义务教育数学课程标准（2011版）》指出："教师教学应该以学生的认知发展水平和已有的经验为基础，面向全体学生，注重启发式和因材施教。学生是学习的主体，教师是学习的组织者、引导者和合作者。教师要发挥主导作用，处理好讲授和学生自主学习的关系，引导学生独立思考、合作交流，使学生理解和掌握基本的数学知识与技能，体会和运用数学思想和方法，获得基本的数学活动经验。"

在备课的过程中，我常常问自己：学生已经知道了什么？在学生的头脑中有哪些生活经验和数学经验？我怎样把学生的经验和新学习的内容对接起来？总之，分析学情是十分必要和重要的。在教学"认识几分之一"的过程中，我分析了学生已有的经验是以掌握了"平均分""整数"为基础，是学生对"数的认识"这一板块的一次飞跃、一次扩充。基于这样的思考，我创设了一个分物品的郊游情境：

在一次愉快的秋游野餐活动中，老师让同学们两人一组分食品，小军和小红拿到的是4个苹果、2瓶矿泉水和一个蛋糕（课件演示）。你愿意帮他俩分一分吗？怎样分比较公平呢？

生1：平均分。

教师板书：平均分。

师生交流：把4个苹果平均分给2个人，每人分得几个？

教师板书"2"（课件演示分的结果）。

师生交流：把2瓶矿泉水平均分给2个人，每人分得几瓶？

教师板书"1"（课件演示分的结果）。

师生交流：把1个蛋糕平均分给2个人，每人分得几个？

生1：切成两块，每份就是半块。

生 2：半块。

生 3：二分之一块。

师：那么你会用一个数来表示这块蛋糕的半块吗？

生：$\frac{1}{2}$。

师：对，像$\frac{1}{2}$这样的数就是分数，今天，我们就一起来认识一种新的数——分数。

**在学生掌握了分数的读写方法，初步感悟了二分之一的意义之后，我借助“折出一张纸的二分之一”这一操作活动，让学生利用最新掌握的知识经验自主探索、进一步认识分数二分之一的意义。**

学生活动如下：

活动要求：拿出老师发的长方形纸，先折一折，再把它的$\frac{1}{2}$涂上颜色，然后在小组里说一说，你是怎样表示这张纸的$\frac{1}{2}$的？

全班交流：你是怎样表示这张纸的$\frac{1}{2}$的？

生：把一张纸平均分成 2 份，涂上其中的一份，就是$\frac{1}{2}$。

师：把学生的作品贴在$\frac{1}{2}$下面。

师：还有谁与他的折法不一样的？

提问：他是这样把这张纸平均分成 2 份的，涂上其中的一份表示$\frac{1}{2}$，可以吗？还有不一样的吗？

师：选择不同表示形式的作品也贴在$\frac{1}{2}$下面。

师：第三种情况同学很难看出每份是这张纸的$\frac{1}{2}$，用剪刀剪开，然后重叠验证是否平均分成 2 份。

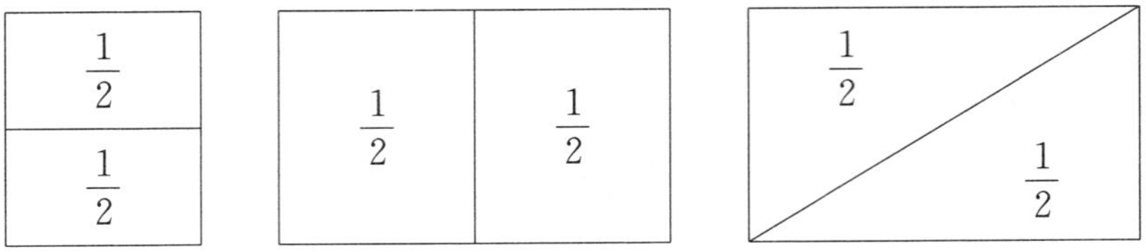

学生在展示第一种和第二种折法时，都能一眼看出每一份都是这张纸的二分之一，但是第三种折法有的同学不理解。于是，我借助一把剪刀，沿着折痕将它剪开，旋转、重叠，学生发现这样折，每一份都是这张纸的二分之一。还有一位同学说他发现了有无数种方法，只要折痕通过两条对角线的交点，都可以折出这张纸的二分之一。

随即我抛给学生一个问题，为什么折法不同，但每一份都是这张纸的二分之一呢？

学生回答道：只要我们把一张纸平均分成两份，每一份都是这张纸的二分之一。

从学生已有的知识经验出发，把学生已有的知识经验引入课堂，延伸到新知学习过程中，回到知识的原点，让学生经历知识的创生、发展和更新的过程。从学生已有的知识经验出发，关注学生通过多种手段促进对数学的理解。

## （三）改善学习方式

学生学习应当是一个生动活泼的、主动的和富有个性的过程。认真听讲、积极思考、动手实践、自主探索、合作交流等，都是学生学习数学的重要方式。学生应当有足够的时间和空间经历观察、实验、猜测、计算、推理、验证等过程。

1.“灌输式课堂”变“自主式课堂”

以“圆柱的体积”为例，由于圆柱是一种含有曲面的几何体，这给圆柱体积的认识和推导增加了难度。它是在学生已经学会了计算长方体、正方体的体积，并且掌握了圆柱体的基本特征，会计算圆柱体的底面积、侧面积等知识的基础上，引导学生探索并掌握圆柱的体积公式，同时为今后圆锥的体积学习打下基础。教材安排了例题 4 和一个练习。例题 4 分两个层次展开：第一层次，创设情境，初步建立有关圆柱体积公式的猜想；第二层次，引导学生把探索圆的面积公式的方法迁移过来，验证猜想。例题后的“试一试”和“练一练”都是让学生运用所学的知识计算圆柱体的体积（或容积），解决简单的实际问题。高年级学生的动手操作、合作交流能力、解决实际问题能力逐步提高，为学生的自主探究及合作学习创造了有利条件，他们已经掌握了把圆转化成近似的长方形的方法，针对学生的实际,运用“圆的面积”计算公式的知识迁移,学生采用“导学、自学、讨论”的自学策略,经历观察、猜想、操作、验证、交流和归纳等数学活动,体验知识的形成过程。

课的一开始我们是这样进行的:

谈话:前面我们认识了圆柱,学习了圆柱的底面积、侧面积和表面积,今天学习“圆柱的体积”。(教师板书,学生齐读)

启发:看到这个课题,你们会想到什么?这堂课要解决什么问题呀?(可能学生会提出以下几个问题)

引导:

(1) 什么是圆柱的体积?

(2) 圆柱的体积和什么有关?

(3) 圆柱的体积公式是怎样推导出来的?

(4) 圆柱的体积是怎样求出来的?

(5) 学习圆柱的体积公式有什么用?

……

谈话:对!刚才这几位同学跟老师想的一样。

启发:圆柱的体积就是圆柱所占空间的大小。

谈话:这堂课我们主要解决三个问题(出示探究问题):

1. 圆柱的体积和什么有关?

2. 这个公式是怎样推导出来的?

3. 学习了圆柱的体积能解决什么实际问题?

直接揭示课题,启发学生自己提出教学的要求,这样既创设了问题情境,激发学生学习的兴趣,又使学生明确这堂课的教学目标。在学生自己设定学习目标的基础上提出问题并引发猜想:如何计算圆柱的体积?圆柱的体积和什么有关系呢?

每个小组准备了三组杯子,比较圆柱体杯里饮料的多少:一组是底面积一样,高不同;另一组高一样,底面积不同;最后一组底面积、高都不同。通过这一活动,引导出圆柱体的体积既和底面积有关,又和高有关。

明确了圆柱体的体积和底面积有关,和高也就关,那到底有怎样的关系呢?请同学们阅读课本,在课本中寻找答案。

这时教师要求学生利用预先准备好的平均分成 16 份的圆柱学具拼一拼,学生一边看书，一边操作。学生阅读课本后，全班交流后引导得出我们用图形转化的方法，求圆柱的体积。

在不能用体积单位直接量的情况下，启发学生运用转化的数学思想解决问题。通过复习旧知识，又为学习新知识做好铺垫，能够促进学生充分运用迁移规律把新旧知识联系起来组成一个新的知识结构。

2."题海式训练"变"探究性问题"

有一次，我到一所外国语学校听了一节数学课，授课的教师有将近 30 年的教学经验，新的课程改革已经再出发，但他的教学理念还停留在传统的"灌输式"。那一次我听的是长方形和正方形的周长和面积的复习课，全班大多数同学不理解周长和面积表示的意义，只知道生搬硬套公式来做题，这是我十分不喜欢的课堂类型。对成人来说这样的课堂都是索然无味的，那我们的学生还能提起学习兴趣吗?

复习课不仅仅要查漏补缺，还要温故知新；不仅要关注知识与技能，还要关注基本活动经验。以复习长方形的周长和面积为例，可以围绕"是什么""为什么""还能怎么样"这三个问题展开。第一个"是什么"是重点，学生要辨析周长指的是围成图形边线的总长度，而面积是物体表面的大小。一个是和长短有关，另一个是和大小有关。在理解概念的基础上，让学生借助图形说一说长方形的周长为什么是"(长＋宽)×2"? 这是因为长方形有两条长和两条宽；同样的道理，为什么长方形的面积是"长×宽"呢? 这是因为我们是用面积单位来铺长方形的，长表示每行有多少个这样的面积单位，宽表示有多少行，用每行的个数×行数＝面积单位的总个数，也就是长方形的面积。第三个问题："还能怎么样?"可以用以解决生活中的问题，可以是探究性的问题，也可以是对比题组的练习，还可以是闯关练习。

在"圆柱的体积"这一课中，我设置了这样几组练习：

谈话：同学们，下面我们采用小组比赛的形式进行巩固练习，练习题分为必答题、抢答题、操作题和风险题。把学生分成 4 组，每组的底分为 100 分，答对 1 题加 10 分，答错 1 题扣 10 分。

(一) 必答题

1. 求下面圆柱的体积(出示图形)。

(1) 底面积 0.25 平方米，高 3 米。

(2) 底面半径 5 厘米，高 8 厘米。

(3) 底面直径 4 分米，高 5 分米。

(4) 底面直径 10 厘米，高 4 厘米。

(二) 抢答题：判断。

(1) 等底等高的圆柱体和长方体体积相等。 (　　)

(2) 一个圆柱的底面积是 10 平方厘米，高是 5 分米，它的体积是 $10\times5=50$ 立方厘米。 (　　)

(3) 一个圆柱的直径是 2.5 厘米，高是 9 厘米，它的体积是 $3.14\times2.5\times2.5\times9$。 (　　)

(4) 圆柱的底面积越大，体积就越大。 (　　)

(三) 操作题

老师买了一瓶 2.5 升的雪碧，想要倒入这样的圆柱形的杯子里，可以倒满几杯？(每组准备一个同样大小的圆柱形玻璃杯和计算器)

讨论：要计算圆柱形茶杯的体积，需要测量什么条件？

引导：学生分组测量，生活中的圆柱形茶杯的体积。

启发：学生可以测量底面半径、直径或周长和高。

谈话：计算圆柱的体积，需要什么条件？

(四) 风险题

一个圆柱形玻璃鱼缸，里面装水，水面高 35 分米，鱼缸里放入一块石头后，水面升高到 45 分米，如果这个鱼缸的底面积是 25 平方分米，这块石头的体积是多少？

以小组竞赛的方式，能使学生的思维处于积极的状态，达到培养学生思维的灵活性和创造性地解决问题的目的。设计练习能使学生达到举一反三的效果，从而训练学生的技能。练习设计注重梯度、深度和广度。通过基本练习，使学生更好地掌握本课重点，夯实基础知识；通过变式练习，让学生在掌握公式的基础上理解公式，学会灵活运用公式去解决问题；通过操作性练习，可让学生切实体验到数学就存在于自己的身边；通过拓展性练习，可以进一步加深学生对圆柱体体积公式的理解和掌握，同时也能培养学生的逻辑思维能力。课后，我布置大家借助互联网了解中国古代《九章算术》中计算圆柱体体积的方法，进一步拓展提升学生的数学素养，渗透数学文化和数学思想。

3．“被动式接受”变“阅读＋演讲”

在教学过程中，我常常布置学生阅读一些数学课外书、口袋作业等。每天数学课堂学习之后，我会采用“4＋X”或“8＋X”的作业形式，即每天采用 4 题或 8 题基础题型，另外一道题采用自己选做有梯度的练习。我也经常给学生推荐数学阅读的书目，如《好玩的数学》《数学帮帮忙》，还有一些关于数学家的故事、数学历史的书，让同学们通过大量的数学阅读，提高收集信息的能力、发现和提出问题的能力以及分析问题和解决问题的能力。

在我的课堂上，讲台不是由老师一统天下，我的学生经常走到讲台之前，运用自己能够理解的方式，或画图、或举例、或列表，把自己对数学的理解演讲给其他孩子。

阅读是根，演讲是魂；阅读是输入，演讲是输出。只有在不断输入的同时能够输出学生所理解和掌握的信息，我们的数学学习才会发生悄悄的变革。

# 第二章　感悟中，自然生长与提升素养

数学是一种“过程”。有效的数学教学是过程和结果的统一，数学结果的形成是数学课程内容的重要组成部分，也是数学课程的目标之一。注重过程是学生认知规律的需要，是学生能力培养的需要，是学生终身发展的需要；学生情感态度的培养，学习习惯的养成，数学思维的感悟和数学活动经验的积累，都需要在学和教的过程中一一实现。

在教学中，我们应承认学生是学习的主体，应注意调动他们的学习积极性，引导他们独立思考、积极探索、生动活泼地学习，自觉掌握数学基础知识和技能，提高分析问题和解决问题的能力。在学和教的过程中，培养学生的数学素养。在猜想、验证、操作、推理、计算等过程中，增加学生的知识和能力，提升数学核心素养。

## 一、在过程中学习，提升数学素养

数学学习是建立在学生的观察、实验、猜测、验证、推理和交流等数学活动基础之上，在体验中学习、在探索中学习、在合作中学习。从“数学阅读”“猜想验证”“体验感悟”“总结反思”等四个方面阐述数学的“过程”理念，培养学生的数学学习能力，提升学生的数学素养。

《义务教育数学课程标准(2011 版)》指出：“学生的数学学习内容应当是现实的、有意义的、富有挑战性的，这些内容要有利于学生主动地进行观察、实验、猜测、验证、推理与交流等数学活动。”从以上可以看出，数学学习是一种“过程”，学生数学学习是建立在多种数学活动的基础之上，在体验、探索、合作中学习。就如何在数学教学过程中体现这一“过程”理念，下面阐述我平时教学中的点滴主张。

### (一) 在“数学阅读”的过程中，指导学生在探索中学习

“数学阅读”，是发展学习能力的第一步，是从根本上改变“传授—接受”这种

机械被动的学习方式，最终让学生学会学习。长期以来，大家认为只有英语、语文才要阅读。数学教师一定要引导学生改变这一错误认识，形成数学也需要阅读的意识。在新课学习之前先预习课本，了解新课知识点，并把看不懂的地方做上记号，以便新课教学时质疑问难；课中、课后再次阅读课本；课外通过阅读数学报刊杂志丰富学生的数学知识。我的做法有三点：

1. 老师引导，学生阅读

教师复习铺垫、引导学生从已知到未知，指导学生掌握教材的逻辑联系，培养学生“成为学习的主人”。如：在进行“比较亿以内数的大小”教学前，让学生自己复习“比较万以内数的大小”的内容，老师给同学们搭了这样一座“桥”，同时启发学生猜想，比较方法是一样的吗？为什么？学生们阅读数学课文后，初步完成《补充习题》的相关练习，不懂的知识点发挥小组合作学习的优势，学习者之间的交流合作、争论有助于学生建立更深层次的理解。

2. 教师提出“数学阅读”提纲，让学生带着问题学习，通过解决问题来学习

如教学“认识平行四边形”时，出示了以下阅读提纲：

(1) 你猜猜，平行四边形有什么特征？

(2) 平行四边形的边有什么特征？

(3) 平行四边形的角有什么特征？

(4) 你有没有一个好的方法去验证你的猜想？

(5) 伸缩门为什么是平行四边形结构？

学生根据提纲，自学教材，并提出自己没有读懂的地方，在学习小组之间自行解决，再有不明白的地方提交到课堂上，先由学生展开讨论，形成共识，最后师生总结。这种做法的优点在于：让班级的每一位同学感受“我真正成为了学习的小主人”，学生在“动手实践、自主探索、合作交流”过程中，学会了研究问题和解决问题的方法，体验了数学的价值，理解了数学与生活的联系，同时也形成了学会倾听、独立思考与合作交流的良好学习习惯。

3. 每天给学生安排一个固定的时间阅读《时代学习报》或数学杂志

报刊、杂志的阅读，可以帮助学生拓宽数学常识、增强对数学学习的乐趣，让孩子们在获得必要知识与技能的同时，在情感、态度、价值观和一般能力上也获得发展。《时代学习报》中的“生活中的数学”“一题多解”“超级 PK 台”等栏目都深受学生喜爱，有利于激发学生进行数学阅读的兴趣。“兴趣是最好的老师”，经过这样的训练，学生在读报的过程中也提升了“数学阅读”能力。

### （二）在“猜想验证”的过程中，提高学生的推理能力、思维能力以及可持续学习发展能力

《义务教育数学课程标准（2011 版）》指出：“除认真听讲、积极思考、动手实践、自主探索与合作交流都是学生学习数学的重要方式。”

著名的教育家叶圣陶说过：“教是为了不教。”这也是育人的终极目的。如：在“三角形的内角和”的教学中，首先让学生说说长方形和正方形的内角和是360°，让学生明确平面图形的内角和的意义。再从学生熟悉的直角三角尺入手，得知直角三角尺的内角和都是 180°。随后让学生猜想：是不是任意一个直角三角形的内角和是 180°？教师拿出好几个形状、大小不一样的直角三角形，安排学生开展动手实践、动手探索活动，学生在明确量一量的基础上，知道测量会产生误差，会直接影响三角形的内角和的准确性，之后进行撕一撕、拼一拼等活动，最终得出直角三角形的三个内角能合拼成一个平角，也就是验证出所有的直角三角形的内角和都是 180°。

同理，学生在经历“猜想—验证”的主线下，继续验证出任意一个锐角三角形、任意一个钝角三角形的内角和都是 180°。最终揭示出任意一个三角形的内角和是 180°。

经历这样的一个学习过程，使学生对三角形的内角和的推理过程印象深刻，这样获取的知识是非常扎实有长效的，也给学生留下一个数学就是一种过程的印象。

### （三）在“体验感悟”的过程中，让学生了解“数学之源”“数学之史”并感悟“数学之思”，提高学生的学习兴趣以及学习能力

在平常的教学过程中，我常常给学生讲述古埃及数学、古巴比伦数学、古印度数学以及古代中国的数学，让学生了解数学的发展源头。

在讲授“角的度量”这一内容时，我设想把量角器的由来呈现给我班的学生。在让学生明确角的大小和角的两边叉开的大小有关，和边的长短无关的基础上，我先用小角（10°的角）来量黑板上的两个角，看看这两个角各包含几个这样的小角。然后把 18 个这样的小角拼成一个半圆形，也就是最原始的量角器，在学生明确小角的局限性的基础上，学生提出还要把这些小角再平分成小小角（1°的角），这样量角器的模型就在学生的头脑中建立起来了。

再如，在教学“素数和合数”时，我特意上网查询了哥德巴赫猜想的详细内容，以及华罗庚、陈景润对哥德巴赫猜想的验证历史，激发了孩子们学习数学的

兴趣，让孩子们再一次明白我们的“猜想—验证”过程也是大数学家常用的方法！这样，学生学习数学的信心更足、兴趣就更浓了。讲到素数时，我也给同学们讲到现在我们用计算机发现的目前最大的素数，让学生感受到“无限与有限”的魅力。

## （四）在“总结反思”的过程中，提升学生的数学素养

在做好“数学阅读”的同时，也要认真做好课后复习，培养学生养成先仔细审题再做作业最后认真检查的习惯。通过积极的独立思考、自主探索、合作交流，掌握数学知识，形成技能，并运用知识解决实际问题。我的做法是：

### 1. 教师的示范作用

首先让学生了解常用的知识整理与复习方法有：摘录式整理、网络式整理、表格式整理等。如在“倍数和因数”的整理中，我们师生采用网络式整理；再如“比与分数、除法的关系”，我们又通过填表格进行复习整理；“分数的意义”我们又采用摘录式进行整理。在教师的示范引导下，孩子们了解了各种整理复习法的特点，并学会了在数学学习中选择自己喜欢的方法进行整理与复习。

### 2. 让学生走上讲台

讲台不再由我一统天下，今天的课堂孩子们可以自由地走上讲台，展示小组合作的成果或发表自己的观点。我经常看到这样的情景：小组代表充满激情向全班同学汇报他们的整理研究成果，不时地还要接受台下同学们的质疑，台上台下互动热烈。有的急性子的同学会说：我补充发言……，我赞成或我不支持他的观点……

如我们在整理“小数的性质”时，我让学生摘录小数的性质的关键词。有的学生摘录了“添上或去掉”和“大小不变”，这时班级针对这个问题展开了一次激烈的辩论。我们的学生一一走上讲台陈述自己的观点。

学生 1：我认为“0”也是一个关键词，因为如果在小数的中间添上或去掉 0，小数的大小也会改变。如 0.5 改写成 0.05，或 0.05 改写成 0.5。

学生 2：我认为“小数的末尾”也是一个关键词，因为如果你在小数的末尾添上或去掉其他的数字（0 除外），小数的大小也会改变。如 0.5，在它的末尾添上 5 或去掉 5，它的大小也就改变了。

学生 3：我认为“小数的末尾”“添上或去掉”“0”“大小不变”都是关键词，缺一不可。

说得多么精彩呀！课堂上孩子们大胆地阐述自己的观点，毫无顾忌地在质

疑。今天的课堂气氛是平等、民主的，教学正在改变被动的学习方式，学生开始用自己的头脑思考问题了。

3. 自我梳理知识、提高学习能力

自我梳理知识的过程，学生的知识整理方法逐步完善，数学的学习能力逐步得到提高。此外，在“学生说”的过程中训练孩子的数学语言思维等就不再一一阐述了。

通过以上的“过程”训练，满足了因个体差异而产生的不同层次学生的学习需要，进一步加强了知识间的联系，激发了学生学习数学的积极性，培养了学生思维的灵活性与敏捷性，同时使数学教育面向全体学生，实现：

——人人都能获得良好的数学教育；

——不同的人在数学上得到不同的发展。

## 二、探索体验感悟，构建数学概念

基于学生的生活经验和已有的知识背景，让学生在操作体验中建构数学概念。以“公顷”这一数学概念为例，教师倡导学生以探索为主要学习方式，让探索体验贯穿于课堂的始终，促使学生全面发展。

“认识公顷”这节课要让学生经历大面积单位的产生过程，建立 1 公顷的表象。本节课是在学生已经掌握了常用的面积单位平方米、平方分米、平方厘米和常见的平面图形面积计算的基础上进行教学的。教材中通过介绍南京明孝陵的占地面积、北京中华世纪坛的占地面积、台湾日月潭的面积、我国 2004 年森林的面积引出“公顷”这一土地面积。但是，这四个景点的占地面积离学生的生活背景比较远，因此，给建立 1 公顷的表象增加了难度。帮助学生建立 1 公顷的表象就成为学习大面积单位的“新问题”。因而，这部分内容的学习，教师应该把教学过程设计成在教师指导下让学生自主探索学习的过程，放手让学生去尝试、探究、归纳、总结，去发现问题，找出解决问题的途径和方法。在学生以探索为主的学习方式的形成过程中，教师应关注以下几点：

### （一）从学生的生活经验和知识背景出发

《义务教育数学课程标准（2011 版）》指出：“教师教学应该以学生的认知发展水平和已有的经验为基础，面向全体学生，注重启发式和因材施教，为学生提供充分的数学活动的机会。”毋庸置疑，教师在组织课堂教学之前，必须先了解学生的实际情况，即学生的知识与技能、情感与态度等方面处于怎样的一种水平，他们的已有的知识经验是什么，已经知道了什么，学习新知识时在哪个过程会比较困难，借助于已知的内容去探索未知的知识作出自己的猜测，进行操作、体验、推理和解释。

以往教学“认识公顷”这一内容时，通常以“复习铺垫”导入，通过复习你学习过哪些面积单位等知识点进行提问和练习，为学生的新知搭桥铺路，给学生以明确的思维导向，让学生在学习新知的学习过程中快速地涉及问题实质或典型方法，学习一路绿灯，课堂流畅自然。然而，这样的旧知激活方式，限制了学生的学习的自主性，缩小了学生探索的空间，原本由学生自己探索完成的工作被教师替代了，从而使学生的探索活动缺失了思维含量、深度与广度。

我在教学“认识公顷”时，让学生用手比划 1 平方厘米、1 平方分米、1 平方米的大小，让学生用合适的面积单位记录日常生活中熟悉的信用卡表面的面积、课桌表面的大小以及教室地面的大小，激发学生的认知冲突。要记录我们学校足球场的占地面积，如果用原来的面积单位比较麻烦，由此引发学生的内在需要，要测量和计算比较大的土地面积，我们需要更大的面积单位，从而进入当天的学习课题。我们知道，数学知识来源于生活，又应用于生活，要让学生把数学学习回归到实际问题的背景之中，让学生体会到学习新知识是解决实际问题的需要，培养学生对数学的应用意识。

### （二）提供充分的时间和空间，给予学生做数学的机会

在“认识公顷”这部分内容中，教材把让学生感悟 1 公顷的大小、公顷和平方米的进率转化等知识点，设计成学生探索和操作的过程。在操作和探索的过程中，以教师为主导，但同时要发挥学生的主动性，让他们在实际问题的情境中，独立思考、尝试类比、自主探索、合作交流、反思总结所学知识与方法。

#### 1. 采用导学法，调动学习的积极性

“导学法”是用于引导学生自主学习、自主探究的学习方案，其实质是以引导与自学为载体进行的“问题式导学、过程式学习”，其内涵是落实学生的课堂主体地位，培养学生自主学习的兴趣、习惯和能力，提高学生的学习素养。导学法始终坚持一个中心：以学生的“学”为中心。

《义务教育数学课程标准（2011 版）》重点对培养目标部分作出了修改，即提出了“四能”：“发现问题和提出问题的能力”以及“分析问题和解决问题的能力”。

可见，课改组的专家们将增强学生的“问题意识”摆在重要位置。课前我创设了情境——“学校的足球场大约2(　　)”。有的学生通过课前自学就已经说出了公顷。我顺势追问：关于公顷，你想学习哪些相关知识？学生提出了如1公顷有多大、“公顷”和“平方米”有什么关系、学习“公顷”有什么用等问题。课堂上我尽量让学生提出问题，激发他们自主探索获取知识的能力，让学生自己解决问题，提升自主学习能力。

2. 保证学生有足够的时间和空间进行探索

教育部中小学教材审定委员会审查委员周玉仁教授曾经说过：“教学时，给学生提供充分的数学活动机会，教师需要注意：学生能探索得知的，教师不能替代；能独立思考的，教师不要暗示，要多给学生一点思考的时间，多一点活动的空间。”

在教学“认识公顷”之前，我带领学生一起到操场上，先请7位同学手拉手拉成一条线，告诉他们这条线段大约长10米，然后请28位同学围成一个边长大约10米的正方形。让他们计算、观察面积大约100平方米有多大，闭上眼睛想一想，目的是培养学生的空间观念。同时，我带领学生实地测量他们熟悉的篮球场、足球场、礼仪广场、学校报告厅以及教室的长和宽，请他们计算出面积分别是多少，头脑中初步建立一些常见的建筑物的面积表象。

在学生提出问题之后，我让学生自学，找一找、画一画书本上对1公顷是怎样定义的。随后引导学生说出边长100米的正方形土地，面积是1公顷，让学生计算公顷和平方米之间的进率。学生初步建立了100个面积为100平方米的正方形就是1公顷的观念之后，我让学生继续感悟1公顷到底有多大，我充分给足学生时间和空间，通过小组合作，让学生通过计算器计算，1公顷大约分别有几个篮球场、礼仪广场、报告厅(当时公开课的上课地点)和教室等建筑物地面的大小，让学生把生活中熟悉的事物联系起来，多闭上眼睛想一想、建立起类比，加深对新知的理解。我并没有停留在给予学生建立1公顷的表象层面上，我引导学生通过“谷歌地图”软件，去了解我们学校哪一块地正好是1公顷，猜一猜我们学校的占地面积、苏州乐园的占地面积等，加深他们对公顷的认识。

3. 处理好“独立思考和合作交流”的关系

数学学习主要是思维活动，依靠个人的独立思考完成学习任务，但小组之间的交流也是必不可少的。要通过交流，共享全班学生各自的想法，修正、优化自己的思维过程与结果。需要注意的是：合作交流的前提与基础是独立思考。因为思考才可能发挥每位学生的积极性，避免“少数学生撑场面，多数学生当看客”

的不良课堂情景，提高合作交流的效率。如：在猜测苏州外国语学校的占地面积时，在问题呈现之后，我鼓励学生根据问题进行独立思考，并通过交流使思路更加有条理，有的同学就紧紧抓住 1 公顷这个表象，把学校的每一个建筑物逐步分割，最后比较准确地推断出学校的占地面积。再如：在进行公顷和平方米的单位换算练习中，我不仅让学生说出结果，而且还让学生说说是怎么想的，让学生联系计算的经历，用自己的语言陈述，在交流中不断完善、提升认识。

4. 教师是探索活动的组织者、引导者和合作者

教师的指导要把握时机。学生自主探索之前的指导，具有引领作用；探索过程中的指导，具有发挥支持与点拨的作用；自主探索之后的指导，具有启迪与促思的作用。如在教学 1 公顷等于多少平方米时，引导学生讨论：先算出边长为 100 米的正方形的面积，由此得出 1 公顷＝10 000 平方米；在感悟 1 公顷到底有多大时，教师和同学一起探索，要计算大约多少个篮球场、礼仪广场、报告厅是 1 公顷，只要用 10 000 除以它们的面积就可以了；你知道 1 公顷有多大，指导学生借助老师的板书，具体说说大约多少个篮球场等于 1 公顷。

总之，在探索过程中，一方面要重视学生的自主探索，不能把自主探索等同于独自探索；另一方面，要重视教师恰到好处的启发和指导。在学生的困惑之处，在问题的关键之处，在知识的转换之处组织学生探索；而在学生迷茫徘徊之处进行引导，学生的探索才能不流于形式，才能确保探索活动有实效性。

### （三）探索与体验贯穿于练习之中

探索活动不仅应在新授的探讨过程中，在练习中也应贯穿始终。

以往教什么、练什么，都是老师预设，无需学生的参与。若教学中让学生参与练习目的的探讨，则往往会收到意想不到的效果。如：这一课安排了单位换算的一些基础题。“练一练”中安排了解决平行四边形、梯形等面积以及换算等，我在学生练习过后追问：为什么教材安排这样的练习？这样的练习和今天的学习内容有关系吗？学生通过独立思考后明确了这样安排的意图不仅仅是让我们巩固今天所学的知识，而且告诉我们一个道理：只要是面积为 10 000 平方米的土地，它的面积就是 1 公顷，它不一定就是正方形，可以是三角形，还可以是梯形或平行四边形。

在课的最后，我让学生扮演小导游，介绍苏州著名园林的占地面积、中国著名景点的占地面积、国外著名景点的占地面积，又出了一题——“苏州高新区的面积大约 223（　　）”，再一次让学生填写合适的单位。有一位同学填了公顷，马

上有同学反对，难道整个高新区就只有30个我们的学校那么大吗？不可能！这样，既拓展了学生的知识视野，让练习更有发展性，又激发了学生的学习兴趣，达到“课已终，兴犹浓”的效果。

综上所述，在认识公顷的教学过程中，教师要倡导学生运用以探索体验为主的学习方式。在这一过程中，有猜想、验证，有操作、发现，有类比、想象，教师要精心预设、组织、指导、促进。正如《义务教育数学课程标准(2011版)》所指出的：“通过有效的措施，启发学生思考，引导学生自主探索，鼓励学生合作交流，使学生真正理解和掌握基本的数学知识与技能、数学思想和方法，得到必要的数学思维训练，获得广泛的数学活动经验。”

## 三、关注过程体验，挖掘数学本质

《义务教育数学课程标准(2011版)》已经正式颁布，其中将基本数学思想与数学的基础知识、基本技能和基本活动经验作为整体的“四基”目标。《标准》进一步指出：“数学思想蕴含在数学知识形成、发展和应用的过程中，是数学知识和方法在更高层次上的抽象与概括。学生在积极参与数学活动的过程中，通过独立思考、合作交流，逐步感悟数学思想。”

最近，我观摩了学校青年教师课堂教学擂台赛，多次听到“解决问题的策略”“探索——间隔的规律”“用字母表示数”等经典课例。在听课过程中，常常发现教师知识模块分类清晰，总结到位，但教学效果却不尽如人意，很多学生搞不清楚诸如“如何借助图形解决实际问题”“棵树和间隔数之间的关系”以及“用字母表示数量关系和变化规律”等数学知识的本质性问题。这是为什么呢？我曾经和一位老师交流过“探索——间隔的规律”这一课例，谈及本课的教学目标定位，我们对话如下：

游小云：你这节课的教学重点是什么？

执教者：重点放在区分两大类四种情况的教学：在开放图形中，两端都栽，棵数=间隔数+1；两端都不栽，棵数=间隔数-1；一端栽一端不栽，棵数=间隔数。在封闭图形中，可以转化为一端栽一端不栽，棵数=间隔数。

游小云：你在备课中花了很多心思，从学生的角度出发，注重数学模型的建立，几种情况分类清晰，但很多学生在练习过程中依旧搞不清楚是要加1、减1还是不加不减，你分析过原因吗？

执教者：可能是孩子上课不听讲，理解力弱的原因吧？

游小云：我们教师试问自己，在做这种题型时我们是不是套用现有“公式”呢？

执教者：……

可以看出，答案肯定不是。那出现这种问题的根源在哪里呢？

翻开义务教育课程标准教科书数学教师教学用书“探索——间隔的规律”一课的教学建议，它是这样写的：

“……突出学生的探索活动，教学重点在于‘找’规律，通过‘找’培养学生的探索意识和学习数学的能力。”

由此可见，教材把探索规律过程的活动安排得十分具体，突出探索活动的过程，渗透数学思想和方法，由此增强学生探索、研究问题的兴趣和能力。在实际教学过程中，应“重”过程、“轻”结果，如果学生在解决实际问题的过程中，不能很好地联系数学模型“公式”，导致错误较多，作为教师就应该淡化数学模型的简单识记、机械重复。我们可以通过学生的探索活动，让学生体验“数学模型”的建构过程，渗透数学思想方法，以数学思想方法的渗透贯穿于学生的整个数学学习过程，提高学习的实效性和长效性。

### （一）渗透数形结合思想

数形结合，可使数学学习变得形象直观。小学生的思维以形象思维为主，抽象思维的发展才刚刚起步。数形结合，正符合小学生的学习心理。在小学阶段，学生常常利用图形描述和分析问题（课程标准定义为“几何直观”），这对发展形象思维的作用是显而易见的。借助几何直观整理条件和信息，分析比较隐藏的数量关系，形成解题思路，则是形象思维和抽象思维的有机结合。总之，解决问题应着眼于学生思维能力发展的高度，渗透数学思想方法，帮助学生提升问题解决的策略意识。

在教学“解决问题的策略（画图）”时，我没有对练习变式的情况进行分类，而是将重点放在教会学生画图的方法，主要采用“读一句、画一句”的方法，比如在教学“试一试”时，我引导学生先画一个长方形，标出宽；继续读题，读到“鱼池的宽减少了 5 米”，启发学生怎么画，让学生尝试画出直观示意图，标出减少的部分；最后标出所求的问题，多数学生经历了画、改、再画、再改，最后得到（如右图）。

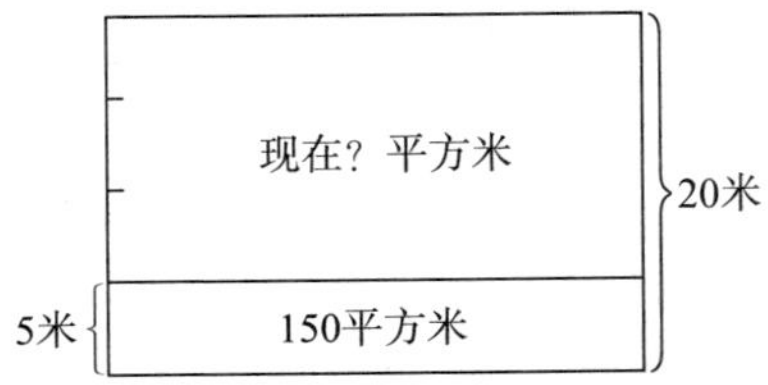

解答时，有的学生列式为：150÷5=30（米），30×(20−5)=450（平方米）。还有学生根据所画的图，直接列式计算：150×3=450（平方米）。对这样的解答方法，很多学生不理解，但借助直观图，发现现在面积是减少面积的3倍。这种巧妙的解答方法，正是直观图给学生提供了直观的刺激，体现了未经充分逻辑推理而对事物本质的一种直接洞察，直接把握对象的全貌和对本质的认识。对于第二种解法，学生正是借助了直观图，这再一次让学生体会到画图策略的优越性。

## （二）渗透一一对应思想

在教学“探索——间隔的规律”时，我借鉴美国 Harcourt 版小学数学教材的相同内容引入设计，“马路一边有10根电线杆，每两根电线杆有一块广告牌，一共有多少块广告牌？”放手让学生运用自己的方法进行探究。大部分同学运用画图或者列举的方法得到答案9块。方法摘录如下：

“杆牌杆牌杆牌杆牌杆牌杆牌杆牌杆牌杆牌杆”

“↑□↑□↑□↑□↑□↑□↑□↑□↑□↑”（↑表示电线杆，□表示广告牌。）

同学们在对比这两种方法后，发现第二种用符号表示更简洁快捷。我立刻追问，如果是25根电线杆呢？

“↑□↑□↑□↑□↑□↑□↑□↑□↑□↑□↑□↑□↑□↑□↑□↑□↑□↑□↑□↑□↑□↑□↑□↑□↑”

学生采用画图的方法也得到了正确答案。我立刻追问，如果是200根电线杆呢？你还用画图的方法吗？学生深思后，有的说画图就太麻烦了，但我们可以画一部分图，然后找一找有没有排列规律。突然有一个学生脱口说出：“有规律。我发现了一根电线杆、一块广告牌，最后是电线杆，所以答案是199块。”随即全体师生采用圈一圈的方法，一根电线杆和一块广告牌作为“一组或者一个单元”，我借鉴美国 Harcourt 版小学数学教材的方法，定义为“patternunit”。

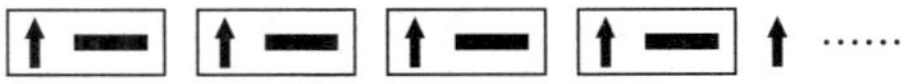

又有一位学生补充道：“从第一根电线杆起，一根电线杆对应着一块广告牌，但是最后一根电线杆没有广告牌和它对应，所以电线杆的根数比广告牌的块数多1。”……

孩子们的表现太棒了。我紧接着改变了题目，还是200根电线杆，如果开头是广告牌，末尾是电线杆，一共有多少块广告牌呢？

同学们立刻运用圈一圈的方法，探索根数和块数之间的关系：

学生主动运用“一一对应的数学思想”，很快发现根数和块数相等的规律。全课教学以学生的“找”为主线，通过画图等策略，渗透一一对应的思想来探索两个物体间的数量关系。由此，一一对应的数学思想在潜移默化中培养了起来。

（三）渗透函数思想

有的老师在教学“用字母表示数”时，通常用“数青蛙”的例子展开教学，当用字母表示青蛙的只数、腿的条数、眼睛的只数之间的关系时，学生就是不明白“用字母表示数量关系”。究其原因，可能是多方面的，但其中非常重要的原因是：没有把握住概念的核心思想。“用字母表示数”是从特殊到一般、从具体到抽象、从数量的教学转向关系的教学。

英国儿童数学教育家柯利斯认为，学生对“用字母表示数”的理解的终极目标是把字母看成代表一组未指定的值，并在两组这样的值之间存在系统的关系（中国数学家称为“函数思想”）。我在教学“用字母表示数”这节课时，渗透的主要是函数思想。

在教学中，我没有把目标单纯地定位在知识与技能的掌握上，而是把用字母表示数量关系、用数学语言表述规律、把规律进行符号化的过程作为课的核心目标，即函数思想的渗透。事实上，我们不但要思考“用字母表示数”内容中表面的东西，还要找到支撑和统帅这部分内容的数学思想和方法。否则，学生学到的东西就会在后续学习的方程思想中导致“营养不良”。

函数思想到底怎么渗透到“用字母表示数”这节课中？

我利用“神奇的魔盒”作为模型，用“魔盒”情境能更好地展现数量的变化过程，容易引发学生对数量关系的探索欲望（即在变化中找规律），通过学生自发地“用字母表示规律”的过程，使学生更清楚地认识到字母表达的优越性、简明性和概括性。让学生在高度参与的情况下，体会变与不变的规律，进而在体验、尝试的基础上，掌握用字母不但可以表示数，还可以表示数量关系。在这个过程中，要很好地利用学生的知识基础，并把这样一个抽象的概念分解来做：让学生经历观察、思考、内化、语言表述、符号化过程的尝试等，试图让学生经历知识的形成过程，在体验中深刻地感知函数思想渗透的价值。

由此可见，教师对一节课的核心思想的挖掘决定了教学目标的制定、教学过程的实施以及学生不同的学习效果和学生的后续学习。

（四）渗透列举假设思想

数学教师在教学过程中应清楚地把握数学思想方法的价值，主动钻研如何培养学生运用数学思想方法，在教学过程中自觉地渗透数学思想方法，并研究不同的题型如何渗透不同的数学思想方法，有效地培养学生从“无意”到“有意”运用数学思想方法的意识。

例如，我在教学“如果 $A=\frac{4}{5}\times B=C\times 75\%=E\div\frac{2}{3}=D\div 1\frac{1}{2}$，则这五个数从大到小的顺序是（　　）”这样的题时，会告诉学生可以假设它们的结果都等于1，再分别算出它们的结果，最后比较它们的大小就简单多了。但是，这样教学只是师生无意识的行为，不能只停留在解题方法的层面上。我们的教学必须上升到思想的高度，形成系统认识。所以我们清楚地知道它体现了“假设”的数学思想方法，并让学生明确这种方法，然后在碰到合适的问题时继续渗透这种方法，不断巩固加强，最终做到有意识地运用。

当然，在小学阶段，还有其他数学思想，如：方程思想、转化思想等，这里不再赘述。我常常对学生说：“我们认为最简单、最普通、最常见的数学思想方法，像列举、画图、假设等，往往是最实用、最重要的思想方法。”如果说数学知识和技能是“鱼”的话，那么数学思想方法就是“渔”。作为教师，“授人以渔”胜过“授人以鱼”！在实际教学中渗透数学思想方法，关注过程体验，使学生理解掌握数学知识的本质，着眼于学生学习的下一步发展，是每一位老师的教学使命。

## 四、提高简算意识，提升计算品质

笔者研究了《义务教育数学课程标准（2011版）》实施以来苏州各个市、区小学数学的毕业测试卷，在计算能力测试部分都设有“怎样算简便就怎样算”或者“简便计算”的测试题，其目的是检测小学毕业生的简便计算能力，即小学生应用运算律或运算性质进行一些简便计算。例如：$\frac{7}{12}\times 5\div\frac{7}{12}\times 5$、$10-10\div 7-\frac{4}{7}$、$2.35\times 99\times 2+6.7$。在计算这类练习题时，很多历届毕业生或是受到思维定势的影响，或是缺少转化意识，或是对算式的数据特征和运算特征缺少正确的分析判断，从而导致计算错误。这类错误既然如此常见，肯定有其原因，因此，我对我校六年级172位同学进行了测试和个别访谈，分析其错误原因。

（一）由测试和访谈引发的思考

我出示了以下四道典型简便计算练习题，测试结果如下：

| 简便计算练习题 | 正确人数 | 正确率 |
|---|---|---|
| $\frac{7}{12}\times5\div\frac{7}{12}\times5$ | 12 | 7.0% |
| $2.35\times99\times2+6.7$ | 21 | 12.2% |
| $10-10\div7+\frac{3}{7}$ | 108 | 62.8% |
| $3-\frac{3}{8}\div\frac{7}{16}-\frac{1}{7}$ | 122 | 70.9% |

批改过后，我让学生再一次审题，然后说说自己的错误原因：

学生1：我把$\frac{7}{12}\times5\div\frac{7}{12}\times5$算式当成有括号来计算了，即$\left(\frac{7}{12}\times5\right)\div\left(\frac{7}{12}\times5\right)=1$。

学生2：我计算$2.35\times99\times2+6.7$的时候，没有用简便计算，按照正常顺序计算，小数乘法计算错误。

学生3：我计算$2.35\times99\times2+6.7$的时候，用简便计算但不正确，写成$2.35\times100\times2+6.7-1$。

学生4：我在计算$10-10\div7+\frac{3}{7}$时，运算顺序错了，我是先算减法的。

学生5：我没有把$10\div7$转化成分数，而是用小数表示它的商，结果算不下去了……

如此高的错误率不全是学生不认真审题的错，这与教师平时教学也有关系，结合日常的计算教学，我分析如下：

（1）教学过程中弱化了计算能力的要求，如计算方法、速度、简便计算的意识等。学生对计算的兴趣不浓，没有充分理解算理、算法，学生的数学思维能力也没有得到应有的培养。

（2）学生的计算能力比以前下降了。这主要表现在练习不到位、计算正确率下降、口算速度减慢等。

（3）过分追求算法多样化。主要表现在：有的教师对算法只求量上的“多”，而忽视了“质”的提升。一旦少了某种方法，教师就要千方百计地启发出来。当学生的解题出现多样化时，教师又没有引导学生对多种算法进行分析、思辨。很多课堂出现了算法多样化，教学过程缺少了学生的“悟”，没有掌握算法最优化。因此，我认为提倡算法多样化并进行算法优化是有必要的。

(4) 课堂练习时间无保证。主要表现在：讲得多，练习少；集体口头核对答案多，书面计算少；对“算理”的反复叙说多，计算技能的形成少。

## （二）解决学生错因的三种策略

简便计算是一种意识，有利于培养学生思维的灵活性和创新性，有利于培养学生发现、分析、解决问题的能力及提高学生解决问题的优化意识。鉴于上述分析，我认为，必须重新审视小学数学计算教学，纠正一些矫枉过正的想法和做法，继承我国传统计算教学的精髓，在培养学生计算兴趣的同时，提高他们的计算技能，发展他们的数学思维能力。具体有以下三个对策：

### 1. 培养学生的优秀计算品质

《现代汉语词典》（第 6 版）对品质的解释为：“行为、作风上所表现的思想、认识、品性等的本质。”品质有很多种，工作时表现出来的是工作品质，学生计算时表现出来的是计算品质。品质和习惯有联系，又有区别。习惯是“长时间里逐步养成的，一时不容易改变的行为、倾向或者是社会风尚。”习惯有好坏之分，计算品质是在优秀学习习惯的逐步养成中形成的。常常有家长说：“我的孩子计算习惯不好，总是粗心、马虎。”但我认为这不是小事，小时候粗心马虎长大后会变成工作上的不严谨。计算品质的培养主要从计算的正确性、熟练性、灵活性和简捷性四个方面进行。既要抓学生计算的正确性和熟练性，即教学目标要求学生必须掌握的应知、应会的知识和方法，还要在此基础上，注重提升学生计算的灵活性品质和简捷性品质。计算的灵活性品质和简捷性品质属于发展性目标，应当结合学生的实际情况进行分层教学。计算品质的形成主要是从以下三个良好的计算习惯开始的。下面我结合小学生计算的一个薄弱环节——小数乘除法的简便计算来进行阐述。

(1) 审

审，即要求看清楚每一个数和运算符号，观察算式的特征。同学们都知道：像 $0.25\times4=1$，$0.8\times12.5=10$，$1.4\div0.7=2$ 这类算式的计算结果可以凑成整数，如整十、整百……，我们称它为“数据特征”。像 $0.25\times8.5\times0.4$，$2.4\times1.02$，$1.28\times8.6+0.72\times8.6$ 这类算式可以直接运用乘法运算律进行简算，我们称它为“运算特征”。只有算式既符合“数据特征”，又符合“运算特征”，我们才能进行简便计算。例如：$1.2\div0.8\times12.5$ 仅仅具有“数据特征”，所以不能进行简便计算。

(2) 想

想，就是运用分与合、变一变的方法使算式具备数据和运算特征。像 $1.25\times0.32\times2.5$，可以把它写成 $1.25\times0.8\times0.4\times2.5$；对于比较隐性的数据特征，有时还需要运用积不变的规律对算式变形，例如 $3.6\times6.1+36\times0.39$ 看上去不具备简便计算的特征，但只要运用积不变的规律，把原式变为 $3.6\times6.1+3.6\times3.9$ 或者 $36\times0.61+36\times0.39$，就可以使用简便计算了。

(3) 算

算，就是仔细计算。在计算的过程中，仍旧要求看清楚每一个数字、符号，正确处理小数点的位置。最后，还需养成验算的习惯，可以重新再算一遍，也可以采用口算，计算出结果的末位数字，看是不是和结果一样。

2. 提高学生的计算分析能力

大多数同学在做简便计算时都希望能很快算出结果，由于急于求成缺乏对练习题认真耐心地分析，造成不能合理地选用运算律与运算性质。例如，测试题中同级运算的“带符号搬家”与乘除互化的规律，教师应适当地拓展设计一些区别异同、易错易混的练习内容，有目的、有针对性地进行简便计算教学和练习。如 $a\times b\div a\times b$ 与 $(a\times b)\div(a\times b)$；$a\div b\times a\div b$ 与 $(a\div b)\times(a\div b)$；$a-b-c$ 与 $a-(b-c)$；$a+b+c$ 与 $a-(b+c)$ 等。这样，既培养了学生认真审题的良好习惯，又提高了他们简便计算的技能，增强了学生的简便计算意识。

3. 发展学生的数学思考能力

“数学思考”是从数学的角度去思考问题，发现其中所存在的数学现象，并应用数学的思想和方法去解决数学问题。学生探索知识的思维过程总是从问题解决开始，又从解决问题中得到创新和发展。

发展学生的数学思考能力，主要采用学生自问自答的形式：

(1) 这道题能采用简便计算吗？

(2) 我要运用什么运算律、运算性质进行简便计算？

(3) 我怎样简便计算？

教师还可以设计克服思维定势的练习引导学生注意练习之间数据或运算符号的异同，进而分析运算顺序的差异，特别是提醒学生在进行简便计算的时候多问问自己“我为什么可以这样算？”“这样计算的依据是什么？”，构建简便计算的完整认知结构。例如：$3.35\times99\times2+6.7=3.35\times2\times99+6.7$，这一步是根据乘法交换律得到 6.7×99＋6.7，然后我们可以运用乘法分配律得到 6.7×（99＋1）＝670。

练习是最好的老师。在班级里，我坚持每日一练，由数学课代表组织，每天五分钟；练习结束后，同桌互相批改；最后把计算结果做好记录，学生每天都能看到自己的进步；经典题型由老师当堂讲解。

另外，还得重视学生注意力的培养，要求学生在简便计算时从审题、计算到书写一气呵成，中途不东张西望、左顾右盼；还得加强意志训练，使学生从小养成细心观察、认真审题、规范书写、自觉检查、及时纠正的良好习惯。

总之，教师平时的计算教学不应只顾自己一味的讲解或演算，需要多让学生在探索中理解运算顺序、运算律和运算性质的真正意义，培养学生的简便计算意识。走出计算教学的误区是一项长期的任务，只有将注重培养学生的计算品质，提高学生的计算分析能力，发展学生的数学思考能力这三个方面统一起来，学生的计算能力才能更加扎实，计算教学才能富有实效性和长效性。

## 五、经历数学过程，丰富活动经验

日常教学中，只有经历丰富的数学活动，积累足够的数学活动经验，并自觉地将这些经验迁移到后续的学习中，才能让学生的学习能力可持续发展。

《义务教育数学课程标准（2011 版）》在课程目标中提出了“四基”，即“通过义务教育阶段的数学学习，学生能够获得适应社会生活和进一步发展所必需的数学的基础知识、基本技能、基本思想、基本活动经验。”它把能力性目标推上前台，把思想、活动经验这些“软任务”作为提升学生数学素养的“硬指标”。所谓基本数学活动经验，是指在数学目标的指引下，通过对具体事物进行实际操作、考察和思考，从感性向理性飞跃时所形成的认识。数学活动经验的积累过程是学生主动探索的过程。

数学活动经验，其本质是“数学”的，学生所从事的活动要有清晰的数学目标；其形式是“经验”的，这种经验是需要学生去主动探究、主动经历、主动感悟、主动积累，是可意会不可言传的感觉；其形式的载体是“活动”的，数学活动经验一定是在数学活动过程中获得的，是学生主动参与探究活动的过程和结果。但在实际教学中，帮助学生积累有效的活动经验，还存在着一些误区。

## （一）积累数学活动经验存在的误区

### 1. 创设情境就是积累数学活动经验

新课程改革十多年以来，课堂教学十分重视寻求那些具体的、形象的、富有挑战性的素材，再创设一些具有浓厚生活味的数学活动引导学生进行学习，以帮助学生积累丰富的数学活动经验。但在实际教学中，“生活化”渐渐成为衡量我们设计活动优劣的主要指标，任何数学活动都必须与生活挂钩，好像离开了生活，就不能称为好的活动设计。

例如：曾经听过一位老师执教“认识乘法”，情境创设部分的开场白如下：

师：今天，老师带小朋友一起到动物学校玩，高兴吗？

生：高兴。

师：你们发现了什么？（课件出示情境图，图画丰富漂亮）

生 1：我看见图上有大树、白云、河、小动物。

生 2：小鸡的头是一动一动的。

生 3：小鸡是在啄米还是吃虫呢？

……

生 8：远处的白云在飘来飘去，好像是在欢迎我们呢。

这样的开场白老师用了整整 10 分钟，课后和这位青年教师交流，这样创设情境只能算看图说话，对学生积累数学经验没有一点帮助，相反会淡化了课堂的“数学味”。创设情境应该用数学的眼光去观察，把情境中的数学信息提取出来，做到回答问题不离开“数学味”。创设情境的目的是为了让学生更快、更好地进入学习情境。丰富的生活经验是形成数学活动经验的基础，生活经验的提取应指向数学活动经验。

### 2. 小组操作就是积累数学活动经验

小学生以具体形象思维为主，动手操作有利于激发学生的学习主动性和积极性，有利于培养学生的创新能力和思维能力，是掌握知识、形成技能和提升数学素养的重要方式。所以，提到数学活动，老师们立刻就想到动手操作，好像没有动手操作就体现不出新课程标准理念，就不是一节好课。但是，仅仅依靠动手操作是不能积累数学活动经验的。

例如：一位青年教师教学苏教版小学数学三年级上册“认识几分之一”一课，首先创设“郊游分食物”的情境，引出分数 $\frac{1}{2}$，然后让同学动手折一折、涂一涂、画一画，来表示一张纸的$\frac{1}{2}$。接下来，他让大家通过拼装积木，表示$\frac{1}{10}$、$\frac{1}{12}$、$\frac{1}{20}$、$\frac{1}{40}$等分数，最后比较$\frac{1}{2}$和$\frac{1}{4}$的大小。课堂上小组活动热烈，学生非常开心，尤其是在交流自己创造出来的分数时，学生踊跃发言，只是汇报了"我创造的分数是……"小组讨论除了热闹之外，对于分数的本质内涵"把一个物体平均分成几份，这样的一份就是它的几分之一"没有理解到位，那这样的小组活动是否具有学生数学思维的冷思考呢？是否积累了认识分数的活动经验了呢？只有注重让学生互相说一说"我把一张长方形纸平均分成2份，这样的一份就是这张长方形纸的$\frac{1}{2}$"，再让其探索其他分数的意义，让学生充分感受到只要是把一个物体平均分成几份，每份都是它的几分之一，这样的小组操作才是有意义的。因为只有经过分析、思考、涂涂、画画、表达、交流，才是学生自主积累的数学活动经验。在学生小组操作的过程中，学生不仅仅需要活动行为操作的经验，更需要在操作中获得数学思考方法的经验。

3. 个体经验等同于全体学生活动经验

数学活动经验与学生已有的知识经验、认知水平、情感状态和参与活动的程度息息相关。在同一个数学活动中，即使教师讲授方式、引导过程等外部条件相同，每位学生对数学操作活动的理解仍然不同，所获得的数学活动经验自然也会有所不同。我们常常看到，面对同样的活动，有的同学充分调动已有的知识经验、自觉地解决数学问题，有的同学却不知所以然，只是频频点头称是，这样，教师极容易把个别同学的数学活动经验等同于全体学生的活动经验。

有一位老师在教学"认识三角形三边关系"时，拿出一根3厘米和一根5厘米长的小棒。

师：同学们，如果想给这两根小棒再配一根小棒，围成三角形，你认为小棒可能是多长？

（学生猜测第三根小棒的长度）

师：你们可以用1—10厘米长的10根小棒，自己去摆一摆，看看哪些小棒可以与3厘米和5厘米长的小棒围成一个三角形，哪些不能？在小组里交流。

在操作过程中，只有一位同学操作，其他同学只是观看，不用动脑思考。等到操作过的同学得出结论："我发现了三角形的任意两边之和大于第三边。"

师：同学们，他说得对不对呀？

生：对。

（随后进入巩固练习）

有效的操作能够帮助学生加深理解数学知识。正如有一位教育家说过："听过就忘记了，看过就记住了，做过就理解了"。然而，有些教师却把"个体数学活动经验"等同于"全体数学活动经验"。

## （二）获得数学活动经验的教学途径

### 1. 联系日常生活，积累数学活动经验

学生通过联系日常生活经验的数学活动所获得的一定的活动经验，称为直接数学活动经验。这种经验是日常生活经验的扩充，具有一定的数学目标。如：教学认识"1"，我们可以让学生观察我们的教室，说说教室里哪些物体是 1 个？同学们可能说出：1 张课桌、1 把椅子、1 块黑板……我们可以继续追问，生活中还有哪些可以用"1"表示？学生可能回答：1 个班级，1 个学校，1 个国家……由此学生感受到，"1"的确很了不起，它既可以表示小小的 1 把椅子，又能表示由很多物体组成的一个整体，由很多人组成的一个集合。入学前，我们的学生已经在日常生活中接触到数，这正是"数感"形成的基础，通过联系日常生活经验，引导学生经历抽象过程，积累抽象的数学活动经验。在日常教学中，我们应该主动设计源于实际生活的数学活动，让学生体验感悟其中的数学底蕴，获得相应的数学经验。例如：组织学生根据银行信息计算各种利息，制定外出旅游的各种预算，收集本地区的气象信息等，让他们进行初步的数学整理和分析的活动。

### 2. 构建数学模型，积累数学活动经验

教师积极创设情境，组织适当的数学活动，最后以数学建模的形式，获得应用数学解决问题的实际经验。例如，在教学"解决问题的策略——假设"时，我建立起"鸡兔同笼"的模型，学习算术解法或者方程解法。如果采用算术的解法，我们一般经历"假设—结果—原因—调整"四个过程，即先提出假设，就可能得出一个错误的结果，然后分析产生错误的原因，作出相应调整。这样，这些课堂上使用的情境，经过提炼、简化、筛选，都是密切结合实际的数学经验。

### 3. 设计专门活动，积累数学活动经验

教师专门设计的一些数学活动，即具体的数学活动经验，是特意为数学学习而设计的。这些活动虽是形象的、具体的，却充满着数学韵味。例如：扳手指头数数，借助算盘学习认数，测量三角形的内角和，等等。在教学"三角形的内角和"时，我们可以让学生分别测量三个内角的度数，然后算出这三个角的度数和，给学生积累了"通过测量，三角形的内角和总是接近 180°"这一重要的数学活动

经验。由于测量会产生误差，激发出学生进一步探索三角形的内角和的求知欲和兴趣。

### （三）积累数学活动经验的实践策略

1. 从“生活”走向“数学”

学生在日常生活中已经积累了一些数学活动经验，因此，在实际教学中，我们要加强数学和生活的联系，让生活经验和数学经验有效对接，将形象的生活经验内化为抽象的数学经验。从“生活经验”走向“数学经验”，需要我们提供适合学生思维活动的材料，所提供的材料越丰富、越贴近学生的生活经验，学生的认知活动、思维活动就越顺畅。在教学“认识几分之一”时，我创设了一个两个小朋友去郊游“分食物”的情境图。

师：把 4 个苹果、2 瓶矿泉水分给两个小朋友，每人各分得多少？

生：每人分得 2 个苹果，1 瓶矿泉水。

师：如果把一块蛋糕平均分给 2 个人，每人应该分得多少呢？

生：半个。

师：半个可以用什么数表示呢？

生：用 $\frac{1}{2}$ 表示。

在这一环节，我将学生生活中的“半个”和数学经验中的“$\frac{1}{2}$”有效对接，激活了学生关于分数的生活经验，产生了很好的教学效果。

2. 从“经历”走向“经验”

在学习过程中，只有经历“做”的过程和“悟”的过程，才能从“经历”走向“经验”。数学学习是一种过程，这种过程是伴随体验和感悟的，我们常说，要给予学生自主探索和体验感悟的时间和空间，通过小组交流、自主探索、合作探究等学习方式，使浅层次的“经历”走向较高层次的“经验”。

在教学“认识公顷”时，我们安排了以下活动。

活动一：课前我带领学生一起测量学校的教室、篮球场、礼仪广场的长和宽，并计算它们的面积。

活动二：请 28 同学在操场上围成一个正方形，这个正方形的面积大约是多少平方米？

活动三：1 公顷土地到底有多大？你能在学校里找出大约是 1 公顷的土地吗？1 公顷大约等于几个教室的大小，几个篮球场的大小？

经历了三个体验和感悟的过程，同学们感受到公顷是一个很大的土地面积单位，甚至闭上眼睛就能想象出学校的哪一块地大约是 1 公顷，哪一块地大约几公顷。这都离不开"围一围""量一量""算一算""闭上眼睛想一想"等经历过程，在交流、辨析中，从"经历"走向"经验"。

3. 从"积累"走向"提升"

数学活动经验需要不断地操作、感悟、积累才能形成，只有经过对活动经验的积累，才能提升为经验图式。如：在教学中，我们只有让学生不断地感悟积累列表、画图、列举、倒推等策略的价值，才能不断增强学生的策略意识。只有经历丰富的数学活动，学生才能积累足够的数学活动经验。当学生们积累到一定的水平时，就会提升其数学经验的应用意识，并自觉地将这些经验迁移到后续的学习中。

## 六、借助几何直观，提升策略素养

几何直观是《义务教育数学课程标准（2011 版）》的十个核心概念之一，也是课标新增加的核心词汇。关于几何直观，《标准》在第一部分前言的"课程设计思路"中描述了其定义，阐述了其价值与作用："几何直观主要是指利用图形描述和分析问题。借助几何直观可以把复杂的数学问题变得简明、形象，有助于探索解决问题的思路，预测结果。几何直观可以帮助学生直观地理解数学，在整个数学学习过程中都发挥着重要作用。"

可以说，这段话是目前理解几何直观的最重要的依据。除此之外，《标准》在"学段目标"的"数学思考"中两次提到几何直观，即第二学段"感受几何直观的作用"，第三学段"初步建立几何直观"。由此可见，在数学教学中借助直观图形解决问题逐步引起了老师们的重视。通过直观图形与数学符号的互相转换，引导学生学会利用图形描述和分析数量关系，挖掘几何直观在问题解决中的策略价值。

小学生的问题解决思维水平离不开具体形象思维的支持，几何直观凭借图形的直观性特点，将抽象的数学语言与直观的图形语言有机地结合起来，理清问题解决的思路，突破数学理解上的难点。为了让学生真正提升问题解决的素养，不仅要借助情境、动态演示、画图等直观手段帮助学生整理题目中的条件和问题，还要巧妙地借助数学符号语言分析比较隐蔽的数量关系，促成学生借助几何直观生成理性化认识，从而使学生真正领悟几何直观的本质内涵，感受策略的价值，形成策略意识。下面以苏教版小学数学“解决问题的策略”为例，谈谈借助几何直观提升策略素养的教学尝试。

### （一）激活已有经验是借助几何直观的首要目标

教学中教师应关注学生的基本生活经验，引导学生把生活经验和数学知识联系起来。激活学生已有的生活经验，把数学知识直观化，激发学生策略学习的内在需要是借助几何直观的首要目标。

我在教学“解决问题的策略（替换）”这一内容时，学生的经验结构中是有“替换”策略的，不过是琐碎的、模糊的，这就需要教师唤醒学生已有的生活经验。课始，我请一位同学讲述“曹冲称象”的故事，使隐含的替换思想逐步清晰起来，对策略的渗透进行巧妙孕伏，同时又基于学生的认知角度，让学生乐于接受。

学生故事讲述完毕，我随即启发学生：要求大象的重量，为什么只要称出石头的重量呢？

生：这里用石头的重量等量替换了大象的重量。

师：是的，曹冲运用了一种重要的思想方法——替换，这样就把很复杂的数学问题变得简单明了。

从学生的已有经验出发，激发学生借助几何直观的内在需要，有助于提升学生解决问题的能力，培养学生的符号意识，提升学生的数学素养。

### （二）经历直观过程是借助几何直观的重要目标

几何直观的教学，重在培养学生利用几何直观描述与分析问题的意识与能力，借助几何直观分析数量关系。这就意味着，几何直观的教学，教师要关注几何直观的形成过程，以及形成之后的体验与感悟。没有体验与感悟，学生可能获得了几何的方法，却未必获得了几何直观的能力。

在教学“解决问题的策略（画图）”时有这样一道练习：小营村原来有一个宽20米的长方形鱼池。后来因扩建公路，鱼池的宽减少了5米，这样鱼池的面积就减少了150平方米。求现在鱼池的面积是多少平方米？

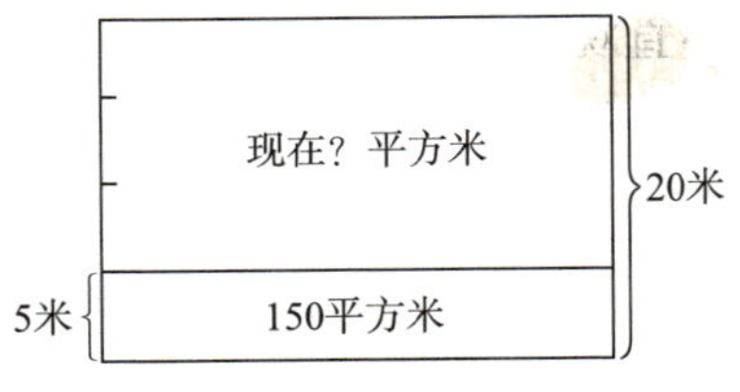


我是和学生一起经历画图的过程的：读一句，画一句，读到“小营村原有一个宽20米的

长方形鱼池”时,引导学生先画一个长方形,标出宽;继续读题,读到“鱼池的宽减少了5米”,启发学生怎么画,让学生尝试画出直观示意图,标出减少的部分;最后标出所求的问题,多数学生经历了画、改、再画、再改,最后得到(如上图)。师生一起经历画图的过程,帮助学生借助几何直观整理题目中的条件和问题,为体验几何直观的价值打下基础。

解答时,有的学生列式为:150÷5=30(米),30×(20-5)=450(平方米)。还有学生根据所画的图,直接列式计算:150×3=450(平方米)。对这样的解答方法,很多学生不理解,但借助直观图,发现现在面积是减少面积的3倍。这种巧妙的解答方法,正是直观图给学生提供了直观的刺激,体现了未经充分逻辑推理而对事物本质的一种直接洞察,直接把握对象的全貌和对本质的认识。

再如,借助几何直观在“解决问题的策略(还原)”中的教学效果非常明显。当学生遇到比较复杂的还原问题时,不容易理解其中的数量关系,教会学生画“变化流程图”就显得尤为重要了。教材的例题:小明原来有一些邮票,今天又收集了24张,送给小军30张后,还剩52张。小明原来有多少张邮票?教学中通过小组合作、尝试画图、师生合作等方式,启发学生画出变化流程图(如右图),学生的解题思路就会变得清晰明了。

? +24张-30张=52张

### (三)形成策略意识是借助几何直观的终极目标

上面所列举的教学案例中,有的运用直观图、有的运用变化流程图,虽然符号形式不同,但都体现了几何直观在问题解决中的功能与价值。其实借助几何直观的案例还有很多,如和倍问题、植树问题、行程问题、分数的实际问题、圆柱和圆锥等立体图形的表面积和体积等问题,我们都会利用几何直观来整理题目的条件和问题,分析数量关系,最终形成解题思路。

心理学研究表明:借助几何直观有利于把内隐的程序性知识用清晰的数学语言显现出来。因而,在借助几何直观解决问题后,教师要善于引导学生回过头来看一看、想一想、说一说、议一议:“刚才我们是如何解决这类问题的?”“借助几何直观解决问题有什么好处?”“解决什么样的问题我们还要借助几何直观?”等,借助体验感悟,学生重新梳理解决问题的过程及几何直观的运用,再次感受几何直观的价值,提高问题解决的策略意识,获得对几何直观的深刻把握。

在教学中,教师应鼓励学生以自己喜欢、易理解的几何直观方式来刻画自己的思维,鼓励学生从不同的角度思考同一个问题,注重引导学生对各种方法进行对比及优化，发现不同方法之间的区别与联系。对几何直观的培养是一个渐进的过程，借助几何直观解决实际问题应贯穿教师的日常教学，在教学过程中有意识地渗透。借助几何直观这种思维方式，激发学生的内在需要；经历几何直观的过程，体验几何直观的价值以及形成几何直观的意识等促使学生对几何直观有了深刻把握，提升自身的策略素养。

## 七、在精彩处预设，在预设中生成

《义务教育数学课程标准(2011 版)》指出："学生的数学学习活动应当是一个生动活泼的、主动的和富有个性的过程。"理想的数学课堂是充满动态生成的过程，课堂的精彩之处往往来自于精心预设基础上的精彩生成。

### (一) 生成也可预设

新课程《标准》倡导"以生为本"。面对动态生成的课堂，我们要学会观察、倾听，随时捕捉智慧的声音，选择有效的信息，将其转化为教学资源，调整预设的教学环节，进行生成性教学。

苏教版第十册第 85 页有这样一道思考题：

(1) 先计算下面各题，然后找出得数的规律。

$\frac{1}{2}+\frac{1}{4}+\frac{1}{8}=$

$\frac{1}{2}+\frac{1}{4}+\frac{1}{8}+\frac{1}{16}=$

$\frac{1}{2}+\frac{1}{4}+\frac{1}{8}+\frac{1}{16}+\frac{1}{32}=$

(2) 应用上面的规律，直接写出下面算式的得数。

$\frac{1}{2}+\frac{1}{4}+\frac{1}{8}+\frac{1}{16}+\frac{1}{32}+\frac{1}{64}+\frac{1}{128}=$

在备课时，我对课堂教学流程进行了预设，首先考虑到大多数学生会用通分或者把分数化成小数进行计算。同时，我精心预设有的同学会从分数的意义入手，想在这个过程中渗透数形结合的思想。

### (二) 生成重在过程

在学生交流完通分、化成小数进行计算后，我又追问，还有其他的算法吗？

几秒钟后，我们班的林轩同学激动地说："我们可以借个$\frac{1}{128}$。"

多么直观形象的一个"借"字啊！但他的这一想法却让其他学生云里雾里，不知所然！于是，我示意他登台讲解：也就是在原式后面再加上一个$\frac{1}{128}$，这样从后往前计算：

$$\frac{1}{128}+\frac{1}{128}=\frac{1}{64},\frac{1}{64}+\frac{1}{64}=\frac{1}{32},\cdots,\frac{1}{2}+\frac{1}{2}=1$$

因为借了一个$\frac{1}{128}$，结果就多加了一个$\frac{1}{128}$。要使和不变，我们要减去一个$\frac{1}{128}$。所以正确结果是：

$$\frac{1}{2}+\frac{1}{4}+\frac{1}{8}+\frac{1}{16}+\frac{1}{32}+\frac{1}{64}+\frac{1}{128}=1-\frac{1}{128}=\frac{127}{128}$$

太精彩了！其他同学也情不自禁地为他奇妙的想法鼓起掌来。

课堂气氛顿时活跃起来。于是，我趁热打铁，"你们能借助正方形来思考这一题吗？可以分小组讨论。"话音一落，学生们立即开工了，有的埋头画图，有的三五成群地讨论……不一会儿，好的方法就诞生了！

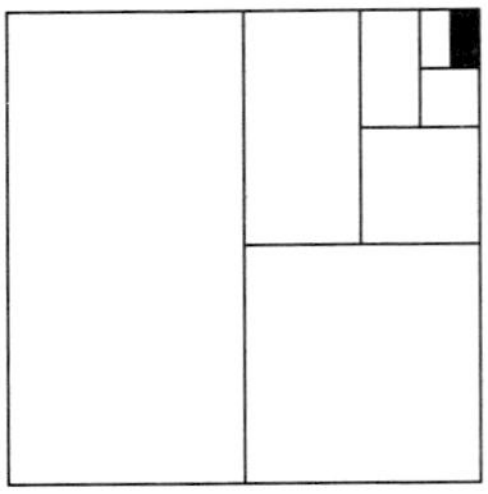


把正方形看做单位"1"，不断平均分，阴影部分为$\frac{1}{128}$，空白部分为：

$$\frac{1}{2}+\frac{1}{4}+\frac{1}{8}+\frac{1}{16}+\frac{1}{32}+\frac{1}{64}+\frac{1}{128}=1-\frac{1}{128}=\frac{127}{128}$$

非常简洁明了，并再次验证了刚才的结果。我们把数学和图形结合起来，不知不觉地就运用了一种重要的数学思想——数形结合。

（三）生成终在教"慧"

精彩的生成不仅仅来源于精心的预设，更离不开民主平等的教育氛围，只有相互平等地交流、对话，学生才会畅所欲言。正当全体同学沉浸在体验成功的喜悦时，一只小手高高举起：

"老师，那$\frac{1}{3}+\frac{1}{6}+\frac{1}{12}+\frac{1}{24}+\frac{1}{48}=1-\frac{1}{48}$吗？"

"真不简单，你提了一个非常有价值的问题！"于是，我板书出$\frac{1}{3}+\frac{1}{6}+\frac{1}{12}+$

$\frac{1}{24}+\frac{1}{48}=1-\frac{1}{48}$，并追问“等于 $1-\frac{1}{48}$ 吗？”

“等于。”“不等。”教室里立即辩论了起来。

“究竟等不等于 $1-\frac{1}{48}$，算一算不就知道了吗？”

“用正方形好像不太容易解释了。”学生又开始抓耳挠腮了。

有人自语道：“还是借一个 $\frac{1}{48}$ 看看吧！”

“对，借一个 $\frac{1}{48}$。”

$\frac{1}{48}+\frac{1}{48}=\frac{1}{24}$，$\frac{1}{24}+\frac{1}{24}=\frac{1}{12}$，…，$\frac{1}{3}+\frac{1}{3}=\frac{2}{3}$

所以，$\frac{1}{3}+\frac{1}{6}+\frac{1}{12}+\frac{1}{24}+\frac{1}{48}$ 不等于 $1-\frac{1}{48}$，而等于 $\frac{2}{3}-\frac{1}{48}$。

“你们的表现太棒了，刚才学会的知识马上就会活学活用了”，我接着继续追问：“那 $\frac{1}{5}+\frac{1}{10}+\frac{1}{20}+\frac{1}{40}+\frac{1}{80}$ 又等于多少呢？你们发现一个奇妙的规律了吗？”

全体同学一致认为 $\frac{1}{5}+\frac{1}{10}+\frac{1}{20}+\frac{1}{40}+\frac{1}{80}$ 等于 $\frac{2}{5}-\frac{1}{80}$。

集体交流后都惊奇地发现：如果 $n$ 个单位分数连加，且后一个加数的分母是前一个加数分母的 2 倍，那么它们的和等于用第一个加数的 2 倍减去最后一个加数。

看到他们个个神采飞扬、兴趣盎然，我又趁热打铁，又增加了两道“智力大冲浪”的练习题：

$\frac{1}{2}+\frac{3}{4}+\frac{7}{8}+\frac{15}{16}+\cdots+\frac{255}{256}=$

$1-\frac{1}{6}-\frac{1}{12}-\frac{1}{24}-\frac{1}{48}-\frac{1}{96}-\frac{1}{192}=$

第一题的加数分子不都是 1 了，第二题也不是连加了，怎么办？

经过思考，有的同学马上想到：运用“转化”策略。第一道题：把分子不是 1 的转化成分子是 1 的；第二道题：利用减法的性质，可以转化成 1 减去几个单位分数之和。

我们面对的是一个个鲜活的生命个体，课堂的价值就在于教“慧”学生，以生为本，让每一位学生在数学上得到不同的发展。只要我们尊重生成，把课堂的主动权还给学生，让学生走上讲台，教师多一份精心的预设，课堂就会多一份精彩的生成，学生就会多一份数学思想与方法的发展。

## 八、基于素养提升，教会学生推理

小学阶段，很多定理、性质和法则都是通过“不完全归纳法”进行合情推理论证的，这对于学生的思维能力的培养、小学与初中的学习衔接是十分不利的。我以“三角形的内角和”为教学案例，从“先学后教、以学定教”“培养能力、合情推理”“提升素养、演绎推理”以及“实践运用、内化新知”等四个方面论证了培养学生推理能力的途径和点滴做法。

目前，小学数学教材中的定理、性质和法则等知识，一般都是通过“不完全归纳法”展现给学生的。在归纳概括某一规律时，若归纳推理的前提判断范围的总和小于结论判断的范围，则称这种归纳推理为不完全归纳法。根据不完全归纳法得出的结论可能是正确的，也可能是错误的。比如当 $X=2,3,4,5,6,\cdots$ 时，$X^2>X$，但由此得出 $X^2>X$ 这个结论就不对了，因为当 $X=0$ 或 1 时，$X^2=X$，当 $X=0.2$ 时，$X^2<X$，所以不完全归纳法不能作为数学的严格推理方法。教师如果能够在小学阶段有机渗透演绎推理证明的数学思想，对于小学与初中的衔接教学工作是非常有利的，不会使学生在初中的定理论证过程中显得无从下手。

新课程标准指出：“推理是数学的基本思维方式，也是人们学习和生活中经常使用的思维方式，因此，推理也贯穿在整个数学学习中。”推理一般包括合情推理和演绎推理。合情推理是从已有的事实出发，凭借经验和直觉，通过归纳和类比等推测某些结果，是由特殊到一般的过程。演绎推理是从已有的事实（包括定义、公理、定理等）出发，按照规定的法则（包括逻辑和运算）验证结论，是由一般到特殊的过程。在解决问题的过程中，合情推理有助于探索解决问题的思路、发现结论；演绎推理用于验证结论的正确性。

“三角形的内角和”是苏教版小学数学教材四年级下册的内容，它是三角形的认识、分类的后续课。教材要求学生通过量、剪、拼、折、算等活动，在动手操作和归纳中，验证出所有三角形的内角和都是 180°，感受到转化思想在教学中呈现出来的理性美。整个过程通过猜想，验证三角形的内角和可能是 180°，接近 180°，正好 180°，的确是 180°等步骤，逐步探究新知并呈螺旋上升方式前进，充分调动学生的学习激情，让其感受到自主探究的愉悦并体验数学的方法过程。下面我结合教学实际谈谈如何教学生学会推理的点滴做法。

## （一）先学后教、以学定教，由感性体验开始

“先学后教，以学定教”是新课程改革所倡导的主要理念，在数学课堂上，让学生在过程中体验，在体验中感悟，让学生“做数学”比让学生知道数学事实更为重要。

“先学后教，以学定教”是指把学生的预习自学放置于教学活动之前，在了解学生自学情况的基础上，对教学内容合理整合，改变传统知识点传授的面面俱到、学生知识经验“0起点”的授课方法。“先学后教，以学定教”要求教师在指导学生学法，培养学生的创新精神和动手实践能力上下功夫。

“先学后教”与“先教后学”有本质上的区别。两者不仅表现在顺序上的不同，在教师的“教学观”和学生的“学习观”上也存在本质区别。“先学后教”主张教师教学应该以学生的认知发展水平和已有的经验为基础，面向全体学生，注重启发式和因材施教，为学生提供充分的数学活动的机会。强调处理好教师讲授和学生自主学习的关系，通过有效的措施，启发学生思考，引导学生自主探索，鼓励学生合作交流，通过师生之间，生生之间，学习者与经验、文本之间的多元互助，实现自身各方面的需求，因此更强调学习的主动性、实践性和反思性。

在“三角形的内角和”的教学中，我制定了“三角形的内角和是多少”这一研究课题，提前一天提出自学要求，以学习小组为中心，建立课题学习模式，指导学生自学，让学生围绕以下四个问题展开探究：

1. 我们用的三角尺的内角和是多少度？
2. 猜想三角形的内角和是多少度？
3. 如何证明我们的猜想？
4. 还有没有其他的证明方法？

## （二）培养能力、合情推理，由特殊到一般

### 1. 围绕课题，集体汇报

自学后，学生学习的起点不同，课堂的教学内容、组织模式也会随之发生变化。讲台不仅是老师的舞台，还是对学生开发的舞台。教师可以让学生走向讲台，分享自己的学习成果，以下是我的一个教学片断：

师：课前我们以小组为单位进行了自学，现在请各小组代表走上讲台进行汇报，其他小组可以进行补充。

生1：我手里的这块三角尺是一个直角三角形，三个角分别是90°、60°和30°，

内角和就是180°。另一块三角尺的三个角分别是45°、45°和90°，三个内角加起来也是180°。

生2：我们小组猜想，任意三角形的内角和是180°。

生3：我们小组是用量的方法，把这三个内角的度数加起来，就可以得到三角形的内角和了。

生4：我们小组也是采用量的方法，然后把量出来的三个角的度数相加，但是相加的结果不一致：有的内角和是176°，有的是183°，还有的是179°呢。

师：是啊，怎么不一致呢？

生5：测量的时候有误差，老师说过不同的尺之间有误差，量的时候也会有误差，但测量的三角形的内角和的度数都接近180°。

生6：我们小组是用剪的方法，把三个角分别剪下来正好拼成了一个平角，所以直角三角形的内角和正好是180°。

生7：我们小组是模仿书本上的方法，折一折，把三角形的三个角顶点折一起，也能组成一个平角。

学生以学习小组的形式，围绕着一个主题，通过量一量、算一算、拼一拼、折一折等方法来验证自己的猜想，播种一粒数学的种子。学生获得的不仅仅是知识，还是一种自主探究的学习方法，更是一种数学思想的渗透。

2. 释疑解惑，思辨提升

学生自学了不等于老师就不用教，小组代表汇报了并不代表全体学生就一定懂了。学生所获得的知识都是比较零散的、琐碎的、不成知识系统的，还有个别后进生没有真正理解基本的数学知识，这就需要对知识的重点和难点进行讲解。教师根据课前练习了解学生的学习起点，才能更好地实施“先学后教，以学定教”。

在本课中，学生所汇报的“折一折”“拼一拼”的方法，一些中等偏下的同学不理解，这就需要教师合理运用苏格拉底的“助产术”教育思想，教师加以示范讲解，引导学生观察，把三个角拼在一起，什么变了，什么没有变，最后在学生的思辨中，通过学生的思考充分理解数学知识。

### （三）提升素养、演绎推理，由一般到特殊

教会学生进行演绎推理主要从以下三个步骤展开：

1. 证明直角三角形的内角和是180°

首先，引导学生理解并掌握长方形的内角和是360°。

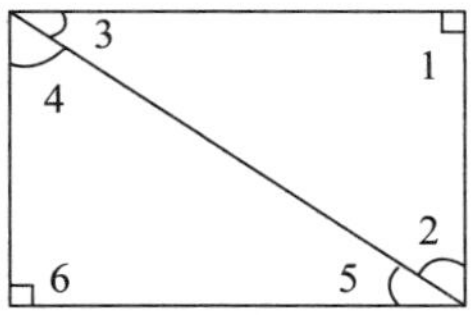


其次，多媒体课件出示，任意一个长方形都可以分割成两个完全一样的直角三角形（如右图）。同理，两个完全一样的直角三角形一定能够拼成一个长方形。

最后，引导学生观察，分割成的直角三角形的内角和与长方形的内角和之间的关系，即：长方形的内角和等于每个直角三角形的内角和的2倍，所以直角三角形的内角和是360°÷2＝180°。

2. 证明锐角三角形的内角和是180°

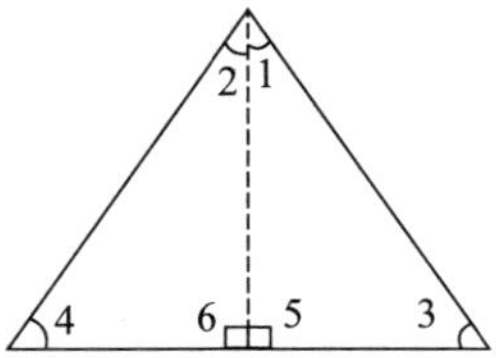


引导学生思考：刚才我们证明了直角三角形的内角和是180°。我们能不能把锐角三角形也分割成两个直角三角形呢？于是，师生合作从任意锐角三角形的一个顶点作高，把它分成两个直角三角形（如右图）。这两个直角三角形的内角和是360°。但是，锐角三角形的内角和不包括∠5和∠6这两个直角，所以去掉这两个直角的和180°，由此证明出：锐角三角形的内角和就是360°—180°＝180°。

3. 证明钝角三角形的内角和是180°

这一证明过程让学生走向讲台，说说自己的证明过程。

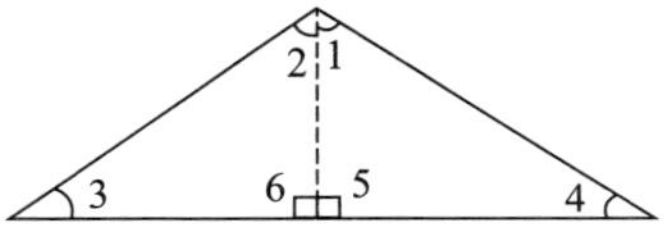


同理：从这个钝角三角形的一个顶点向它的对边作一条高（有的钝角三角形需要通过旋转），也可以分成两个直角三角形（如右图）。也能证明出钝角三角形的内角和也是180°。

三角形按角的特点可以分为直角三角形、锐角三角形和钝角三角形，最后引导学生用一句话来总结上面的三个结论：任意三角形的内角和是180°。

由此发现：送给学生一粒数学的种子，仅仅靠传授一些知识和技能是远远不够的，还应该重视数学思想方法的训练和培养，使学生形成数学思想、提升数学素养。

### （四）实践运用、内化新知，由理性思考结束

“教是为了不教”“学是为了更好地运用”，要让学生感受到数学的价值，能用所学的知识解决实际问题。如在练习中我让学生用本课学到的知识解释数学现象：

（1）一个直角三角形中最多有几个直角？为什么？

（2）一个钝角三角形中最多有几个钝角？为什么？

本节课的练习看上去有一些单薄，但是学生的思维在整个教学过程中始终处于积极思考的状态，练习充分发挥学生学习的主动性，培养学生的创新能力和动手能力。

学生学习数学，获得必需的数学知识和技能当然是最重要的，但这不应是唯一的目的。学习数学要学会用数学的视角分析问题、解决问题，学会用数学思考并把握数学知识的本质。由此可见，“推理”在引导学生探究数学问题，发现数学规律，培养学生思维等方面发挥着重要的作用。因此，我们在进行小学数学教学时，应该重视培养学生的推理能力，在数学教学中凸显推理论证的内容，使学生获得真知，为持续发展积蓄能量。

## 九、借助信息技术，整合数学教学

小学数学课堂教学正在经历着从传统的“黑板”到现代的“白板”的历史演进。交互式电子白板集传统的黑板、电脑、投影仪等多种功能于一身，容易操控，可以有效地实现师生互动教与学，使教师的教与学生的学有机统一成一体，让学生成为学习的主体。

### （一）电子白板，整合丰富的教学资源

《义务教育数学课程标准(2011 版)》指出：“凡是对实现课程目标有利的因素都是课程资源，既包括教材、教学挂图、教学课件、图书馆、互联网等物质资源，也包括教师、学生、家长及社会各界人士等人力资源”，交互式电子白板就是优秀的课程资源之一。电子白板容量强大，能够实现丰富多样的教育资源的灵活整合，其内置的资源库设置了直观的“资源树”，所有的资源按文件夹分类，便于管理，教师可以轻松找到背景、图片、声音、视频资料、课件等各种资源。有了它作为强有力的演示工具，我们的数学教学也是如鱼得水。

在讲授“认识公顷”时，我运用了电子白板丰富的资源，创建了一个苏州园林的知识网络，其中涵盖了苏州有代表性的拙政园、狮子园、留园、网师园等园林的占地面积，先让同学们去猜一猜这些园林的占地面积，根据学生的猜测点击相应的园林图片，白板上随即出现配乐朗诵的占地面积等相关知识的简短介绍，丰富了学生的课外知识。

### （二）电子白板，创设有趣的数学情境

学生学习应当是一个生动活泼的、主动的和富有个性的过程；教师教学应该

以学生的认知发展水平和已有的经验为基础，面向全体学生，创设具体的数学情境，为学生提供充分的数学活动的机会。电子白板可以综合利用图片、视频材料、先进的动画技术，多方位刺激学生的感觉器官，有助于培养学生发现问题和提出问题的能力，增强学生分析问题和解决问题的能力，提升学生的数学素养。

设计“长方形和正方形的认识”这一多媒体课件时，我针对我所任教的两个班级不同的认识水平实行分层教学（笔者所带的其中一个班是艺术班，全是女生，一部分同学的基础较弱），采用两种不同的教学预案来教学长方形、正方形的特征以及它们之间的关系：基础比较弱的艺术班，我采用生动的视频动画直接展示长方形和正方形，加强学生对长方形和正方形特征的认识和了解；而对于思辨能力较强的班级，我采用了长方形渐变成正方形的动画，让学生初步理解长方形和正方形的特殊联系，给学生创设了良好的探究情境，取得了良好的教学效果。

又比如在讲授“平行四边形的面积”时，我创设了求不规则图形的面积的情境，让同学们试着在电子白板上分割、平移、旋转，把不规则图形的面积转化成规则图形的面积，为学习平行四边形的面积公式的推导埋下了伏笔。

### （三）电子白板，展现多样的教学手段

俗话说：“教无常法，贵在得法”，电子白板强大的功能可以有效展现小学数学多样的教学手段。

数学课的特点在于使学生在动手实践、自主探索、合作交流中获得新知识，通过有效的措施，启发学生思考，引导学生自主探索，鼓励学生合作交流，使学生真正理解和掌握基本的数学知识与技能、数学思想和方法，得到必要的数学思维训练，获得广泛的数学活动经验。为此，我常常利用电子白板的特有功能，如应用拉幕、拍照、显露器、神奇墨水等，设计出各种形式的教学活动，吸引学生的注意力，活跃课堂气氛，提升课堂效率。

如我在讲授“三角形的内角和”时，为了让同学们理解测量三角形的内角和这一种方法的局限性，我把全班 5 个学习小组测量的同一个三角形三个角的度数运用电子白板的“照相”工具一一拍下来，学生明白测量产生的误差，理解了测量方法的局限性，同时发现了三角形的内角和接近 180°。

### （四）电子白板，实现互动的教学过程

数学活动是师生共同参与、交往互动的过程。有效的数学教学活动是教师教与学生学的统一。电子白板不仅仅提供了教师与学生、学生与学生、师生与教

学资源，还提供了室内与网络等多种交互平台，极大地促进了教学活动的开展。电子白板附带的“投票器”是一款方便的掌上反馈系统。课堂上人手一个，学生们用它来做选择题，“投票器”就会收到答题信息后及时将统计结果显示出来，在练习课中，教师也可以用它来及时获取学生的练习情况，评估学生的学习效果，诊断学习过程中出现的问题。

在进行“分数的意义”练习课时，为了让学生辨析分数既可以表示具体数量，又可以表示分率这一知识点，我就将以下选择题嵌入投票器，进入倒计时，学生开始“投票”答题。

两根同样长的绳子，第一根用去$\frac{1}{2}$，第二根用去$\frac{1}{2}$米，哪一根绳子剩下的比较长？

A. 第一根长　B. 第二根长　C. 两根一样长　D. 无法确定

| 选项 | A. 第一根长 | B. 第二根长 | C. 两根一样长 | D. 无法确定 |
|---|---|---|---|---|
| 选择比例 | 7% | 6% | 5% | 82% |

答题的情况当场得到反馈，教师可以根据学生的答题情况有针对性地讲评，“投票器”大大提高了练习讲评的效率。

### （五）电子白板，推动自主的探究学习

兴趣是推动学生学习的最大动力。学生一旦有了强烈的学习兴趣，就会事半功倍，加上学生对于新鲜事物的好奇，老师因势利导，鼓励学生结合计算机知识，让学生参与到学习活动中。比如在学习了“三角形的内角和”这一课后，我补充了一个问题：“你想不想知道还有什么方法可以证明出‘三角形的内角和是180°’这一结论？”同学们随即被我的问题吸引了，纷纷在电子白板上画一画、分一分、讨论讨论，最后发现所有的三角形都可以分成两个直角三角形，这样两个直角三角形的内角和分别是180°，但是会多算了一个平角，所以也可以证明出结论。学生从合情推理到演绎推理，数学思维发生了质的飞跃。

教育不仅仅是“授人以鱼”，更要“授人以渔”。交互式电子白板是现代教育技术的有利工具：它有助于点燃学生对探索知识的灵感的火花，让学生乐于学习、善于自主学习；也有助于教师构建高效课堂、美妙课堂，营造和谐的师生关系；还有利于教师及时评价学生。电子白板的普及必将带来教育教学技术的一场变革。

# 第三章　自主中，自然生长与以生为本

数学教育的目的是获得知识与技能，积累数学活动经验，感悟数学思想和方法，在过程中形成自主学习的能力。

以生为本，就是在分析学生学习情况的基础上，充分体现学生数学学习的主体的地位。我们通过教学可以发现：教什么和怎样教同样重要；从学生的学确定教师的教，最终实现学生的学和教师的教的完美统一。通过教学我们也对一些问题有了更深刻的思考："学生先学，教师怎么教？""如何把握学生的学习起点，构筑高效课堂？""概念教学、技能教学、计算教学，或是问题解决教学中，我们如何发挥教师的主导作用和学生的主动作用？""在实际教学中引发学生的数学思考，如何激发学生学习数学的兴趣，提高学生学习数学的自信心，让知识自然生长出来？"

## 一、尝试先学后教，倡导以生为本

《义务教育数学课程标准(2011版)》指出："有效的数学教学活动是教师教与学生学的统一，学生是数学学习的主体，教师是数学学习的组织者、引导者、合作者。学生应当有足够的时间和空间经历观察、实验、猜测、验证、推理、计算、证明等活动过程。"新课程标准理念要求我们"以生为本"，增强"生本意识"，让学生在学习过程中建构知识。自21世纪以来，中国的数学教育发生了重大变化，许多学校和教师积极投入到新一轮的教学改革之中，形成了各种教学流派，提出了各种教学主张，发展了许多教学模式。下面介绍我主持的高新区"十二五"区级重点课题——"小学生数学自学实效性的研究"中有关"学导式"这一教学模式的思考与实践。

### （一）什么是"学导式"

"学导式"教学模式就是把学生的预习自学放置在教师的教学活动之前，让教师在了解学生自学情况的基础上，对教学内容合理整合，改变传统知识点传授的面面俱到、学生知识经验“0起点”的授课方法。“学导式”要求教师在指导学生学法，培养学生的创新精神和动手实践能力上下功夫。

“学导式”教学模式包含以下两方面的内涵：

1. 学生“学”的发展

学生“学”的发展，不仅是知识的获得，而且包括知识获得的过程以及学生在过程中形成的学习能力，培养的数学思想和方法。“学导式”教学模式研究学生“学”的重点是“学‘问’是什么”“学‘思’为什么”“学‘慧’怎么样”，并确定以下三个学习维度，即学“问”、学“思”、学“慧”。

学“问”，就是学会提问，包括自我学习过程的提问和与同伴交流过程中的提问。例如，在教学“认识公顷”时，课前同学们提出以下几个问题：

(1) 1公顷有多大呀?

(2) 公顷和平方米有什么关系吗?

(3) 在什么情况用公顷作单位?

(4) 还有没有其他的土地面积单位?

学“思”，就是学会在独立思考、动手操作、自主探索的过程中掌握知识。包括独立研究和小组合作研究。

学“慧”，就是学习数学要学会用数学的视角分析问题、解决问题，学会用数学思考去把握数学知识的本质。在教学“三角形的内角和”时，我的学生通过量、剪、拼、折、算等活动，在动手操作和归纳中，验证出所有三角形的内角和都是180°，感受到转化思想在教学中呈现出来的理性美。整个过程通过猜想，验证三角形的内角和可能是180°，接近180°，正好180°，的确是180°等步骤，逐步探究新知并呈螺旋上升方式前进，充分调动学生的学习激情，让其感受到自主探究的愉悦和体验数学的方法过程。

2. 教师“导”的内涵

“导”的内涵是指教师根据学生已有的知识经验、教学目标和个性特征确立“导”的教学起点，积极地指导、引导和诱导。“学导式”教学模式研究教师“导”的重点是“导的知识”“导的方法”“导的尺度”，并确定这样三个教学维度，即导“疑”、导“思”、导“练”。

导“疑”，就是对学生学习过程中出现的困惑或问题，结合课的重点难点，有针对性地加以指导。

导“思”，就是要求教师引导学生主动探索，并在探索的基础上，鼓励学生大胆主动地提出新问题,发表自己的独到见解。

导“练”,就是练习形式是多样化、有层次和梯度的,难度要和学生的实际情况相匹配,在设计及应用上包括“小试牛刀”“能力提升”“头脑风暴”。

### (二)“学导式”的实施步骤

“学导式”教学模式借鉴了建构主义理论、“先学后教”理论等教学理念,初步构建的教学基本流程是预习探究—互动展示—思辨提升—反馈创新四个环节。

在预习探究环节,教师应有目的地布置预习作业,大力开发课前资源,引导学生进行丰富多彩的预习活动,使学生主动运用原有知识学习新知,带着新的思考和问题进入课堂。由于学生的个体差异性,不同学生在看书预习后,对知识的理解程度各不相同,为了缩小这种个体差异,我在学生预习时,采用了让他们完成“自学单”的形式。通过制定“自学单”,可以了解学生的自学情况,并将学生的自学情况作为学生的学习起点,从而组织更加扎实、有效、高效的数学课堂。在教学“认识比”时,根据知识目标,我设计了如下的“自学单”。

**“认识比”自学单**

阅读课本,然后完成下面的练习。

1. 我会写比、读比。

写一写:5 比 2 记做________;

0.32 比 0.8 记做________。

读一读:20∶8　　8∶20

2. 我知道生活中的比。

一种盐水,盐和水的比是 1∶8。

如果把盐看做 1 份,那么(　　)可以看做(　　)份,

1∶8 表示:(　　)是(　　)的(　　)。

画一画:用你自己喜欢的方法画出 1∶8 的意思。

3. 我知道什么叫比。

阅读课本,划一划什么叫比,并写下来。

______________________________________________

4. 我要求助:

______________________________________________

在互动展示环节，鼓励学生表达预习过程中的疑问，结合自身理解，提出自己的想法。展示阶段，也可以让学生以小组合作形式，汇报自学情况，交流自学成果。教师可以从学生的“自学单”中了解学生对一些知识点的掌握情况，学生能够看得懂的不必讲解，以提高课堂教学的效率。例如：在教学“认识比”中，我采用小组汇报的形式，让学生走上讲台交流已经学会的知识——比的读法和写法、比的各部分名称、比的初步意义。通过学生汇报的形式，既检测学生自学的情况，又提高了学生自学的实效性。

在思辨提升阶段，除了让学生自主探究外，还应在课堂设置循序渐进的“台阶”，通过实验操作、讨论交流或者直观演示、精讲释疑等途径，组织学生进行探究性学习，还可以鼓励学生讨论与争辩，对学生有突破性的知识建构及时认可。我在教学“探索周期现象中的规律”时，师生之间、生生之间思辨提升的情况如下：

师：从左起按 1 盆蓝花、1 盆红花的顺序依次摆放，第 15 盆花是什么颜色？

师：谁愿意上讲台来讲一讲，第 15 盆花是什么颜色，你是怎样想的？

生 1：我用画图的方法，用“○”表示蓝花，用“□”表示红花，依次画一画，发现第 15 盆是“○”，也就是蓝花。

师：我们把这种方法称为“画图法”。你觉得怎么样？

生 2：可以，但有时候会很麻烦。

生 3：可以找出其中的规律，我发现它们是间隔排列的，第 1，3，5，7，…盆都是蓝花，而第 2，4，6，8，…盆都是红花，所以第 15 盆一定是蓝花。

生 4：我发现凡是排在“奇数位”上的都是蓝花，而排在“偶数位”上的都是红花。

师：根据“奇偶数”的位置来判断，我们可称之为“列举法”，还有不同的方法吗？

生 5：可以把两盆花看成一组，一共可以分成 7 组还多 1 盆，算式是 15÷2=7（组）……1（盆），得到第 15 盆是蓝花。

师：你们知道算式表示什么意思吗？

生 6：15 表示的是总盆数，2 表示两盆为一组，7 表示分了 7 组，1 表示余下 1 盆。

师：谁再来说说对余数 1 的理解？

生 7：余数 1 表示余下 1 盆。

生 8：余数 1 还表示第 8 组的第 1 盆。

师：非常好，余数 1 有两种含义：一是表示基数 1，就是余下 1 盆；二是表示序数 1，也就是第 8 组的第 1 盆。

……

在反馈创新阶段，是对学生学习过程中可能存在的“死角”进行练习和反思，感悟数学思想方法，积累数学活动经验。

如在教学“圆柱的体积”时，本节课的反馈练习一共分成四个层次。

第一层次，基础练习。分别练习已知底面积和高求体积、已知底面半径和高求体积、已知底面直径和高求体积，提高学生思维的广度和灵活性。

第二层次，走进生活。求圆柱形电饭煲的容积，拓宽容积的内涵；求圆柱形柱子的体积，因为半径和直径的测量不具可操作性，所以只能测量底面周长和高，再次补充圆柱体积的计算公式。

第三层次，出示一下判断题，提高明辨命题是非的能力，进一步强化对所学知识的理解。

第四层次，拓展练习。将石块的体积转化为上升的水的体积，进一步加深学生对圆柱体积公式的理解和掌握，同时也培养学生的逻辑思维能力。

在实际教学过程中，上述“四步”教学结构是一个有机的整体：预习探究是实施“学导式”的保证，互动展示中有思辨提升，思辨提升中有互动展示，反馈创新是为了培养学生用数学思考问题的能力、提升数学素养，四个环节相互融合。

### （三）“学导式”模式的实践意义

首先，“学导式”教学模式和杜郎口中学的“导学案”最大的不同在于，更加突出教师的主导性。学生越自主，教师的主导作用往往更加重要。其次，重视预习环节的教学组织，充分发挥学生的学习主体性地位，让不同层次的学生都有相对宽裕的自由探索的空间和时间。再次，教学的针对性大大提高。教师在学生预习之后的教学更具针对性，变“学跟着教走”为“教为学服务”，最终实现“先学后教，以学定教”。最后，课堂更加开放，课堂因学生积极主动、准备充分、思维活跃而充满了很多不确定性，因而能够充分激发学生的学习潜能，当然，这也对教师组织教学提出了更大的挑战。

“学导式”教学模式改变了教师的“一言堂、满堂灌”的传统意识，改变了学生的“顺从式、接受式”的地位，把“课本”转变成“学本”，把“教师讲台”转变成“学生讲坛”。只有当学生真正地成为了学习的主人，富有主动参与的态度，才能实现真正意义上的教学相长。

## 二、采用先学后教,实施以学定教

从学生的学习策略和教师的教学策略两方面实现“先学后教,以学定教”。“先学后教,以学定教”这种学导制的组织模式正符合“终身学习”的时代发展需要,从“人的发展”本质去考虑,核心是贯穿“生本位”的教学理念。

《义务教育数学课程标准(2011版)》指出:“有效的数学教学活动是教师教与学生学的统一,学生是数学学习的主体,教师是数学学习的组织者、引导者和合作者。学生学习应当是一个生动活泼的、主动的和富有个性的过程。认真听讲、积极思考、动手实践、自主探索与合作交流都是数学学习的重要方式,学生应当有足够的时间和空间经历观察、实验、猜测、验证、推理、计算、证明等活动过程。”

我们常说学生是学习的主体,但大多数课堂都由我们教师掌握着课堂的主动权和话语权,还没有把课堂的话语权交给学生。学生在学习中是被动接受式学习,最主要的学习活动就是听。基于对“把时间和空间还给学生,给予学生尝试、创造和发现的机会”的思考,我以“公因数和最大公因数”教学为例,阐述小学数学课堂如何实现“先学后教,以学定教”。

### (一)“先学后教,以学定教”的意义及特征

很多教育专家对“学生自学”进行了深入的研究:我国现代教育家叶圣陶先生主张培养学生的自学能力;中国科学院心理研究所卢仲衡教授首先提出“自学辅导教学法”;著名教育家邱学华主张数学教学应该通过学生的尝试性学习来提高学习效率,并著有《尝试教学法》等多部论著。

“先学后教,以学定教”是指把学生的预习自学放置在教师的教学活动之前,要求教师在指导学生学法,培养学生的创新精神和动手实践能力上下功夫。

### (二)“先学后教,以学定教”的实施步骤

如何实现“先学后教,以学定教”?学生预先自学了,我们教什么?这里从学生的“导学、练习、讨论”的预习策略和教师的“分析、解惑、思辨、提升”的教学策略两个方面实施完成。

#### 1.“导学、练习、讨论”的预习策略

江苏省泰州市洋思中学的“先学后教”的方式是在上课以后,教师提出教学

目标，让学生在课中学，学生自学之后完成"自学检测"。在一定程度上学生处于学习的主体地位，但我们发现，这种方式的"先学后教"受到学习的时间和空间的制约，学习思维的广度和深度受到制约。与此不同，在执教"公因数和最大公因数"时，我把预习活动放置到上课之前，"先学后教"呈现出开放的态势。

1）导学

在"公因数和最大公因数"的教学中，我先让学生动手剪一剪，准备若干个边长6厘米和4厘米的正方形纸片和一个长12厘米、宽18厘米的长方形纸片。随后提出导学问题：

（1）哪种纸片能将长方形正好铺满？为什么？

（2）还有哪些边长是整厘米数的正方形纸片也能正好铺满这样的长方形？

（3）什么是公因数和最大公因数？

（4）怎么找公因数和最大公因数？

安排好具有挑战性的导学问题后，学生的学习方式得到开放，他们可以采用适合自己的个性化方式动手做、动眼看、动口说、动脑想，让自主学习围绕着"导学"问题贯穿于自学的全过程。

2）练习

练习是学生经历自学后对所学知识的进一步巩固。由于学生的年龄特征、心理特征等原因，学生通过"导学"所获得的知识往往是零碎的、模糊的、肤浅的，而练习的任务旨在帮助学生整理知识、提升能力，把零碎的知识结构化，把模糊的知识清晰化，使肤浅的认识深刻化。通过简单的练习，巩固自学效果。在"公因数和最大公因数"的教学中，我在学生完成"导学"后，布置他们完成书本上的练一练和练习五的1～3道题。这四道题型和例题相似，都是运用一一列举的策略找两个数的最大公因数，从而达到巩固"导学"的效果。

3）讨论

讨论是自学后的质疑与反思，是更深层次的自主探索、合作交流。学生可以把疑问带到课堂，让后续的学习富有长效。每次学生自学后，都会提出自己的问题，如：有没有最小公因数？还有没有找最大公因数的其他方法？公因数和最大公因数有什么关系？

学生的"先学"不受时间与空间的制约，学生的数学交流、数学理解和数学思想方法的运用得到了发挥，预习效果令人惊喜、折服；学生的动手操作活动得到了时间保障，数学活动经验得到了有效的激活。

2.“分析、解惑、思辨、提升”的教学策略

与传统教学不同，由于学生自学了，学生学习的起点不同，课堂的教学内容、

组织模式也会随之发生变化。讲台不再是老师的舞台，教师可以让学生走向讲台，分享自己的学习成果。教师教学应该以学生的认知发展水平为基础，面向全体学生，运用“分析、解惑、思辨、提升”的教学策略，为学生提供充分的数学活动的机会。

1）分析

可以通过交谈、问卷、批改作业等方式了解学生的预习情况。在“公因数和最大公因数”的教学中，我采用了批改作业的方式，分析了全班 34 位同学的练习中每一题的正确率。所有单项练习正确率在 78%以上，其中练一练、练习五的 1、2 题的正确率达到了 88%以上。同时，也存在几个细节问题：列举因数存在遗漏；在写两个数的公因数后添加了省略号，这可能受到了最小公倍数的影响；用集合图表示两个数的最大公因数存在重复现象。

2）解惑

在分析的基础上，针对学生出现的问题，师生共同解答。根据问题的难易程度，可以选择采用直接小组汇报、动手操作等方式。在“公因数和最大公因数”的教学中，我先进行有关因数知识的复习，然后集体汇报动手操作的过程，加深学生对公因数概念的理解。对于有没有最小公因数，全体学生认为几个数的最小公因数都是 1，探讨最小公因数就没有实际意义了。如果学生提出的问题质量很高或是有利于教学的拓展，新一轮的思辨便由此拉开帷幕。

3）思辨

我常常认为：我们的课堂应该避免功利性，即我们备课预设的内容没有讲授完，也没有什么大不了，只要使学生的数学思维得到了发展，比什么都要值，因为我们收获的是学生的探究精神和创新精神。在“公因数和最大公因数”的教学中，我注重和学生平等对话，引导学生去思考问题、发现规律。在交流找最大公因数的方法时，有的学生认为可以先列举出较小数的因数，按从小到大的顺序有序地去找两个数的公因数。我追问：“你还知道有其他的方法吗？”本来我预设的是让学生说出“辗转相除法”或“短除法”，并准备随之介绍数学历史文化，再次检查自学效果。有一位同学却说：“我发现了找两个数的最大公因数只要先找较小数的因数，然后从大往小筛选出最大公因数。”他的发言得到了全班同学的一致赞同。我继续追问：“你还发现了什么？”又有一位同学提出：“两个数的公因数都是它们最大公因数的因数。”多么有价值的发现呀！我随即改变了自己的教学预设，把他的发现当做是一个数学命题记录下来，我们全体师生边整理、边记录、边思辨几组数学实例来验证他的猜想，再请小组举例说明，从而验证了他的观点是正确的！但我们并没有停留在猜想、验证的基础上，我接着又引导他们："这个发现有什么用？"通过讨论，我们得出结论：可以先找到两个数的最大公因数，然后再根据我们的发现去找它们的公因数。

4）提升

"先学后教，以学定教"的课堂能提供更多的时间来发展学生的思维。在提升上，我通过有层次的练习设计将学生的思维训练落实到一定高度。在"公因数和最大公因数"的教学中，我设计了三个富有层次、梯度的练习。第一层次是"数学诊所"，把学生在"导学"训练中的错误资源充分利用起来，让学生明确错在哪里以及为什么错了，让学生在错误资源中获得知识。第二层次是找"特殊关系的两个数的最大公因数"，即两个数为倍数关系或互质关系时的情形，让学生去思考、去发现、去总结、去运用。第三个层次是"开放性练习"，如：在括号里填上一个数，使填的这个数就是它与括号前面的数的最大公因数，9 和（　　）、22 和（　　）、48 和（　　）；或是将两种特殊关系上升到用抽象的数学语言来表述：如果 $a$ 和 $b$ 为两个不等于 0 的连续自然数，他们的最大公因数是（　　），如果 $a=5b$（$a$、$b$ 都是大于 0 的自然数），那么它们的最大公因数是（　　）。

而这一环节，我们也是通过"学生出题"来完成的。课外，我们的学生通过阅读《小学生数学报》《时代学习报》或《数学大王》《聪明数学》《数学小灵通》等数学报纸杂志，摘录典型题型，互相出题。在这一过程中，我们再一次激发了学生学习数学的兴趣，培养了学生良好的学习习惯和方法，有效渗透了数学思想和方法。

### （三）"先学后教，以学定教"的积极意义

"一个没有创新的民族是没有希望的民族。"教师必须为学生营造自主学习、创新学习的氛围，从而实现为学生从小打好数学基础，发展思维能力，培养创新意识的目标。苏教版小学数学教材有着成熟的知识与能力培养体系，同时也是一个开放的学习体系，给学生以足够的自主创新的空间，因此我们完全有可能而且有必要让学生养成良好的数学学习习惯，掌握创新性的学习方法，获得良好的数学知识，学会创造性地自主学习。

"先学后教、以学定教"的作用不仅局限于对某些知识和技能的掌握，还能使人聪慧文明，使人高尚完美，使人全面发展。正是基于这样的认识，人们始终把"自主学习"当做一个永恒的主题，反复强调它的重要意义，不断探索科学的学习方法。同时，人们也越来越认识到，实践无止境，学习也无止境。古人云："吾生

也有涯，而知也无涯。”当今时代，世界在飞速变化，新情况、新问题层出不穷，知识更新的速度大大加快。人们要适应不断发展变化的客观世界，就必须把学习从单纯的求知变为生活的方式，努力做到活到老、学到老。

## 三、把握学习起点，构建高效课堂

学生的学习起点可以对课前调查、尝试练习和师生对话等三种常见的形式进行把握，教师根据学生的学习起点调整教学设计，有效优化教学进程。最终为形成“先学后教，以学定教”的教学模式奠定坚实基础，有效提升学生的数学素养。

随着新一轮课程标准的修订，小学数学教育强调“以生为本”，追求学生个体全面、和谐的发展。美国著名教育家杜威强调：教育必须建立在经验的基础上，教育即是经验的生长和经验的改造，是在经验中、由于经验和为着经验的一种发展过程，学生从经验中产生问题，而问题又可以激发他们去探索知识，产生新观念。

前苏联教育家和心理学家维果茨基非常重视学生原有的经验和新知识之间的相互作用，并用“最近发展区”的概念来描述这种相互关系，他把学习者的日常经验称为“自上而下的知识”。“自上而下的知识”只有与“自下而上的知识”相联系，才能形成自觉的、系统的知识；“自上而下的知识”只有与“自下而上的知识”相联系，才能获得成长的基础。听青年教师的教研课，常常会碰到一些令青年教师难以掌控的场面：老师精心设计的教学预案，准备通过自主探究、小组合作、生生交流等过程达成学习目标，但上课不久，却有学生将本来需要经过很多猜测、探究才能得出的结论一一说出。出现这种情况时，老师的表现各异：有的老师只当没有听见，继续按照既定的教学设计走完程序；有的老师直接肯定结果，没有深入探究知识形成的过程；还有的老师不知如何是好，草草得出结论。这些处理方式都不尽如人意。数学教师只有充分了解学生、尊重学生，真正以学生为主体，使课堂和生活的经验对接，才能让教师和数学走入学生的心灵。教师只有充分找准学生已有的知识起点，研究出把握学生的学习起点的方法，才会有效避免这种尴尬的情境，创设扎实高效的数学课堂。那么，如何把握学生的学习起点呢？

### （一）了解学生的学习起点在哪儿

学生能懂的一般都是他们经历过的，学生先前的经验有助于学习新的知识，要将学生的经验和未知的知识对接就要充分了解学生的学习起点。

1. 借助课前调查，寻找学生的学习起点

随着社会的发展，学生的学习资源除了来自教师和课本，还可能受到课外阅读、网络、父母长辈以及同伴的影响，使得学生从各方面接触了大量的数学信息。因此，要想了解学生的学习起点，可以通过课前调查。课前调查一般分为两种：一种是问卷法；另一种是谈话法。问卷法是由教师设计一份调查报告单，在课前让全班学生填写，然后收集与整理，根据所得到的信息来确定学生的学习起点，接着展开教学设计。例如在教学"24 时计时法"前，我进行过这样一份调查：

（1）你知道生活中怎样表示时间？请举例。

（2）这几种方法有什么区别、联系？

（3）为什么会有这些计时法？

（4）你喜欢哪种计时法？

谈话法是教师在上课之前提出一些相关的问题，根据学生的回答来确定学生的学习起点。如我在教学"三角形的内角和"前，进行了以下三个问题的谈话：

（1）你知道三角形的内角和是多少度吗？

（2）你是怎么知道的？

（3）你有什么方法能够证明三角形的内角和是 180°？

在新授之前，充分了解学生的学习起点，有利于教师科学地进行教学预设，而教师的精心设计，有利于课堂的顺利进行。

2. 借助尝试练习，寻找学生的学习起点

小学生具有较强的表现欲和求知欲，乐于把自己知道的知识和他人一起分享，利用学生的这一心理特征，我通常设计一些与新知相关的尝试练习。在我的数学课堂，讲台是师生表达自我见解的平台。学生一旦有好的想法，会自信地走上讲台，从自身的知识储备中提取出相应的知识进行解题。例如，在教学"小数乘小数"这一课时，我们可以出示：912×3.5，让学生进行尝试练习，让他们选择不同的方法经历估算、计算、验算等过程，借助尝试练习，了解学生对"小数乘整数"的掌握情况，寻找出不同学生的不同学习起点，从而有针对性地进行讲解新知和突破教学重、难点。

3. 借助师生对话，寻找学生的学习起点

师生对话是交流的桥梁，是学生开启思考的钥匙，是创新的源泉。教师应该为学生创设一个真诚交流、自然对话的课堂，一个轻松和谐的环境，这样，学生才能以最好的状态，不断深入思考，迸发出创新的意识。在对话中，让学生展现他们已有的知识，即有益于其对自身学习进行再思考的过程，又有利于激励其他同学乐于思考。所以，教学有些内容时，可以在上课时设计一下相关新知的问题让学生尽情阐述自己的观点，而老师的任务是根据学生不同的知识起点，以小组课题研究的方式要求同学们继续研究，达成解决问题的目标。例如，在教学“圆的周长”时，学生通过水杯、可乐瓶、圆形纸片、直尺和绳子初步探索出测量圆的周长的方法。

小组1：我们组把圆形纸片立起来放在直尺上滚动一周，就测出了它的周长。

小组2：我们组研究的方法比较好，用绳子绕圆一周，再测量绳子的长度，不就是圆的周长吗？

小组3：我们组把圆对折、对折再对折，这样圆的周长就被平均分成了8份，我们测量了每段线段的长度，乘8，也得到了圆的周长。

我随即追问：“如果我在黑板上任意画一个比较大的圆，既不能滚，也不能折，还不方便用绳子绕，怎么办呢？”

通过学生的问答，教师可以寻找到学生学习的起点，教师把握适宜的教学起点，引导学生通过自己的经历发现了圆的周长和直径的关系，在对话中学生更容易接受数学知识，体会也更深刻。

### （二）根据学生的学习起点怎样教

#### 1. 根据学生的学习起点调整教学设计

当课前寻找到学生的学习起点时，就要根据学生的学习起点设计教学预案，把握“三教三不教”原则，即学生已经学会的知识不教，学生能够通过自学学会的知识不教，学生通过操作、合作、交流能够理解的知识不教；重点教学生不易理解的知识点，重点教学生容易产生分歧的知识点，重点教提升学生思辨能力的知识点。在教学“百分数的认识”前，我设计了一份调查表，得到的结果是几乎所有同学都知道生活中有百分数，而且会读、写百分数，个别同学还能正确地说出百分数表示的具体意义。但还有大多数同学不知道百分数的意义、百分数的用处，以及百分数和分数的异同，那么教师的教学预案应该根据学生的不同层次的知识起点、不同的生活经验以及不同的数学认知的心理差异进行设计。

有时，我们还可以通过让学生自学和预习的方法来了解学生的学习起点，教师在进行教学预案时以此为基础，安排合理的教学环节，构建高效的课堂。下面是有关“百分数的认识”的教学片断：

师：通过课前自学，你们学会了有关百分数的哪些知识？

生 1：我学会了读、写百分数。

（班级学生读一读、写一写百分数）

生 2：我在生活中经常能看到百分数，比如在我的衣服标签上、牛奶盒上、饮料瓶上等都有百分数。

生 3：我知道百分数和分数长得有点不一样。

师：大家对百分数的知识掌握得真多！那你们还想学会百分数的哪些知识？

生 4：我想知道什么是百分数？

生 5：我想知道学习百分数有什么用？

生 6：我想学习百分数和我们以前学过的分数有什么不同？

……

在这个案例中，教师先让学生进行自学，通过主动地交流汇报，学生能够明确课堂上所要学习的知识要点。简约了情境创设，明确了学习目标，这样可以引导学生进行各种探究活动，给予学生足够的时间和空间，从本质上建立知识与知识的联结。

2. 根据学生的学习起点优化教学进程

当老师寻找到了学生的学习起点时，那怎样根据学生的学习起点进行课堂教学呢？这对教师自身的素质提出了更高的要求，学生在课堂上不是一张“白纸”，教师在课堂教学中不能以学生的“0 起点”进行教学，否则教学就是一杯“白开水”。借助寻找到的学习起点，教师应根据它及时对自己的预案作出相应的调整和变化，这样才能使我们的课堂效率真正得到提高。下面结合“圆的周长”这一案例进行阐述。

师：（出示一个圆形纸片）谁能上来指一指这个圆的周长？

师：这个圆的周长到底有多长呢？你有没有一个好的测量办法呢？

生 1：用一根绳子绕圆一周，再量出绳子的长度，就是这个圆的周长。

生 2：可以把这个圆在尺上滚一周，得到的长度就是这个圆的周长。

师：如果我在黑板上任意画一个比较大的圆，既不能滚，也不能折，还不方便用绳子绕，怎么办呢？

生 3：可以用公式进行计算。

师：还可以用公式计算？是怎样的？

生 3：圆的周长＝3.14×直径。

（教师板书在黑板上）

师：对于这个计算周长的公式，你有什么疑问吗？

生 4：为什么是用 3.14×直径就等于圆的周长了呢？

师：有什么方法验证一下吗？

生 5：可以用测量法，测量几个圆的周长和直径，看看周长是不是直径的 3.14 倍。

……

在这个案例中，教师根据学生所反馈的信息，确定学生所处的学习起点，调整教学设计。当学生说到可以运用公式来计算圆的周长时，出乎老师的意料，而老师并没有就此结束，而是以学生的回答作为一个切入点，让学生从验证的角度去进行学习和活动，从而完成教学目标。这样，既满足了学生表现自己的愿望，还在不知不觉中深化了已有知识，并达到预期的教学效果。

### （三）把握学生的学习起点还能怎样

1. 达成“以学定教”模式

“先学后教，以学定教”是指把学生的预习自学放置于教师的教学活动之前，在了解学生自学情况的基础上，对教学内容合理整合，改变传统知识点传授的面面俱到、学生知识经验“0 起点”的授课方法。

2. 培养学生数学素养

学生学习数学，获得必需的数学知识和技能当然是最重要的，但这不应是唯一的目的。学习数学要学会用数学的视角分析问题、解决问题，学会用数学的思维去把握数学知识的本质。由此可见，“把握学习起点，构建高效课堂”在引导学生探究数学问题，发现数学规律，培养学生思维等方面发挥着重要的作用。因此，我们在进行小学数学教学中，应该重视寻求学生的学习起点，在数学教学中凸显教学起点的教学价值，使学生获得真知，为持续发展积蓄能量。

## 四、运用先学后教，尝试概念教学

在教学实践中，通过学生进行数学阅读，先学后教，进行概念教学，充分发挥“自学单”的引导和反馈功能，科学运用数学阅读、以学定教、突破难点和梯度练习等四个环节，给予学生充分的探究时间和思考空间，提高学生主动探究、获得知识的能力。教师给予学生充分的自主学习时间和交流讨论的机会，让学生在“概念学习”的过程中，学会“学习概念”的基本策略。

在教学实践中，不同的课型，“先学后教”的教学策略不尽相同。下面，我以“认识比”的教学为例，谈谈以概念教学为主的新授课，运用“自学单”为载体，实施“先学后教”。

## （一）数学阅读，提升学生的学习能力

在新课讲授之前，学生需不需要看书自学？这一直是老师们争论的话题，赞同者认为：自学课本，可以提高学生的数学学习能力；阅读数学课本的过程，也是学生通过自主探究等形式经历信息整理、提出问题、分析问题和解决问题的过程。反对者认为：不利于学生数学思维品质的培养；不利于进行集体教学。如果让学生自学，即使一部分同学看懂了，也是一种被动的接受过程。总之，两种观点都有科学的一面，从学生的角度看，不同的学生阅读同样的内容有不同的理解，并不是所有的数学内容都适合学生自学，在学生自学的过程中不能淡化教师的主导作用，需要教师采用一定的教学模式组织教学，运用一定的教学手段进行引导和检测。

### 1. 制定数学阅读的“自学单”

由于学生的个体差异性，不同学生在看书自学后，对知识的理解程度各不相同，如何缩小这种个体差异？我在学生自学时，采用了完成“自学单”的形式。通过制定“自学单”，可以了解学生的自学情况，并根据学生的自学情况作为学生的学习起点，从而组织更加扎实、有效、高效的数学课堂。

针对“认识比”一课，根据知识目标，我设计了“自学单”（详见 P85）。

### 2. 学生完成“自学单”的途径

实践教学中，指导学生自学要做到“四明确”，即明确时间、明确内容、明确方法、明确目标。在此过程中，注重学生数学自学形式和方法的指导，变“被动接受”为“主动学习”。学生自学主要通过课前、课堂两个基本途径。课前途径是指提前一天布置学生自学，学生第二天上交给老师，教师在课前及时批改，了解学生的自学情况后调整教学设计。课堂途径是当堂完成自学单，教师根据学生的自学情况组织交流讨论。以上两种途径，各有利弊，教师可以根据教学内容确定自学途径。如果需要学生动手操作的课题就选择课前途径，如“认识比”“认识公顷”等；如果自学的内容相对简单，自学时间占用不长的，可以选择课堂途径，如“比较亿以内数的大小”“小数加减法”等。由于“认识比”我安排了运用自己的方法画出 1∶8 的意义，我选择了课前途径。

## （二）以学定教，丰富学生的自学资源

与传统教学不同，由于学生自学了，学生学习的起点不同，课堂的教学内容、组织模式也会随之发生变化。讲台不再是老师的舞台，教师可以让学生走向讲台，分享自己的学习成果。教师教学应该以学生的认知发展水平为基础，面向全体学生，为学生提供充分的数学活动的机会。让学生在自主交流的过程中，进一步对自学所获得的知识加深理解。在教学中，我们应该根据学生的自学情况有针对性地组织教学活动。

### 1. 学生汇报自学时已经掌握的知识

教师从学生的“自学单”中可以了解学生对一些知识点的掌握情况，对已掌握的知识点教师可以不必讲解，以提高课堂教学的效率。例如：在教学“认识比”中，我采用小组汇报的形式，让学生走上讲台交流已经学会的知识：比的读法和写法、比的各部分名称、比的初步意义。通过学生汇报的形式，既检测学生自学的情况，又提高了学生自学的实效性。

### 2. 学生讨论自学时不同观点的知识

讨论是自学后的质疑与反思，是更深层次的自主探索、合作交流。学生可以把疑问带到课堂，让后续的学习富有成效。每次学生自学后，都会提出自己的问题。

在教学“认识比”中，学生在阅读数学课本后，我让学生运用“读书摘录法”记录“比”的定义时，发现有以下三种观点。

观点一：“ ∶ ”叫比号，比号前面的数叫做前项，比号后面的数叫做后项。

观点二：两个数的比表示两个数相除，比的前项除以比的后项所得的商叫做比值。

观点三：两个数的比表示两个数相除。

教师出示了以上三种情况，组织学生讨论，你支持谁的观点，为什么？

以下是学生汇报片断：

“我赞成第三种观点，因为第一种观点是说明了比的各部分名称。第二种观点既表示了比的定义，又讲了什么是比值。第三种观点简洁明了，说明了比和除法的特殊关系，是两个数量的一种倍数关系。”学生通过讨论辨析，直观地感受到比的定义的本质属性。

### 3. 学生交流自学收获

在“认识比”中，我借助“盐和水的质量的比是 1∶8”这一具体情境，请学生用

自己的方法画出这个比的意思。学生有的采用线段图，有的运用长条图，还有的用网格图表示出这个比的意义。通过展示学生所画的直观图引导学生交流，让他们知道比可以表示两个数量的倍数关系，且从不同的表达形式总结出比的相同意义，加深了学生对比的本质属性的理解。

### （三）突破难点，把握概念的本质属性

“先学后教”必须处理好个别学习和集体教学的关系。学生课前自学，是个别化的学习过程。教学中的难点，一般不安排在“自学单”中，而应该放在集体教学过程中重点展开教学活动。

在“认识比”中，学生通过课前自学，使得课堂教学传统意义上的难点也随之发生了变化，在传统教学中，把“比的定义”作为本课的难点，而在“先学后教”模式中，学生已经初步理解了比的定义，会用直观图来理解比的意义，所以它不再是教学中的难点，于是在实际教学中，我把“比与分数、除法的关系”作为本课的难点。

在难点突破上，我采用小组讨论的形式，出示讨论单，让学生在合作交流中完善讨论单。

最终，通过小组交流，学生根据自己的学习经验，选择典型的例子解释了比、除法和分数的联系和区别。

### （四）梯度练习，巩固学生的学习成果

“先学后教”的课堂能提供更多的时间来训练学生的思维，课堂上有了更多的时间进行巩固练习。在提升上，我通过有层次的练习设计将学生的思维训练落实到一定高度。通过多层次、多视角的课堂练习，训练学生的思维，提高学生整理信息、分析问题和解决问题的能力。课堂练习我一般安排三个层次。

第一层次，“我是小老师”，即解答自学中遇到的问题。在“自学单”中，我设计了“我要求助”，让学生记录下在自学中不能解决的问题。从学生的“自学单”中选择一些经典的、与本课知识有密切联系的问题，让学生担任小老师进行讲解。

如在《认识比》中，有同学提出以下几个问题：

1. 比的后项为什么不可以是0？

2. 足球比赛中为什么可以是2比0？

3. 比有什么用？

教师出示问题后，引导同学自主探究，走上讲台，说出自己的理解。在“我是小老师”这一层次上，我也常常问我的学生你有什么要说的，鼓励学生提出问题，然后再让大家进行讨论和质疑。

第二层次，“小试牛刀”，即检测学生是否理解数学概念。为了检测学生对“比的意义”的理解情况，我设计了以下练习。

1. 我会写：第 70 页练一练 1、3 题，练习十三第 2 题。

2. 我会辨：下面的说法对吗？

(1) 小明身高 1 米，爸爸身高 174 厘米，小明与爸爸身高的比是 1∶174。

(2) 把 1 克糖溶解在 20 克水中，糖和糖水的比是 1∶20。

3. 我会说：甲的速度是乙的$\frac{1}{3}$，甲与乙的速度比是(　　)∶(　　)。

要求学生独立完成，并思考：自己写的比是什么意思？还可以想到其他的比吗？这个比又表示什么意思？

第三层次，“智力冲浪”或者“数学百科”。“智力冲浪”是概念的结构化过程，是学生内化新知、巩固所学的结构化过程。由于“比”是除法的特殊形式，它在现实生活中的应用是非常广泛的。于是，在本课中我选择了“数学百科”形式，通过图片和视频介绍了比的由来、黄金比的妙用等，有效提高了学生学习数学的兴趣，提升了学生对数学的应用意识。

学生的“先学”不受时间与空间的制约，学生的数学交流、数学理解和数学思想方法的运用得到了发挥，自学效果令人惊喜、折服；学生的动手操作活动得到了时间保障，数学活动经验得到了有效的激活。一个优秀的教师应能够建立一个开放的学习体系，给学生以足够的自主创新的空间；让学生养成良好的数学学习习惯，掌握创新性的学习方法，使每个学生获得良好的数学知识，指导学生创造性地自主学习。

总之，以“数学阅读”为主要形式的“先学后教”的概念学习，在充分发挥“自学单”的引导和反馈功能的基础上，通过数学阅读、以学定教、突破难点和梯度练习等四个环节，给予了学生充分的时间和空间，让学生成为了学习的主体，并最终让学生在学习的过程中形成“学会”的、“会学”的学习策略。

## 五、基于能力养成，探索衔接策略

部分刚上初中的学生因中、小学在学习方式、行为规范、认知水平等方面的差异，在刚开始初中学习的过程中出现知识断层，因此迫切需要进行小升初的教学衔接。教学过程中应尝试教学目标小步走，注重整体性；教学内容生活化，体现衔接性；教学评价多元化，推崇人文性等三个策略促成小升初的衔接。

### （一）问题的提出

很多小学生进入初中后，明显对初中数学学习感到不适应，许多小学成绩优秀的同学，进入初中以后数学成绩突然退步了。究其原因，往往是由于在数学学习上没有做好小升初的衔接学习。初中数学是在小学数学的基础上进行拓展和提升，是和小学数学贯通相承的，但在知识的呈现方式、学习的思维方式、解答问题的方式等方面，有着明显的不同。孩子从小学学习进入初中学习期间会有一些断层，包括学习方式的断层、行为规范的断层、人际关系的断层等，以下案例反映了我班学生升入初一后在数学学习上遇到的问题。

下面是一名步入初中一个月的学生的家长和我的QQ部分对话：

家长：游老师，和您说件事，小L在月考中考了班级倒数第一，您带他期间，从来没有考过这么差的啊，真让人着急！

我：我们一起分析原因，可以让小L自己先总结一下，同时给他树立信心，让他慢慢追赶其他同学，可以尝试进行整理错题、分析错误原因、搜集相同错题题型。

家长：嗯，周末他总结了，他的问题主要在于自我管理能力差。是不是孩子一下子不适应现在老师的教学方式和节奏，或是因为他学习不主动？自己感觉到压力仅仅是一会儿，过一会儿就忘记了，没有心思的孩子，考得不好，给班级抹黑，我也不好意思面对他们现在的老师，所以这几天心情都不好，说明我的心理承受能力太差了，是吧？

我：这很正常的，如果我是家长的话，我也会有这种感觉的，重要的是要和老师一起分析孩子的状况，分析好原因，然后才好对症下药。

家长：嗯，小学期间我们花了很多的时间提醒监督孩子。

我：对于孩子来说，小学花时间监督孩子学习有效果，到了初中效果就不大，监督孩子的后果是弱化了孩子的自我管理能力，而且还容易让他出现逆反心理。

在小学阶段，家长可能只关注到孩子的考试分数和做题技巧，而对理解问题、思考问题、提出问题和解决问题的能力缺少引导，像小L同学，就出现了学习习惯、学习方式及学习能力的断层。

## （二）采取的对策

### 1. 教学目标小步走，注重整体性

小学和初中的课堂在学习密度和强度上有很多不同，小学课堂借助创设具体情境展开教学，采用动手操作、合作探究的学习方式展开教学。中学课堂虽然也借助创设情境，但更重视学生的合情推理和演绎推理能力的培养，对学生的动手能力、空间观念、探索规律的能力的要求要比小学高得多。以“用字母表示数”一课为例，比较如下：

| 学段 | 教学目标 | 内容地位 | 教学方式 |
| --- | --- | --- | --- |
| 第二学段（小学） | 1. 在现实的情境中理解用字母表示数的意义。<br>2. 能用字母和代数式表示以前学过的运算律和计算公式。<br>3. 体会字母表示数和代数式表示规律的含义 | 用字母表示数是着重教学式的知识，它是方程的基础。在小学数学与初中代数之间起着承上启下的过渡作用 | 以具体情境导入，师生共同探讨用字母表示数的优越性和简洁性，练习巩固，尝试用字母表示数、公式和数量关系 |
| 第三学段（初中） | 1. 了解如何用字母表示一些简单问题中的数量关系和变化规律，根据学生已有的知识及生活经验，让学生感受用字母表示数的优越性。<br>2. 培养学生观察思考、动手操作、合作探究、归纳总结的能力。<br>3. 培养学生养成勤于思考的学习习惯，培养学生团结协作的精神 | 从具体的数到用字母表示数，是学生认识过程上的一次飞跃，将为后继学习代数式、方程、函数等相关知识起到铺垫作用，将使学生进一步感受到符号化的数学思想 | 注重了符号化思想的渗透，本着由简单到复杂，由具体到抽象的原则，采用了观察思考，合作探究，动手操作等不同的学习方式，同时注重区分“用字母表示数”与下一节课的内容“代数式”的不同要求，重点使学生认识到用字母表示数的优越性 |

由同样的教学内容比较得出，小学到初中学习跨度大，从教学目标、内容地位和教学方式等几方面都有一个明显的提升。为了让小学生适应中学的数学学习，我教毕业班时会把六月份最后一周的数学复习课定为数学活动周，具体安排如下：

**活动目的：**

通过“数学与生活”“数学与文化”“数学与阅读”三大主题活动的开展，使学生了解数学与现实生活的联系、数学是文化的一部分，通过数学阅读提高学生提取信息、分析信息的能力，为初中数学做好有利的衔接。

**活动时间：**

6月21日—6月25日

**活动内容及安排：**

1.《九章算术》中的“盈不足”问题

2.《九章算术》中的“方程”问题

3.《九章算术》中的“土石工程、体积计算”问题

在教学过程中，立足于小学阶段数学知识的系统把握，通过“用字母表示数”到建立“平衡关系”，形成以建立数量关系为核心，促成各部分知识系统化、结构化，而不拘泥于知识点、块的面面俱到，侧重于从整体上把那些对初中学习更有迁移作用的知识整理出来，体现其系统性和整体性。

2. 教材内容生活化，体现衔接性

中学学习由于内容的增加、难度的提高，对所学知识更崇尚实用性，课堂要求与小学相比较更加紧凑、严肃，要求学生注意力更加集中。为了给学生逐步适应的过程，我把教学内容尽可能设计成为主题活动的形式。

以实践课为例，很多学生害怕解决枯燥的数学实际问题，因此不妨把解决数学实际问题联系到生活中去，让学生在做一做、玩一玩等操作活动中喜欢上数学，提高学生挑战自己的能力。因此，在总复习时，我把数学和生活运用结合起来，设计了“下料与包装”“钟面趣题”和“信息技术与数学”一系列数学与生活相结合的实践活动课。我还让学生把长方体和正方体的表面积和数学解题的策略思想、行程问题和方程思想、“化归”思想的结合、数学阅读与数学文化等知识结合起来，并对各部分知识进行了补充和延伸。这样做对小学生的知识体系和思维方式都能起到一定的拓展作用，使他们很自然地进入初中的学习领域。

将小学知识的延伸、拓展和初中的相关知识进行了适当的衔接，让学生试着用代数的思想解决某些问题。我还安排相应练习，帮助学生在心理和知识技能方面完成由小学向初中的初步过渡，为初中的数学学习打下基础，有效改善学生的学习方式和行为规范。

3. 教学评价多元化，推崇人文性

当今社会，教育者片面重视孩子的基础知识和基本技能的评价，而弱化学科

知识获得的过程和方法。据了解,小学生评价以书面测试为主,再结合平时表现进行过程性评价;而一进入初中,马上以做试卷的形式对学生进行客观性评价,每月一考,每周一练,每日一清,很可能会导致学生难以适应。学生一进入初中,不应以卷面分数论英雄,因为这会严重打击那些由于学习环境的变化导致学习暂时后进的学生的学习积极性。我认为对初入初中的学生的评价应该坚持以过程性评价和激励性评价为主,不断鼓励学生对数学的学习热情和兴趣,以目标达成、学习方式、兴趣、情感和态度作为多元评价的重点。同时,对初一上学期的期末考试可以进行改革,把笔试和动手操作结合起来。

### (三)产生的效果

1. 学习兴趣浓厚

我所带的2013届和2014届这两届六年级学生,在初一上学期学校对他们"你最喜欢的学科"的调查中,大多数同学选择了数学学科,孩子们的想法仅仅是:数学好玩、数学有趣,进入初中数学课堂,他们都能够认真倾听、积极思考、思维活跃,和他人讨论交流,分享发现。

2. 自学能力增强

通过近一个月的小升初衔接,学生的学习品质、思考方式有了很大的进步,如在学校过程中表现出注重用代数的方式思考问题,更强调用方程解决实际问题,更重视抽象思维和逻辑推理,等等。很多学生养成了独立思考,敢于质疑,把自己学习数学的心得写成数学日记,和他人合作交流的学习习惯。

## 六、借鉴美国教材,创新教学方式

随着经济全球化时代的到来,教育全球化、实施跨文化背景下的教育成了世界各国教育改革的重点和热点,因此课程改革呈现文化多元化的趋势。在九年义务教育阶段,引进优秀、科学的国际课程资源和教育理念,丰富本土课程,借鉴国外丰富的课程资源,充分融合课程资源的优势,有利于学生理解和掌握知识,有利于教师创新教学方式。

由江苏教育出版社出版,经全国中小学教材审定委员会初审通过的国标本实验小学数学教材在全国部分国家级实验区进行教学实验已经10多年,教材的编写以《义务教育数学课程标准(2011版)》为依据,教材具有成熟的知识与能力培养的体系,是一个开放的教学体系,给学生和教师以足够的自主创新的空间。

我们要根据学校具体的教学环境和需要，吸收国外教材的有效教学因素，作为“苏教版”教材的补充，结合学生实际，创造性地用好、用活“苏教版”教材。苏州外国语学校国际部 2005 年引进美国哈考特出版社的小学数学教材，由美国老师执教，同时由中方老师执教“苏教版”数学教材。近 10 年的教学实践证明，两种教材各具特色、相得益彰，既将英语教学渗透于学科教学中，又极好地提高了学生的数学素质，在日常教学过程中，我们可以把美国版教材整合在苏教版之中，以提高教学效率，减轻学生负担，达到教学资源的充分利用，彰显学校国际化的办学特色。

### （一）教材整合，探索最佳的知识呈现方式

在教学过程中，我发现美国版的数学教材创设的情境有时更有趣、更贴近学生的生活经验，有时我把美国版的数学情境借鉴过来，探索最佳的知识呈现方式。例如，在执教“探索——间隔的规律”这一课时，“苏教版”侧重于区分两大类四种情况的教学：在开放图形中，首尾都栽，棵数＝间隔数＋1；首尾都不栽，棵数＝间隔数－1；一端栽一端不栽，棵数＝间隔数；在封闭图形中，可以转化为一端栽一端不栽，棵数＝间隔数。我曾经在备课中花了很多心思，从学生的角度出发，注重数学模型的建立，几种情况分类清晰，但很多学生在练习过程中依旧搞不清楚是要加 1、减 1，还是不加不减。

第二次执教时，我借鉴美国版小学数学教材的相同内容创设以下情境：“草地上有 10 只兔子，每两只兔子之间有一只乌龟，一共有多少只乌龟？”放手让学生运用自己的方法进行探究，大部分同学运用画图或者列举的方法得到 9 只，具体方法如下：

“兔龟兔龟兔龟兔龟兔龟兔龟兔龟兔龟兔龟兔”

有的同学还运用画图分析数量关系，如下图：

……

“○□○□○□○□○□○□○□○□○□○”（○表示兔子，□表示乌龟）

同学们在对比这三种方法后，发现第三种用符号表示更简洁快捷。我立刻追问：“如果是 25 只兔子呢？”

“继续画……”

“○□○□○□○□○□○□○□○□○□○□○□○□○□○□○□○□○□○□○□○□○□○□○□○□○□○□○”

学生采用画图的方法也得到了正确答案。"如果是200只兔子呢？你还用画图的方法吗？"学生深思后，有的说画图就太麻烦了，但我们可以画一部分图，然后找找有没有规律。突然有一个学生脱口说出："有规律。我发现了一只兔子、一只乌龟，一只兔子、一只乌龟……最后是兔子，所以答案是199只。"随即全体学生采用圈一圈的方法，一只兔子和一只乌龟作为"一组或者一个单元"，我借鉴美国版小学数学教材的方法，将其定义为"pattern unit"。用下图表示：

又有一位学生补充道："从第一只兔子起，一只兔子对应着一只乌龟，但是最后一只兔子没有乌龟和它对应，所以兔子的只数比乌龟的只数多1。"

孩子们的表现太棒了。我紧接着改变了题目："还是200只兔子，如果开头是兔子，末尾是乌龟，一共有多少只乌龟呢？"

同学们立刻运用圈一圈的方法，探索乌龟和兔子数量之间的关系：

学生通过主动运用"一一对应"的数学思想，很快发现兔子和乌龟只数相等的规律。全课教学以学生的"找"为主线，通过画图等策略，渗透"一一对应"的思想来探索两个物体间的数量关系，一一对应的数学思想在潜移默化中培养了起来。

### （二）西为中用，追求最佳的拓展练习方式

课堂练习是学生巩固知识、形成技能的重要途径，是提高学生能力、发展学生智力的重要手段，可以及时有效地反馈学生学和教师教的实际情况。因此，不能对教材练习就题讲题，出现处理练习简单化、浅显化等现象。如何挖掘练习的合作探究作用呢？我结合"公因数和最大公因数"一课的练习设计，探寻在练习设计中追求最佳的拓展练习方式。

美国版教材中的"公因数和最大公因数"一节有这样一道练习题：小华收集了很多弹珠。他正在把所有的弹珠放入袋中，每袋只能放一种类型的弹珠，相同颜色的袋中放入相同数量的弹珠。

| 类型 | 玻璃 | 陶瓷 | 木质 |
| --- | --- | --- | --- |
| 数量/颗 | 32 | 16 | 20 |

（1）小华把玻璃和陶瓷弹珠放在许多绿色的袋中，他每个袋中最多能放多少颗？

（2）小华把陶瓷和木质弹珠放在许多红色的袋中，他每个袋中最多能放多少颗？

（3）小华把玻璃、陶瓷和木质弹珠放在许多紫色的袋中，他每个袋中最多能放多少颗？

我在练习设计中选用了美国版教材上的练习题，但做了一些改动。此题素材丰富，可以充分发挥题目的功能，求两个数或三个数的最大公因数。学生在小组合作探索中运用求两个数或三个数的最大公因数解决实际问题。

此外，我还参考了美国版教材向学生介绍了用"辗转相除法"求两个数的最大公因数，拓展了学生的数学视野。

我们教师要在理解教材的编写意图和班级学生的实际情况的基础上，合理引进国外课程的练习资源，充分发挥外来课程资源的优势，让"苏教版"教材的练习"活"起来，为我所用，促使教学质量得到更大程度的提高。

### （三）借鉴创新，探寻最佳的体验数学过程

小学生以具体形象思维为主，动手操作有利于激发学生的学习主动性和积极性，有利于培养学生的创新能力和思维能力，是掌握知识、形成技能和提升数学素养的重要方式。所以，在数学学习过程中，结合学生的动手操作，依靠动手操作、自主探索以及合作交流等学习方式，给予学生最佳的体验数学的过程，有利于他们积累基本的数学活动经验。

例如，我在教学苏教版小学数学三年级上册"认识几分之一"一课时，首先创设"郊游分食物"的情境，引出分数$\frac{1}{2}$，然后让学生动手折一折、涂一涂、画一画，来表示一张纸的$\frac{1}{2}$；接着，让学生借助美国版教材的配套拼装积木的学具，分别表示出$\frac{1}{3}$、$\frac{1}{4}$、$\frac{1}{5}$、$\frac{1}{6}$等分数；最后进行几分之一的分数大小比较。课堂上小组活动热烈，学生非常开心，尤其是在交流自己创造出来的分数时，纷纷踊跃发言，不仅仅汇报出"我创造的分数是……"，而且运用数学的语言说出为什么用这个分

数表示。本节课经过学生们的分析、思考、涂涂、画画、表达、交流，让他们积累了基本的数学活动经验。在学生小组操作的过程中，学生不仅仅需要活动行为操作的经验，更需要的是在操作中获得数学思考方法的经验。

教材资源的开发引进意义重大，它促使我们不断更新教学理念、创新教学方式。在我们的备课和教学等过程中，合理引进和利用外来教材资源，从学生的实际情况出发，对外来教材进行适当加工、改造、优化和重构、借鉴创新，做到创造性地“用教材”。

## 七、优化计算教学，提升数学素养

### （一）问题的提出

《基础教育课程改革纲要(试行)》在“课程改革的具体目标”中明确指出，要“关注学生的学习兴趣和经验，精选终身学习必备的基础知识和技能”。小学阶段主要学习整数、小数和分数四则计算及其混合运算，它为初中学习有理数的四则混合运算、代数式的计算打下基础，并起到至关重要的作用。我常常对学生说：“数学是其他学科的灵魂，计算是数学的灵魂。”这是因为，任何学科规律归结为公式后基本上都要运用四则混合运算来计算，例如，物理、化学的有关公式的计算，微积分的数值计算，等等。因此，在小学阶段学好四则混合运算，形成一定的计算能力，培养学生的计算素养，对学生是终身有益的。

但是，我们在调研中发现了计算教学值得深思的现象。以下是某校上学期一、二年级口算和中高年级笔算的分析数据汇总(一、二年级 30 题口算，三至六年级 25 题笔算)：

**某校上学期一、二年级口算能力测试统计表**

| 测试内容 | 20 以内加减法 | | | 表内乘法，运用口诀求商 |
|---|---|---|---|---|
| 班级 | 一(1)班 | 女子班 | 二(1)班 | 女子班 |
| 优秀率 | 55.88% | 57% | 90.32% | 96% |
| 合格率 | 94.12% | 100% | 100% | 100% |
| 人均正确题数 | 16.86 题 | 17 题 | 24 题 | 25 题 |

**某校上学期三至六年级笔算能力测试统计表**

| 测试内容 | 乘除法列竖式计算 | | 竖式、整数混合计算 | | 小数乘除法、四则 | | 分数计算 |
|---|---|---|---|---|---|---|---|
| 班级 | 三(1)班 | 女子班 | 四(1)班 | 女子班 | 五(1)班 | 女子班 | 六(1)班 |
| 优秀率 | 84.85% | 88.89% | 67.54% | 65.00% | 61.67% | 25.00% | 45.16% |
| 合格率 | 100% | 100% | 100% | 100% | 97.10% | 93.75% | 95.67% |
| 满分率 | 30.35% | 11.11% | 11.76% | 9.97% | 14.71% | 12.50% | 0 |

测试内容为与书本同等难度的练习,并选取了女子班和实验班(男女混合班)进行对照。经过分析初步发现:

(1) 在低年级阶段,无论从计算速度还是从优秀率、合格率来看,女生的计算能力略优于男生。而到了中高年级,女生的优秀率,尤其是高分率略低于男生,主要原因在于女生的四则混合运算分析能力、简便计算意识弱于男生。

(2) 教学过程中弱化了计算能力的要求,如计算方法、速度、简便计算的意识等。学生对计算的兴趣不浓,没有充分理解算理、算法,学生数学思维能力也没有得到应有的培养。

(3) 学生的计算能力比以前下降了。主要表现在练习不到位,计算正确率下降,口算速度减慢,等等。

## (二) 计算教学的误区

到底是什么原因导致了这样的结果?经过深入地调查研究,我发现了计算教学的几个误区,并研究了相关对策。

### 1. 计算教学过分依赖情境

主要表现在:有的教师片面认为,计算教学离不开情境,认为缺少了情境就不能激发学生的学习兴趣。因此,出现了为情境设置而设置,甚至有的情境显得牵强附会。学生往往先针对"从图中你知道了哪些信息?"等问题看图说话,削弱了数学课堂的数学味,如果老师不及时引导学生,等到其从情境引出算式,已经花去了10多分钟,影响了教学的进程。

### 2. 缺乏对口算的辅导

主要表现在:忽视口算的正确率以及口算的速度,教师和学生口算意识淡薄,课堂上很少安排时间进行口算训练,有的一年级学生连20以内的加减法也不熟练,有的二年级学生连乘法口诀都做不到脱口而出,整数的口算没有指导到位,势必影响到中高年级的小数、分数计算。

### （三）计算教学的对策

鉴于上述分析，我认为，必须重新审视小学数学计算教学，纠正一些矫枉过正的想法和做法，继承我国传统计算教学的精髓，在培养学生的计算兴趣的同时，提高其计算技能，发展数学思维能力。具体有以下三个方面的对策：

1. 理解算理、算法是计算教学的“根”

什么叫算理？什么叫算法？这是进行教学必须首先搞明白的问题。算理就是计算过程中的道理，解决“为什么这样算”的问题。算法就是计算的方法，解决“怎样算”的问题。下面我结合小数乘除法的教学实例，从以下三个方面来进行阐述。

(1) 经历过程，形成技能

教学中，教师可以在学生交流算法的过程中指导学生理解算理；也可以在学生总结算法的过程中指导学生根据“转化”策略来解决问题，进一步理解算理。如：教学西瓜每千克 0.8 元，夏天买 3 千克西瓜要多少钱？列式：0.8×3，教材就已经渗透了 0.8×3 就是求 3 个 0.8 是多少，也可以把 0.8 元转化成“角”作单位，也解决了这一问题，以上的算法都可以让学生自主探索。竖式的书写，则需要教师的指导。这是因为小数乘法的竖式书写和小数加减法不同，不是相同数位对齐，而是写成末位对齐。这一点，可以让学生结合自己的算法来理解，也可以结合把 0.8 元转化成 8 角来理解，还可以结合“先按照整数的乘法的计算方法算出积”帮助学生理解小数乘法竖式的书写。

再如，9.6÷3，教师要在教学了竖式计算之后，引导学生讨论：商的小数点为什么要和被除数的小数点对齐？使学生明确：因为是把 9 除以 3，得到 3 个 1，所以 3 应该写在个位上，再把 6 个十分之一除以 3 得到 2 个 0.1。18÷5，个位上商 3 还余 3，现在怎么办？用竖式计算 5.7÷7，个位不够商 1，怎么办？通过组织学生探索算法、算理，提出问题、分析并解决问题，最终让他们理解算理，掌握算法。

(2) 算理迁移，打好补丁

小数乘、除法的教学是建立在整数乘、除法计算的基础之上，在整数乘除法教学中，由于教材降低了难度，学生只学习了三位数乘两位数，没有进一步学习三位数乘三位数的乘法。教材这样处理是有它的理由的，遇到比较复杂的整数乘法可以借助计算器进行计算。但实际上，无论是小升初考试、中考等都是不允许带计算器进入考场的。而现实教学中却会出现小数乘法要转化成三位数乘三位数甚至更多位数的小数乘法，如：“用两根 62.8 厘米长的绳子分别围成一个正方形和一个圆，谁的面积大？大多少？（接头处忽略不计）”从解决问题的思路来分析，对于学生来说，这道题的思维难度不大，大多数同学错误的原因在于计算，即计算正方形的面积时用 15.7×15.7，这是因为很多同学没有掌握三位数乘三位数的乘法。我在教学三位数乘两位数时，就有机利用知识迁移规律，渗透了三位数乘三位数的乘法，在教学“圆的周长和面积”时，及时复习小数乘除法，有效解决在计算过程中的难点。

(3) 多种方法，理解算理

在计算教学过程中，应该让学生充分地理解算理，注重让学生真正理解算理，掌握具体的计算方法，形成计算技能。只有学生明确了算理和具体的算法，在生活中才能灵活、简便地进行运用。

① 多说思路

应让学生在计算过程中动脑想、动手练、动口说，多种感官互相配合，让其在说思路的过程中加深对算理算法的理解。如：在教学例题“妈妈用 7.98 元买了一些鸡蛋，每千克鸡蛋 4.2 元，求妈妈买了多少千克鸡蛋？”同学们列出算式 7.98 除以 4.2。我随即追问学生，你能把 7.98 除以 4.2 转化成我们学过的除数是整数的小数除法吗？学生们提出了很多设想，列举如下：

a. 把两个数都转化成用“角”作单位。最后转化成 79.8 除以 42。

b. 利用“商不变的规律”，先把除数的小数点向右移动一位，使它变成整数，然后把被除数的小数点也向右移动一位。最后转化成 79.8 除以 42。

c. 更有一些同学把被除数扩大 100 倍，除数扩大 10 倍，得到的商再缩小 10 倍……

针对学生提出这么多的设想，我组织同学展开讨论，最后得出第二种方法具有解决问题的普遍性。通过这样一个教学过程，让我们的学生明白：数学学习就是把自己不会的转化成自己会的，把复杂的问题变简单。

② 顺口溜法

现在计算教学课堂有一个怪圈：重视学生对算理、算法的感悟，而忽略了对计算法则的总结。课后我也和一些老师交流过，他们的想法着实让我感到惊讶。

“我的教学方法是建构式教学法，主张的就是让学生去感悟。”

“教材上并没有计算法则呀！”……

其实以上想法都比较片面，建构式数学是由部分学者从美国引进的，不过美国在经过试验后发现，建构式数学强调的高层次功能，并没有提升学生的数学能力。他们承认：当年美国第一批学习建构式数学教材的学生进入初中一年级后，数学测验成绩大幅滑落，不仅计算能力不足，逻辑推理能力更是下滑，引发许多的关注与讨论。苏教版教材没有像人教版那样总结出计算法则等，我想编者是给师生留下广阔的空间，让师生充分地挖掘教材，创造性地使用教材，根据学生的学情等去总结计算法则。

我在教学小数乘法时，师生共同总结出小数乘法的计算法则：“按整数乘法的法则算出积，再看因数中一共有几位小数，就从得数的右边起数出几位，点上小数点，得数的小数部分末尾有 0，要化简。”紧接着，我让学生找出法则的关键词，最后师生一起总结出下面的顺口溜：“小数乘法尾对齐，先看整数算出积，确定积的小数位，要看因数总数位。”

学生在练习时边计算边朗读顺口溜，有效提高了对算理、算法的理解。

③ 每日一练

练习是最好的老师。在班级里，我坚持每日一练，由数学课代表组织，每天五分钟，练习结束后，同桌互相批改，最后把计算结果做好记录，学生每天都能看到自己的进步。对于经典题型由老师当堂讲解。

2. 形成立体算法是计算教学的“本”

建立“立体式”算法、各种算法互补是小数乘除法教学之“本”。计算教学始终应该坚持估算在前、笔算在后、发展口算、多种方法验证的“立体式”模式。

如：3.6×2.8，先让学生估计结果比几大，比几小，并让其说说为什么。学生在说出它的结果比 6 大、比 12 小后，让学生明确估算的理由。然后，引导学生探索笔算的算理、算法。在学生笔算结束后，让其对照一下自己的估算是否准确，或者自己的笔算结果是否在估算值范围之内。最后引导学生用乘法交换律进行验算，养成验证的计算习惯。又如：探讨积和因数的关系时，让学生大胆猜测，当其中的一个因数小于 1，积和另一个因数的大小关系；当一个因数等于 1 呢？当一个因数大于 1 呢？再如：探讨被除数、除数和商的关系时，同样引导孩子去猜想：被除数小于除数、被除数等于除数以及被除数大于除数时，除数和 1 分别是什么关系。这样既发展了孩子的数感，又培养了学生的估算意识。

3. 发展数学思考是计算教学的“神”

“数学思考”是从数学的角度去思考问题，发现其中所存在的数学现象，并应用数学的思想和方法去解决数学问题。学生探索知识的思维过程总是从解决问题开始，又从解决问题中得到创新和发展。

在学习小数乘法的过程中，班级里的小蔡同学发现小数乘小数，积的变化规律非常丰富多彩：有时积比两个因数都大；有时积比两个因数都要小；有时积比其中一个因数大，比另一个因数小。那么，在小数乘小数中，积的变化规律是怎样的呢？小蔡通过下面的两组算式向我们展示了他的研究成果。

（1）一个数(0 除外)乘大于 1 的数，积比这个数大；

3.8×1.6=6.08　　　　5.9×1.01=5.959

一个数(0 除外)乘等于 1 的数，积等于这个数；

3.8×1=3.8　　　　5.9×1=5.9

一个数(0 除外)乘小于 1 的数，积比这个数小。

3.8×0.6=2.28　　　　5.9×0.01=0.059

（2）两个因数都大于 1，积比这两个因数都大；

4.6×1.2=5.52　　　　6.92×2.8=19.376

两个因数，一个大于 1，一个小于 1，积在这两个因数之间；

4.6×0.2=0.92　　　　6.92×0.8=5.536

两个因数都小于 1，积比这两个因数都小。

0.6×0.2=0.12　　　　0.92×0.8=0.736

小蔡为了理解和记住这些规律，在我的引导下还画出了下面一幅图，只要比较 a，b 这两个因数与 1 的大小就可以确定积的范围。如图：

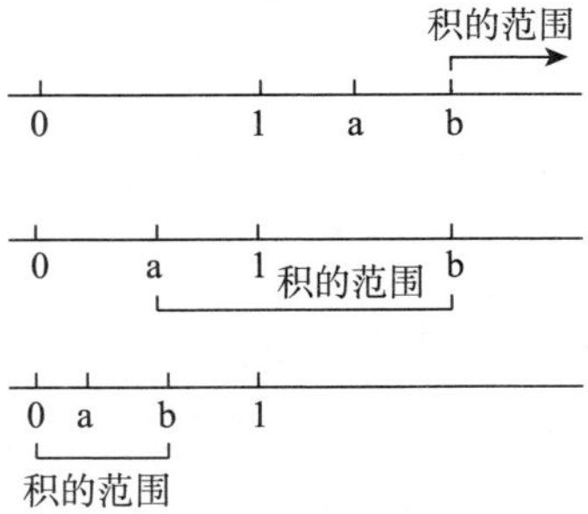


总之，走出计算教学的误区是一项长期的任务。只有熟练地理解算理、算法，注重培养学生的计算品质，建立“立体式”计算模式，发展学生的数学思考这四个方面统一起来，学生的计算能力才能更加扎实，计算教学才能富有实效性和长效性。

# 第四章　追寻中，自然生长与一课三磨

教师的成长不是一小步一小步渐进的，而可能是突变的。这种突变可以是一本书、一个人、一堂课，甚至可能是一次失败。总之，教师要努力丰富自己，只有这样，才能为自己的成长埋下更多智慧的种子。

2016年的“五四”青年节，清华附小的窦桂梅校长表示：现代学校教育需要更多的工匠精神，而且需要“匠气十足”的“教书匠”。每一位青年教师都希望自己成为“教育家”，但成为教育家更需要工匠精神，需要对数学、学生、课堂、学法和教法等多方面的思考；需要打磨课堂，对教学的预设；需要不断学习、不断思考、追求完美的理性精神。在我的教学成长中，我走过模仿、打磨、着魔三个历程，实践过“一课三磨”甚至是“一课多磨”。

“好课多磨”，大家值得拥有！

## 一、我的上课历程：模仿—打磨—着魔

模、磨和魔是我教学业务成长的三个过程。在参加工作的前几年，我以模仿他人，尤其是以教育大家为主；工作三年五载之后，我通常是在备课组、教研组和几个志同道合的朋友一起研究教学；现在和将来，我越发喜欢自己的职业，喜欢和孩子一起成长，对于数学学科、小学数学教学研究等我像着了魔一样，乐于过这种教书育人的生活。

### （一）模仿

要成为一名优秀的数学教师，必须不断地充实自己、完善自己，获得更多的课堂教学直接经验。这期间，我阅读了大量的课堂教学实录和教学经验选编，江苏省特级教师思想录等我也是读了又读。通过阅读，研究他们的教学艺术，探讨他们的教学思想，感悟他们的教学设计，体味他们的教学策略。在阅读和思考中，把理论运用到具体的教学实践中，我的教学能力有了突飞猛进的提高。

我常常思考："怎样创造学生喜欢的数学课堂？创造留有学习发展机会的课堂？"我在课堂中努力做到"三多三少"：多一点掌声鼓励，少一点训斥责备；多一点合作交流，少一点机械套用；多一点留白开放，少一点包办替代。2011年新课程标准实施以来，我探索学生"自学、提问、交流"的自学策略和教师"解惑、思辨、提升"的教学策略，努力构建"轻教重学，先学后教"的课堂，尝试进行学生自学的理论与实践的教学研究。

对我影响最大的一位老师是吴正宪老师，她主编的一套书我都认真阅读过，比如《听吴正宪老师评课》《听吴正宪老师上课》《儿童心中的数学世界》等。每当阅读这些书之后，我就及时做摘抄、写感想，一句句经典的教育理念好比一颗颗美丽的钻石，我通过做笔记的方法把许许多多的钻石串联起来，细细品读，形成一串串"钻石项链"。吴老师的教育理念可以概括为：走进学生心中，读懂学生需求，站在学生的角度看数学学习，按照学生的认知规律和心理需求来设计、组织教学。她认为，每一个儿童都是活生生的人，要努力地读懂儿童，真诚地和他们交朋友，友善地走进他们的心灵，努力把自己的生命和孩子们的生命融在一起，使他们迸发出情感与智慧的火花。吴老师的教育理念深深地滋养着我，因此我的一些教育主张，如注重知识的形成过程、让知识自然生长、以生为本、为学生的终身发展奠基、为素养而教等都是受到吴老师的启发而形成的。

通过阅读、观摩等学习形式，我模仿教育家的教学设计、课堂语言、师生互动、教学评价。《做一个优秀的小学数学教师》《我就是数学》《我这样教数学》《无痕教育》《黄爱华与智慧课堂》等都是我喜欢阅读的教学专著，在阅读中我了解了这些教育大家的成长历程，学习了他们的教学艺术，让我在刚刚踏进工作之初少走了很多弯路。

### （二）打磨

好课都是打磨出来的！

好的文章也是打磨出来的！

优秀教师更是通过不断打磨炼成的！

以上三点我深有体会。一节数学课，如果含有集体的智慧，这样的课一定有亮点。记得我有一次试上"认识几分之一"这一教学内容，在集体评课过程中，老师们一起帮我打磨这一节课，主要集中在三点：

首先，我们教师的语言需要规范。课的重点是借助具体情境初步认识几分之一的意义。整节课要注意训练学生的数学语言，即"把（　　）平均分成（　　）

份，这样的一份就是(　　)的(　　)分之一。”而我在课堂中一直说是“它的”，这里需要更具体一些，为后续“分数的意义”中有关“单位1”的教学奠定基础。这句话需要通过学生同桌说、小组说，借助具体的操作活动理解几分之一的意义。

其次，我们教师的教学需要严谨。教学过程中，我让同学们观察法国国旗，问他们能想到什么分数；请同学们观察黑板报，并想想科学天地大约占这块黑板报的几分之一。

教材这样处理的目的是为了培养学生的数感，借助具体情境让他们对现实生活中的分数有所感悟。老师们一致认为：分数是建立在“平均分”这一基础上产生的数，而法国国旗、黑板报版面的布局都不是平均分布的，而在第一课时出现不是“平均分”的情况，可能会对学生刚刚建立起来的认知产生干扰，且三年级的孩子理解“大约是(　　)的(　　)分之一”可能会有一些困难。

最后，老师们建议我多让学生讲，数学的出彩在于学生思维的精彩。好的课堂是课上着上着老师就不见了，呈现的是学生在数学学习过程中的探索、交流、思考、质疑等活动，这种对话模式让学生终身受用，这种对话方式有利于培养学生良好的数学能力素质——勇于发现和提出问题，善于分析和解决问题，促进学生思考能力的提高。

好的文章是打磨出来的！东北师范大学校长史宁中说：“会反思和会研究是一名教师能够持续发展、不断进步的动力源泉。”我们一线教师不仅要把握学科知识的产生过程、知识之间相互的联系以及整个知识体系的框架，从中去理解学科知识本身的思维形式和思维方法，更重要的是在教学中注重研究，在研究中不忘教学，理论联系实际。

在苏州外国语学校的十年间，我们有一个教学论文打磨小组。这个小组由几位有强烈自我发展需求的青年教师组成，我们给自己定的目标是使自己成为“会上课、会说课、会写教研文章”的“三会”教师。在打磨论文的过程中，组内的老师一旦写出新的教学论文，就发给打磨组成员，打磨组采用“朗读＋点评”的方式进行打磨，即由论文撰写人朗读自己的教学论文，其他组员听完之后发表自己的想法，一起出谋划策。在点评的过程中，完善论文的表达、结构、体现的教学观点，等等。全体组员今天你帮我，明天我帮你，大家一起鼓励着、进步着，享受做教师的幸福滋味。

### （三）着魔

俗话说：“兴趣是最好的老师。”荷兰数学家弗莱登塔尔说过：“数学教学要把冰冷的美丽变成火热的发现。”

在我的教学研究过程中，从研究老师的教到研究学生的学，再到研究数学文化、思想、数学素养等领域，这一切都让我乐此不疲，甚至达到痴迷的状态。

国学大师王国维先生的《人间词话》中的第一句便写道：“词以境界为最上。有境界则自成高格，自有名句。”诗词是这样，教学研究也是这样，着眼于学生的终身发展奠基更是这样，不仅需要有“境界”，更要有可持续发展的“高境界”。

科研工作也有“独上高楼，望尽天涯路”的无助与孤独。曾几何时，我们的课题研究与科研引领，都是那么的生硬清冷、孤傲冷峻，还不接地气。我最初认为：它就像是“阳春白雪”一般“曲高和寡”。身为一名基层教学研究者，时刻体验着教科研工作的点点滴滴，说是“衣带渐宽终不悔，为伊消得人憔悴”，多少有点自夸了；要说“教科虐我千百遍，我待科研如初恋”还是比较贴切的。遗憾的是，我对教学研究的创新还不够显著，但我一直努力在尝试“改变”。

一开始我将教学研究的重心定在“教师的教”，我追寻的理想课堂是教学目标明确有层次，教学过程严谨有创新，提问精细恰当切口小，多种教学媒体辅助教学，板书精练美观有条理，过渡语言精心设计，环节与环节的目标统整化，时间控制恰到好处，甚至希望达到下课铃一响我的课刚好就讲完了这种效果。为了达到这种效果，吃饭的路上、睡觉之前、备课之时我都在思考。有时候为了上好一节课，我常常把教学过程中的每一句话都写下来，每一个问题都记录下来，每一句过渡语都记录下来，甚至掐着秒表计算导入需要用几分钟、新授需要几分钟、练习花费多少时间；但遗憾的是，我的课堂好像在“赶场子”，学生的学和我的预设有时并不一致，我追寻的理想课堂一次也没有出现过。

《义务教育数学课程标准(2011 版)》指出：“有效的教学活动是学生学与教师教的统一，数学教学活动，特别是数学课堂教学应激发学生兴趣，调动学生积极性，引发学生的数学思考，鼓励学生的创造性思维。”基于对上面一段话的理解，我把研究中心放在“学生的学”，基于学生学的方式确定教师教的方式，逐步摸索出了“创设情境，引发思考；动手操作，活跃思维；学法指导，提升能力；演讲阅读，提升素养”的教学方式。

现在，我对提升学生素养、数学文化，培养学生的质疑精神、批判精神、创新精神和数学的理性精神的方法进行研究。日本数学家米山国藏说过：数学知识很快就忘记了，但数学的精神、数学的思维方法、研究方法、推理方法和看问题的着眼点等，却使人终身受益。

数学是人类文化的重要组成部分，数学素养是现代社会每一个公民应该具备的基本素养，人的发展需要文化的发展。数学教学既是为了人的发展，又传承着它本身的文化。在小学数学教学中，数学有促进人和文化的双重构建的基本使命。

《义务教育数学课程标准(2011 版)》由传统的“双基”发展为“四基”。传统应试教育的唯一目标是试卷中的数学，强调的是解题技巧和方法，学生眼里只有冰冷的符号和枯燥的数学语言。长此以往，学生逐渐丧失对数学的兴趣，缺乏运用数学的思维方式进行思考。这样的数学，容易使人形成错误的数学观，形成刻板的数学思维方式，产生对数学的厌恶情绪。

在小学数学教学中，我发现大多数数学教师很少涉及有关数学文化价值方面的数学活动。即使少数数学教师意识到了让学生了解数学文化价值的重要性，但由于缺乏相关的资料、经验和方法，只能停留在介绍书本“你知道吗?”这一层面上。苏教版小学数学教材注重选取与学生生活密切联系的素材作为学生的学习内容，以静态的数学知识呈现在学生面前，而关于这些内容的其他背景性材料，需要通过数学文化活动的形式动态地呈现出来。这里的数学文化活动，指的是围绕某一主题、由学生参与、为积累数学活动经验、感悟作为数学思想的文化的教学活动。

张奠宙先生指出:“数学文化必须走进课堂。”这里的数学文化，指的是数学与人类其他知识领域之间的联系。早在 20 世纪 50 年代，美国著名数学家和数学教育家克莱因就将“数学文化”作为数学课程的四原则之一:“知识是一个整体，数学作为这个整体的一部分。我们必须将数学与历史、科学、哲学、社会科学、艺术、音乐、文学、逻辑学以及与所讲主题相关的别的学科联系起来。我们必须尽可能地组织材料，使数学的发展与我们的文明和文化的发展联系起来。”当前大部分数学教学，依旧与数学文化的原则背道而驰，过分关注数学知识的积累、数学技巧的训练，数学拥有的文化气质和气度逐渐丧失，这是数学教育的悲哀。

数学文化活动的教育价值在数学课堂已经广为人知，数学文化融入小学课堂教学已经成为数学教育研究中的热门话题。近年来，各种期刊也刊发过有关数学文化渗透小学课堂的文章，在数学文化与数学教育关系的研究中，讨论重要性的较多，而对数学文化活动“如何组织”的探究却很少，数学作为文化的价值在小学数学课堂中并没有得到很好的体现。基于以上对数学文化的重要性、必要性的认识，我再次踏上研究的征程。从之前研究教师的教到研究学生的学，到现在研究数学文化、数学思想方法、数学的理性精神，都让我乐在“研究”中，其中一个重要的原因是数学学科的魔力吸引着我。

就我个人而言，我还存在着许多不足：思考得多但付诸笔端的较少；知识理论积淀不够——一句话，读书还少。教科研的总体目标是两手都要硬：一是教学质量在业内过硬；二是学生综合能力过硬，培养具有国际视野的世界公民——简单地说，就是学生要学得好、学得轻松、可持续发展能力强，而这正是教科研极具魅力之所在。想要在教学上做科学的减法，在发展能力上做有益的加法，体现真正的大智慧是很不容易的。因此，作为从事教科研一线的草根，我们必须扎实有效地推进学科教研活动，统一思想认识，争取最大限度地提高课堂教学效益。

## 二、发展数学思维，凸显数学本质——“用数对确定位置”的三次磨课历程

有一学期，我以“用数对确定位置”作为教研课题，和学校的同事们一起设计并打磨这节课。

“用数对确定位置”是苏教版四年级下册的教学内容，这部分内容主要教学数对的初步认识以及用数对确定位置。学生在一年级已经学习了用直线上的点描述数的顺序和大小关系，用“前、后、左、右、上、下”来确定物体的位置，会用类似“第几”“第几排第几个”等方式描述物体在水平方向的位置，初步获得了用自然数表示位置的经验。本课主要对这种经验加以提升，引导学生联系日常生活经验，用抽象的数对来表示位置，进一步发展空间观念，提高抽象思维能力。数对能帮助学生初步建立二维空间的表象，架起数与形之间的桥梁，初步渗透数形结合及坐标思想，这也是学生今后学习平面直角坐标系的重要基础。学生经历由“用自己的方法确定位置”到“用列和行的方法确定位置”，最后到“用数对确定物体的位置”，体会数学符号的简洁性，从学到用，体会“一一对应”的数学思想。

备课之前，我经常思考以下几个问题：从学生的感性经验上升到抽象的数对来表示位置，怎样引发学生的学习需求？如何发展学生的抽象思维能力？如何增强空间观念，初步形成数形结合的思想方法，同时也为学生第三学段学习平面直角坐标系做一些铺垫和准备？如何将确定直线上点的位置、面上点的位置以及空间中点的位置形成一个完善的认知系统？基于对以上几个问题深入的思考，通过磨课经历了三次演绎教学探究之路，即呈现方式由单线到多维、教学目标由单一到多元、学习方式由封闭到开放的蜕变，最终形成“借助情境建立数学模型、数形结合渗透数学思想、教材整合提升空间观念”这一发展数学思维，凸显数学本质的教学设计。

### （一）缘起：课堂不应是老师牵着学生走

教学“用数对确定位置”，我最初认为对于数学规则应以讲授为主，辅以学生探索发现、交流获得统一的确定位置的方法。整堂课我创设了“孙悟空在哪儿”单线条的教学设计。

课堂简明过程如下：

一、用自己的方法确定位置

1. 谈话：唐僧师徒四人分别排成一横排、一竖排的合影照片，你能说出孙悟空的位置吗？

2. 交流：学生用自己的方式确定孙悟空的位置。

3. 设疑：为什么同一个位置，说法却不一样呢？引发学生对已有的确定位置的方法进行质疑。

4. 揭题。

二、用列与行的方法确定位置

1. 认识列和行的概念。

2. 用列和行确定位置。

启发：用点 $A$ 表示孙悟空的位置，你能用第几列第几行确定吗？让学生尝试用第几列第几行进行描述。

运用：这儿还有两个表示猪八戒和沙和尚的点 $B$、$C$，也能用第几列第几行说出它们的位置吗？

三、用数对的方法确定位置

1. 创造数对。

谈话：像第 4 列第 2 行，能否写得再简明些呢？外国人不认识汉字，你能创造出地球人都明白的方法吗？

比较：这些方法中有哪些相同的地方？

交流、讲授并运用所学习的新知识。

2. 比较方法，比较辨析。

交流：你们喜欢哪一种方法，为什么？

汇报：再来比较一下这两种记录方法 4，3 和(4，3)，有什么相同的地方？

交流：这个数对和同学们刚才写的有什么不同？加上一个括号，有什么好处？

启发：没有括号只是单独的两个数，加了括号就成了一个整体，组成了一个数对。

追问：数对中的两个数各表示什么呢？

3. 巩固数对。

四、数对的应用

1. 教室中的数对。

2. 夸一夸。

谈话：孙悟空看到你们如此积极地参与课堂学习，忍不住想夸一夸你们。

他想夸的同学的位置分别在(○，4)，(5，△)，(○，△)。他们可能是谁？

3. 生活中利用到数对的地方。

4. 学校信箱中的数对。

5. 密信中的数对。

五、总结和介绍数对的文化史(略)

课后和同事们分析、整理和反思，觉得整节课上下来主要有以下几个突出问题：

1. 课堂缺点钙

教师对于数学知识点讲解清晰到位，但学生对用数对确定位置的价值没有深刻的认识，学生不理解为什么要学习数对，学习数对的好处在哪里？

2. 情境有点假

无论是孙悟空师徒四人去西天取经路上的合影照片，还是孙悟空和孩子们上课的座位图，都有虚拟的因素，为什么不用现成的教室平面座位图，孩子们天天熟悉的场景，而要舍"近"取"远"呢？

3. 探索有点浮

通过课后访谈了解到：学生探索用数对确定位置这一片段有些浮于表面，有的同学认为只要少些几个字就是"简洁明了"，外国人不认识汉字，那我们就去掉汉字，留下数，就变成"地球人都看得懂的方法了"，没有架构起代数和图形两者之间的内在联系，淡化了学生的抽象能力。

### (二) 求索：除了知识我们还能给孩子什么

在第一次探索之后，我做了一个大胆的教学尝试：给三年级的同学上"用数对确定位置"，教学实施后发现学生也能够正确建立数对这一模型，初步理解数对表示的意义。于是我做了如下思考：

1. 教学过程中，我们除了给予学生数学知识和基本技能，还能给予孩子什么？

日本数学教育家米山国藏在他的著作《数学的精神、思想和方法》一书中说道：在学校学的数学知识，毕业后若没什么机会去用，一两年后，很快就忘掉了。然而，不管他们从事什么工作，唯有深深铭刻在心中的数学的精神、数学的思维方法、研究方法、推理方法和看问题的着眼点等，随时随地发生作用，使他们终身受益。学生获得数学知识的同时，能否获得数学的理性精神、数学的思想方法以及数学的思维方法？

2. 在教学过程中，我们应该渗透哪些数学思想？

课余时间，我查阅了大量的数学史料，当看到笛卡尔在发明数对的过程中对数学探索的理性精神，利用数对把数学和图形完美地结合起来，我深受启发。于是，在第二轮备课中，我们将“体会数形结合、一一对应的数学思想”作为教学目标之一。

通过以上两点思考，我在设计中突出了以下两个环节：在冲突中建立数对以及在感悟中建构数学和图形的联系，学生在探究的过程中感悟数形结合、一一对应的思想。

教学过程如下：

一、用自己的方法确定位置

谈话：这是四年级某班一横排的座位图，小军坐在哪里？

交流：我们可以用“左”或者“右”确定物体的位置。教师板书：左和右。

谈话：如果现在换成了一竖排，小军坐在哪里？

交流：我们也可以用“前”或者“后”确定物体的位置。教师板书：前和后。

谈话：这是小军班级的座位图，你知道小军坐在哪里？

设疑并揭题(同前)。

二、用列与行的方法确定位置

三、用数对的方法确定位置

1. 认识数对。

谈话:第几列第几行,让我们确定位置有了统一的标准。以小军的位置为例,你能不能用简洁的方法来确定小军的位置?

尝试:学生思考、讨论、汇报交流。

汇报:去掉中文,保留阿拉伯数字,中间都用逗号隔开。

交流:为了表示第几列和第几行是一个整体,我们用一个括号括起来。

像这样用两个数表示位置,这样的一对数我们称为“数对”(板书:用数对)。

讨论:通常我们先写列,再写行,老师有一个特别棒的方法,让你一看就明白,把“列”字的一“竖”和“行”字的“二”用红粉笔加粗。

交流:你发现了什么?

汇报:列字里面有一个“1”,行字里面有一个“二”。“1”很像一竖,表示第一个数表示第几列,“二”只有横画,表示第二个数表示第几行。

2. 体验价值。

谈话:用数对确定位置的方法,有什么好处呀?

汇报:简洁明了,便于交流。

四、数对的应用

1. 教室中的数对。

谈话:你能用数对表示你在教室里的位置吗?

交流:数对中的两个数都一样,你发现了什么?

汇报:这些同学在同一条斜线上。

表示第一列同学位置的数对有什么特点?你发现了什么?为什么?

表示第一行同学位置的数对有什么特点?你又发现了什么?为什么?

小结:我们不仅找到了自己的位置,而且还发现了数对和图形之间的特点,有了数对,我们就能更好地去研究图形了,数和形结合起来,让我们发现了更多的奥秘。

2. 介绍数对的发明。

谈话:数对给我们的生活带来了方便,但数对的发明却是一件非常偶然的事情。(课件播放)

欣赏:笛卡尔写给瑞典公主克里斯汀的心形线密信。

3. 猜一猜，小动物的家在哪里？

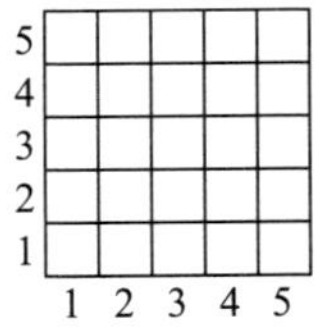


如果小狗的家用数对(2,3)表示，你能找到它的家吗？

小狗(2,3)，小鸡(3,5)

五、全课小结，分享收获(略)

第二次上课之后，我们再一次对这一节课进行打磨，学生在自主探索“数对”的过程中，数学思维的灵活性、敏捷性和批判性得到了训练，在汇报交流中通过对比、分析、反思，逐步掌握了用数对确定位置的方法。学生在学习的过程中感悟了数学文化的魅力，把数学知识和图形联系起来，渗透了数形结合、一一对应的数学思想。课后，我再次进行了深入思考：“学生在学习确定位置后，知识是否系统化、板块化？”“在过程中展示一个完整的确定位置的体系，发展空间观念的最佳途径又在哪里？”

（三）蜕变：指向核心素养，凸显数学本质

有了前两次的教学思考，我对这一教学内容有了更加清晰的认识。第三次教学设计我把教学目标指向数学核心素养的培养。《义务教育数学课程标准(2011版)》提出了数感、符号意识、空间观念、几何直观、数据分析观念、运算能力、推理能力、模型思想、应用意识和创新意识等十个关键词，那这节课要指向哪些数学素养？如何使确定位置这一教学内容在学生的认知结构中建立一个完整的体系，即形成一个“经历确定点的位置—确定线上物体的位置—确定面上物体的位置—延伸到在空间内确定物体的位置”？带着对以上两个问题的思考，第三次课我以培养学生的符号意识、模型思想、发展学生的空间观念、感悟“数形结合、一一对应”的数学思想为目标，借助生活经验，以激发认知冲突，构建了系统化的教学设计。

教学过程简要记录如下：

一、利用课题引出问题

出示：确定位置。

谈话：看到这个课题你想提出什么问题？

汇报：确定位置是什么？怎样确定位置？确定位置有什么用？

启发：同学们提出的问题归纳起来好像有这样几种：确定谁的位置？怎样确定位置？为什么要确定位置？这节课我们一起来思考，来找出这些问题的答案。

二、利用情境引出列和行

谈话：确定某个同学的位置我们习惯用第几组第几个，电影票上有第几排第几座，说法不一样，其实意义是一样的。为了方便，我们一般把竖排叫做“列”，横排叫做“行”，请看微视频。

电脑讲解列和行的概念。（微视频）

三、用列和行确定位置（略）

四、用数对确定位置

1. 认识数对（同前）。

2. 数对的运用（同前）。

3. 出示图片：猜一猜，小动物的家在哪里（同前）？

4. 如果学校所在的位置用数对(3,4)表示，你能想办法用数对表示其他的位置吗？

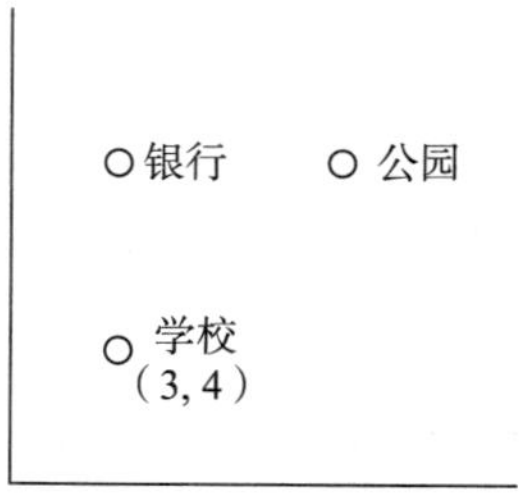


五、全课小结

小结后引导：如果一个物体在长方体的房间里，我们又该怎样确定它的位置？

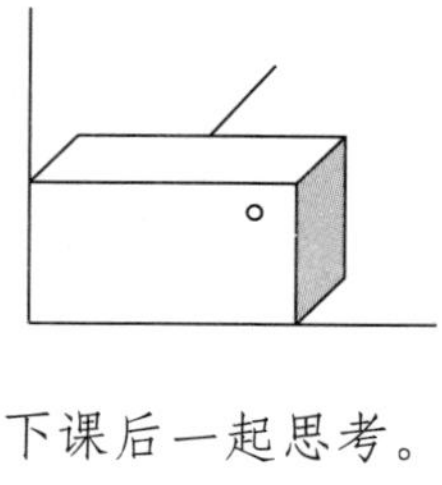

引导：带着这个问题，我们下课后一起思考。

经过这一轮磨课,我对“用数对确定位置”这一教学内容有了更深刻的理解。我深深地感到在教学过程中要多反思自己的课堂,在学情分析的过程中要关注学生的知识起点在哪里以及我将引导学生到哪里去;只有多从学生的角度去把握教材,才能为学生的数学素养的提升不断奠定基础;在进行教材处理的时候,作为教师既要关注数学的基础知识和基本技能,又要关注教材的上位知识,即我们在数学课堂中渗透数学思想和方法,把提升学生的数学核心素养作为我们的教学目标。

## 三、有效整合教材,增强策略意识

今年上半年,我参加了高新区青年教师优质课比赛,和学校的同事们一起设计并打磨了“解决问题的策略(画图)”这节课。在选择这一教学内容时,我已经现场听过全国著名特级教师徐斌老师的课,也多次观摩了他的教学视频,把徐老师的每一句话都做了详细的笔记。徐老师扎实大气、细腻自然的经典演绎给了我很大的启发,于是乎,我想对“解决问题的策略(画图)”进行深入的研究,经三次执教终有所悟。

用画图的策略整理题目中的条件和问题是解决问题一种常用的策略——借助几何直观分析数量关系,达成问题解决的目的,做到形象思维和抽象思维的有机整合。怎样激发学生的策略需求?如何让学生经历策略的形成过程?如何让学生体验策略的价值以及提升策略的意识?这几个问题我没有深入地思考,而课本的 4 道练习题,内容形式灵活多样、教学难度层层深入,所以,教学设计免不了要反复改、改反复;而这也让我经历了模仿大师—定位缺失—教材整合的教学探究之路。

### (一) 模仿大师——千万次地问

“千万里我追寻着你……在梦里你是我的唯一!”因为对徐斌老师“解决问题的策略(画图)”一课留有深深的印象,所以我最初的教学设计受到了其全方位的影响,总认为大师的设计尽善尽美,于是,我决定全盘照搬徐特的设计,演绎一堂有自身亮点的精彩课堂。

简录课堂过程之一:

一、唤醒经验,孕伏策略

1. 回顾:长方形面积的计算方法及其运用。

生：试着画长方形，并写出名称及其面积计算公式。

2. 初探：决定长方形面积大小的因素。

师：如果要使长方形的面积增加，可以有哪些办法？

生：讨论并进行比划和想象，汇报讨论结果。

片断感悟：复习了长方形的面积公式，已知面积和宽（或长），求长（或宽）的两道计算练习，比划了把一个长方形的面积增加的方法，不知不觉5分钟过去了，依旧没有揭示课题，可以说，课一开始就有一些思绪混乱，给自信的我泼了一盆冷水。

二、激发需要，感受策略

1. 出示例题。生自主阅读例题，理解题意。

2. 画图分析。

师：这道题能直接求出原来花圃的面积吗？光看文字叙述，你感觉怎么样？

生：……

师：是啊！画图就是解决问题的一种策略。

3. 列式解答。师指名学生板书。

4. 回顾反思。

三、灵活运用，体验策略

1. 变换情境，灵活画图。

(1) 出示"试一试"。

师：这道题目中，长方形鱼池的面积为什么会减少？你能在图上画出宽减少的情况和面积减少后的部分吗？

生：独立画图思考，列式解答。然后，师展示学生画图的过程。

师：展示学生列式解答和思考的过程。

(2) 出示"想想做做"第1题。

师：长和宽都没有告诉我们，怎么办呢？

生：画图、讨论、合作、交流。

2. 系统比较，发展思维。

师：这两道题与例题在画图时有什么不同？

生：……

片断感悟：课上到这里，我巡视了全体同学的画图情况，只有一两位同学画对了示意图。这时离下课还有四、五分钟了，而剩下的教学内容至少需要10分钟才能完成，此时，我只觉得头皮发麻、汗流浃背……

3. 拓展练习，综合应用。

出示“想想做做”第2题。

出示题目时逐步分解进行：

(1) 长增加8米，面积增加多少平方米?

(2) 宽增加8米，面积增加多少平方米?

(3) 长和宽各增加8米，变成新的长方形。面积增加多少平方米?

变式练习题：长和宽各减少8米，操场的面积减少多少平方米?

四、总结评价，提升策略

片断感悟：最后的拓展练习只是匆匆结束，题目没有讲透，还拖堂了7分钟。课后和同事们分析、整理和反思，觉得整节课上下来主要有以下几个突出问题：1. 复习过细、过长。2. 课堂思路混乱，什么都想兼顾，最后什么都没有兼顾。3. 没有考虑到班级学生的实际情况，没有充分备学生。4. 教师的过渡性语言缺失，环节之间的小结、过渡性组织不连贯。可以说，我生搬硬套徐特的课堂以失败收场，拿来主义要不得!

### (二) 定位缺失——雾里看花

“借我、借我一双慧眼吧，让我把这‘策略’看得清清楚楚明明白白真真切切。”和同事一起分析了问题所在，把自己的上课视频又看了一遍，遗憾的是，第一次试教失败没有让我真正明白问题的根源所在，我认为出现问题的主要原因是对教案不熟悉，教学语言琐碎、环节松散导致时间紧张。因此，我在第二次执教时对徐特教案的绝大部分内容实行主体模仿，只把一些环节做了一下删除，同时做到教学语言简洁，把主要精力放在本课4道例题的讲解上。

简录教学过程之二：

一、唤醒经验，孕伏策略

1. 回顾：长方形的面积相关计算公式。

2. 揭题。

片断感悟：删减了繁琐的复习过程，导入简介，过渡自然，既唤醒了学生对原有知识经验的回忆，又对本课的新知合理铺垫。

二、激发需要，感受策略

1. 教学例题。

(1) 出示例题、自主读题。

(2) 教学画图，经历画图过程。

生：独立尝试画图，师指名学生在黑板上画图。

(3) 请学生完善示意图。

(4) 学生自主列式解答。

师：指名板书，结合算式交流解题思路。

(5) 回顾反思，提升策略的意识。

2. 小试牛刀，教学“试一试”。

方法过程同上。

三、灵活运用，体验策略

完成“想想做做”第 1 题。

(1) 指名读题。

师：长和宽都没有告诉我们，怎么办呢？

(2) 画图、讨论、合作、交流。

师：根据画图，你有什么发现？

出示“想想做做”第 2 题。（教学设计同前，略）

片断感悟：课上到这一环节，我发现这节课我有完成本课教学任务，重点放在讲授完 4 道典型例题上，按照现在的教学设计，学生只停留在解题技巧的知识层面上，而体验策略价值、提升策略意识这一教学目标却没有达成。

四、总结评价，提升策略（略）

片断感悟：再一次地模仿徐特之后，整体感觉比第一次有了明显的进步，各个环节衔接紧凑，但出现了部分教学目标定位缺失。于是，和同事们重新研读了教材和徐特的教学设计，思考如何从中找出教学设计的精髓所在。

### （三）教材整合——敢问路在何方

“几番番春秋冬夏，你尝尝酸甜苦辣，敢问路在何方？路在脚下。”两次执教过后，我领悟到徐特的教学设计是按照“形成策略的内在需求—经历策略的形成过程—体验策略的独特价值—提升学生的策略意识”这一主线展开教学的。他的教学设计主旨明确，这让我重新认识大师的课堂有了更加清晰的方向。这种认识支撑我重新对教材内容进行整合与分工，在此基础上，我形成了一条更加清晰的教学设计思路。那就是：从复习入手，激发学生画图策略的内在需求——示范画图，经历策略的形成过程——放手尝试，体验策略的独特价值——策略融合，提升学生的策略意识。

简录教学过程之三：

一、复习引入、温故知新

1. 回顾。

师：长方形的面积计算公式是什么？

师：知道长方形的面积和长，怎样求宽？

生：长方形的面积÷长=宽。

师：要求长，需要知道什么？

生：长方形的面积和宽。

2. 揭题。

二、自主尝试，体验策略

1. 教学例题。

(1) 出示例题、自主读题，激发画示意图的需求。

师：读了一遍后，觉得已经理解了题意的同学举举手。

师：我们可以用什么方法帮助我们更清楚地整理题中的条件和问题？

生：画图。

(2) 教学画图，经历画图策略的形成过程。

师：重点示范画图的过程。

(3) 请学生自己在本子上完善图，完善之后让学生在头脑中画一遍图。

(4) 学生自主列式解答。

片断感悟：教师示范画示意图，教授画图的方法，读一句画一句，和学生一起经历画图的过程，教会学生画图的方法，"授之以鱼不如授之以渔"。

2. 小试牛刀，教学"试一试"。

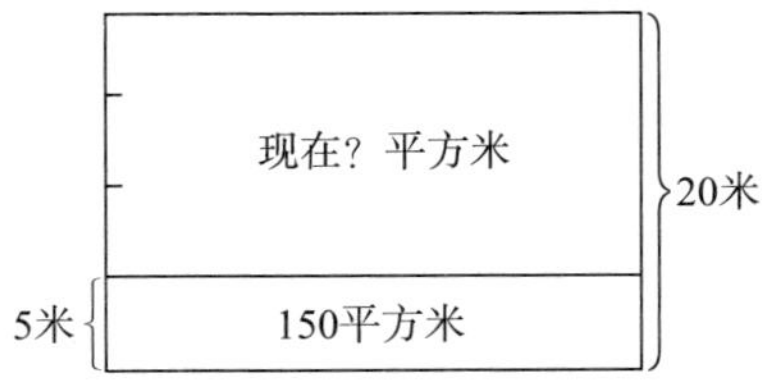


引导学生先画一个长方形，标出宽；继续读题，读到"鱼池的宽减少了5米"，启发学生怎么画，让学生尝试画出直观示意图，标出减少的部分，最后标出所求的问题，多数学生经历了画、改、再画、再改，最后得到上图。

解答时，有的学生列式为：150÷5=30(米)，30×(20-5)=450(平方米)。还有的学生根据所画的图，直接列式计算：150×3=450(平方米)。对这样的解答方法，很多学生不理解，但借助直观图，发现现在面积是减少面积的3倍。这种巧妙的解答方法，正是直观图给学生提供了直观的刺激，体现了未经充分逻辑推理而对事物本质的一种直接洞察，使其直接把握对象的全貌和对本质的认识。

片断感悟：对于第二种解法，正是学生借助直观图提供的帮助，再一次让学生体验到画图策略的优越性。

三、步步为营，体验策略

完全放手，完成“想想做做”第1题。

全体同学经历画图、改图、交流图几个过程。

四、活用策略、提升意识

引导学生运用自己喜欢的策略，可以画图或者列表整理的策略。

师：我们在解决什么问题的情况下要用到画图的策略？

生：……

片断感悟：本课层层推进、螺旋上升，每题做好目标达成与分工，从示范画、指导画、放手画、灵活画等四个方面，最终达成了体验画图策略的价值，提升学生的策略意识的目标。整节课下来，同事们认为教学思路清晰，课堂节奏把握得当，师生互动配合默契，学生数学素养得到提升，与之前两次试教相比有了质的提升。

经历三次“解决问题的策略（画图）”的探究过程，我对研读教材和借鉴名师教学设计也有了自己的体会：在借鉴名师教学设计之前，一定要深入地解读教材的教学目标，研究学生的知识起点，探寻适合学生的指导方法。只有在深入研究教材的基础上，借鉴大师的教学设计，才能创新出富有特色的教学预案。在这次研究过程中，正是同事们的帮助让我及时发现了现实中存在的问题，并针对问题及时调整，最终上出了有自己特色的精彩课堂。

要多反思自己的课堂：1. 重视在教学前的反思。反思学生的知识起点在哪里，教学过程中会出现哪些特殊的想法。只有多从学生的角度去备教材，才能为学生的数学素养的提升不断奠定基础。2. 要重视在教学中的反思。教学过程中不能跟着预定的教学设计进行，应以学生的发展为首要目标，尊重学生的各种思维方法，在教学中合理处理好课堂预设和生成的关系。3. 重视在教学后的反思。及时反思课堂的成功与不足之处，悉心听取他人的建议，不断完善自身的教学设计，最终形成更为合理的教学方案。

## 四、基于模型思想，提升数学素养——以“常见的数量关系”为例

模型思想是数学三大基本思想之一，我以“常见的数量关系”为例，阐述建立

数学模型思想的三个过程，并通过从四个方面进行的基于模型思想指导下的教学尝试，让学生经历“问题情境—建立模型—求解验证”的学习过程，提高学生发现、分析、提出和解决问题的能力，渗透数学模型思想，积累数学活动经验，提升学生的数学核心素养。

《义务教育数学课程标准(2011 版)》提出：“模型思想的建立是学生体会和理解数学与外部世界联系的基本途径。建立和求解模型的过程包括：从现实生活或具体环境中抽象出数学问题，用数学符号建立方程、不等式、函数等表示数学问题中的数量关系和变化规律，求出结果并讨论结果的意义。这些内容的学习有助于学生初步形成模型思想，提高学习数学的兴趣和应用意识。”笔者认为：在小学阶段，模型思想体现在从现实生活或具体情境中抽象出数量关系和变化规律，进行问题解决的过程。基于模型思想的指导，我以苏教版小学数学四年级下册“常见的数量关系”为例，谈谈我在教学过程中培养学生模型思想的四点尝试。

常见数量关系是人们对客观世界中复杂的数量关系的概况和总结，具有高度的抽象性、严密的逻辑性和广泛的应用性。学生在以往的学习中积累了丰富的数量关系的基础上，学习“常见的数量关系”这一知识，既是培养学生分析问题和解决问题能力、提高数学思维水平的需要，又是学生进一步学习和生活的需要。

### (一) 循序渐进，感悟数学模型

在认识常见的数量关系时，教材一方面通过具体的问题，引导学生全方位地理解“单价、数量、总价”“速度、时间、路程”这两组数量之间的关系，掌握根据每组中任意两个数量求第三个数量的方法；另一方面，通过题组对比练习，引导学生初步体会“工作效率、工作时间、工作总量”三者之间的关系，进而掌握日常生活和生产中最常见的数量关系。

学生感悟模型思想需要经历一个长期的过程。小学数学建模必须结合学生的实际水平分层次逐步推进，既要考虑数学知识的“序”，又要考虑学生认知的“序”，教学过程中要让学生循序渐进，逐步提高学生的数学思考力和学习兴趣。

#### 1. 正确把握学生认知的“序”

著名儿童心理学家朱智贤认为：“小学生的思维由具体形象思维逐步向抽象逻辑思维过渡。”在实际教学过程中，从学生熟悉的日常生活中的购物情境出发，因为学生对“单价、数量和总价”比较熟悉，所以在教学中以学生自主学习为主。而在教学“速度、时间和路程”这一组数量关系时，学生理解“速度”的难度很大，所以在教学过程中，先引导学生认识“速度”以及体验“速度”，再探索“速度、时间和路程”三者之间的关系。从简单到复杂，从具体到抽象，由扶到放再到收，符合学生的认知顺序。

2. 合理安排数学知识的“序”

除了考虑学生数学学习认知的“序”，我们还必须考虑数学知识的“序”。教材是先出示例 2 的购物情境图，引导学生说说图中已知的每种商品的单价和数量，同时用复合单位的形式表示单价；接着呈现表示购买文具单价、数量和总价情况的表格，要求学生先填表再求出总价，并思考“总价和单价、数量之间有什么关系”。在此基础上，引导学生由得到的数量关系式进一步思考：根据总价和数量，如何求单价？根据总价和单价，如何求数量？

例 3 的编排和例 2 完全相同。在教学中，我在遵循教材的编排内容的基础上，增加了回顾以前解决过的实际购物问题、发票中的数学问题，借助生活经验并体会速度，用线段图表示多个数量关系抽象出“每份数、份数和总数”这一“乘法模型”。构建“乘法模型”的过程中，教师让学生循序渐进，教师把模型的构建过程展示给学生，在过程中让学生体会数学模型的作用和价值。

### （二）经历活动，培养模型思想

“问题情境—建立模型—求解验证”的数学活动过程体现了《义务教育数学课程标准(2011 版)》中对数学模型思想的基本要求，学生在活动过程中理解和掌握有关知识与技能，积累数学活动经验，感悟模型思想的本质，提高学生发现、提出、分析和解决问题的能力，培养学生的应用意识和创新意识。

教学过程简录如下：

课件先出示例 2 情境图(如下图)，启发学生：“从图中你知道了哪些条件？”

生：钢笔每支 12 元，练习本每本 3 元。

教学用复合单位表示单价并出示购买商品的数量，引出“你能提出一步计算的数学问题吗?”

生1:钢笔一共用去多少钱?

生2:笔记本一共用去多少钱?

学生提出问题并解决问题,教师引导学生说出自己的想法后随机探讨单价、数量和总价之间的关系。探讨后引导学生回顾二年级书本上的练习题(如下图)。

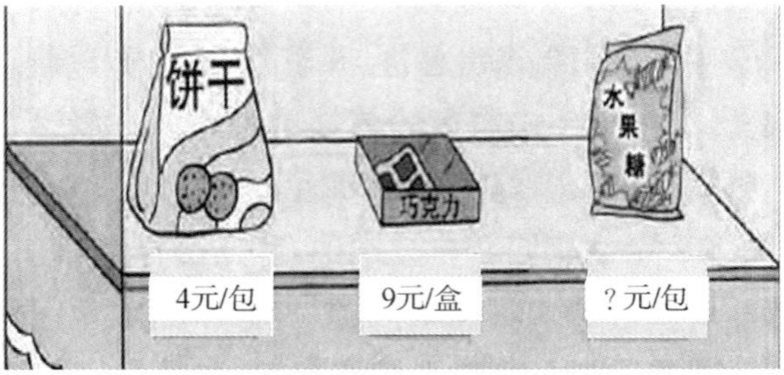


思考以下三个问题:

(1) 张阿姨要买9包饼干,一共要用多少元? 要求什么,你是怎样想的?

(2) 赵阿姨用18元买了3包水果糖,每包水果糖多少元?

(3) 李阿姨用27元,可以买多少盒巧克力? 这又要求什么,你是怎样想的?

全班探讨“单价、数量和总价”三者之间的数量关系。抽象出数量关系之后初步应用:解决发票中的数学问题(如下表)。

下面是张叔叔的购物发票:

**大润发购物中心发票**

**客户名称:张××** **开票日期:2015年12月7日**

| 商品名称 | 单价 | 数量 | 总价 |
|---|---|---|---|
| 红花牌餐具 | 24元/套 | 3套 | |
| CD光盘 | 5元/盘 | | 125元 |
| A4复印纸 | | 10包 | 360元 |
| 人民币(大写) | 仟 佰 拾 元 角 分 | | |
| 备注 | | | |

利用学生已有的购物经验,从生活实际或具体情境中抽象出数学模型,这是建立数学模型的基础。学生在借助生活情境初步建立数学模型的基础上,理解了只要知道“单价、数量和总价”中的任意两个数量,就可以求出第三个数量,而

这三个数量关系是以“总价＝单价×数量”为原型的。

## （三）自主探究，体验模型思想

在数学学习中，建立数的概念、探索规律、理解常见的数量关系……都是学生主动获取知识的活动，需要经历自主探索建立数学模型的过程。自主探索、合作交流是学生建立数学模型的重要方式。因为学生借助“总价＝单价×数量”这一数量关系的学习，对“乘法模型”的理解还停留在感性的层面上；所以在实际教学中，必须丰富学生的理性认识，使他们从感性认识上升到理性认识，积累数学活动经验，从“生活化”上升为“数学化”。

在这一环节，我设计了三个活动：

1. 认识速度

设疑：苏苏从家到学校走了 320 米，贝贝从家到学校走了 350 米，你认为哪位同学走得快一些？学生表示只有一个条件不能判断哪位同学快一些，缺少时间。

谈话：物体行驶的距离叫做“路程”，现在提供给你们时间。

出示：苏苏走了 4 分钟，贝贝走了 5 分钟。

交流：苏苏每分钟走多少米？320÷4＝80(米)

贝贝每分钟走多少米？350÷5＝70(米)，所以苏苏走得快一些。

揭示：在行程问题里，每小时、每分钟、每秒钟等行驶的路程叫做速度，这里的每分钟走 80 米是苏苏的速度，每分钟走 70 米是贝贝的速度。

在教学把速度改写成复合单位后，我又安排了第 2 个活动。

2. 体会速度

谈话：生活中很多物体的速度是不能直接测量的，而是通过计算得出来的。

体会：刘翔 110 米跨栏的速度是 8.5 米/秒，猎豹奔跑的速度是 30 米/秒，它的速度和刘翔相比较，怎么样？

在体会第 3 个海龟的速度时，我只提供一个“500 米”，引导学生思考是否能判断这个物体速度的快慢。

在学生认识和体会“速度”的基础上，我由教学例 2 的引领到教学例 3 的开放，让学生通过生活情境自主探究“路程模型”。

3. 出示自主学习单

## 自主学习单

游老师从苏州开车到泰州，每小时行驶 90 千米，行驶了 2 小时，求苏州到泰州一共多少千米？

李冬骑自行车到学校，每分钟行驶 200 米，骑了 8 分钟，求李冬家离学校多少米？

请你根据研究单的提示自主探索。

(1) 写：把速度改写成复合单位的形式。

(2) 算：计算出汽车和自行车行驶的路程。

| | 速　度 | 时间 | 路程 |
|---|---|---|---|
| 汽　车 | | 2 小时 | (　　)千米 |
| 自行车 | | 8 分钟 | (　　)米 |

(3) 想：路程与速度、时间之间有什么关系？

______________________________

______________________________

______________________________

学生在小组合作、自主交流的过程中，探索出“路程、速度和时间”这三者之间的关系。我并没有停留在“路程模型”的初始处，还丰富了两个问题：“如果我骑摩托车从苏州到泰州，行驶了 3 小时，摩托车行驶的速度是多少？”“如果泰州开通了高铁，每小时行驶 180 千米，那几小时可以到苏州呢？”同时，把汽车、摩托车和高铁这三种交通工具的信息汇总在一张表中。

再次引发学生对“当路程不变时，速度和时间怎样变化？”这一问题的数学思考。学生的理解是非常出彩的：“当路程不变时，速度越快，花的时间越少。”学生们在体验数学模型的过程中，也体会了“数量关系中的变与不变”。

### （四）回顾反思，运用数学模型

学生在构建数学模型思想的过程中，能够选择不同的数量关系解决生活中的实际问题，由“生活化”到“数学化”再到“再创造”，在这个过程中，学生进一步感知每一种数量关系体现了不同的数学模型。

回顾：今天你有哪些收获？

生 1：生活中有很多常见的数量关系；

生 2：常见的数量关系可以帮助我们解决实际问题；

生 3：在解决实际问题的过程中，要学会总结和应用数量关系……

师生回顾所学内容后，我通过一道综合性的练习，引发学生运用本课知识通过不同的方法解决生活中的问题。

设疑：苏苏从家到学校去上学，他的速度是 180 米/分，还有 5 分钟就要开始上课了，他离学校还有 720 米，他会迟到吗？

学生独立思考，小组交流，全班汇报。

启发：你是怎么想的？运用了哪个数量关系式？

生 1：我是用比较路程的方法，180×5＝900（米），900 米＞720 米。

生 2：我是用比较速度的方法，720÷5＝144（米/分），180 米/分＞144 米/分。

生 3：我是用比较时间的方法，720÷180＝4（分），5 分＞4 分。

揭示：灵活运用不同的方法可以发现，苏苏不会迟到。

**在实际的备课过程中，我查阅了大量资料，常常思考，能否把本课中的两个基本的数量关系合并成一个数学模型。数学模型思想结构的两个主要特点：1. 数学模型是经过抽象，舍去对象的一些非本质属性以后所形成的一种纯数学关系结构。2. 这种结构是借助数学符号来表示的，并能进行数学推演。基于这种认识，我和学生有了如下对话：**

谈话：单价、速度可以用这样的一段线段表示，3 支或 3 时我们就用这样的三段来表示。今天我们学习的两个数量关系可以用下面的线段图表示。

启发：整条线段表示什么数量呢？

交流：总价或路程。

引导：看到这幅线段图，你能想到什么？

交流：单价、速度我们可以看做是每份数，数量、时间我们可以看做是份数，用每份数乘份数就可以求出总数。

启发：线段图中的每一份还可以表示什么呢？

汇报：每一份还可以看做是每天完成的工作量或每分钟完成的口算计算题，整条线段表示的是完成的工作总量。

回味：刚才我们说速度是不能直接测量的，而是通过计算得到的。例如：8.5 米/分，这个复合单位是不是也隐藏一个数量关系呢？12 元/本又表示什么数量关系呢？带着这样的问题课后我们再思考。

课后，很多有兴趣的学生在老师问题的引领下继续思考，12 元/本包含了“单价＝总价÷数量”的数量关系，8.5 米/分包含了“速度＝路程÷时间”的数量关系。在教学过程中，我们应让学生有更多的时间和空间去掌握数学思考的方法，体验数学问题解决的变化与联系，回味数学理性的美，最终提升数学核心素养。

# 第五章 多思考，自然生长的教学案例

从教18载，我对三尺讲台有一种解不开的情怀，乃至于我做了校长，依旧在寻找“课感”的存在。每一天，我幸福、快乐地在三尺讲台上耕耘着。我坚信，只有以学生为本的教学设计，为学生终身发展而奠基的课堂，才是最有生命力的课堂。我执教过许多市、区、校级公开课，在教学中我关注学生能力的发展、思维的发展、数学活动经验的积累、数学思想方法的渗透；主张为学生的发展而教，教学民主，与学生平安共处。在每一节课之前，我有对这节课的“课前慎思”，但是，在有的公开观摩课中，教学中出现了“假上课”“假讨论”和“假作业”的情况。

## 一、反对“三假”现象，追寻本真数学

提起打假斗士，大家一定想到的是方舟子。

什么？数学教学也有假？

国家督学王文湛在《坚定不移、扎实有序推进素质教育》一文中说：新课标、新教材实施十年来，在各方面的共同努力下，取得了明显成效。主要表现在：教育思想、教育观念不断更新；综合素质稳步提高，创新精神与实践能力培养受到广泛重视；但由于地区基础教育差异，师资队伍、教育行政部门对于课改认知不一、学习研究不够，加上高考指挥棒未变，很大一部分教师对于课改的理念不清晰，课堂追求形式上的变化，未抓到实质，在实施素质教育的过程中抹上了应试教育的浓重色彩，奏出与“新课程”“新理念”“新课堂”不和谐的音符。为此，我针对在实施新课标过程中数学课堂存在的“三假”现象以及“打假”的方法进行如下阐述。

### （一）数学课堂教学存在的“三假”现象及其类型

在数学教学过程中主要存在“假听课”“假讨论”“假作业”这三种现象。

1. 假听课

学生学习激情不高，感到数学学习枯燥无趣。他们虽然表面上坐姿端正，乍

看上去在认真听课；但仔细观察，他们的注意力是涣散的，还有的学生上课时做与课堂无关的事情，如：看漫画、画画等，或和其他的同学小声说话，更有甚者，在教师板书时，趁教师不注意，搞一些恶作剧，让教师有时无法进行教学活动。在教师要求学生进行探究讨论的时候，学生主动性不高，没有真正投入到自主合作中去。

2. 假讨论

当前有不少课堂气氛活跃，上得很是热闹。然而在热闹的背后却少了学生高质量的思维活动。小组讨论时，或没有听清要求就开始进入混乱状态；或组织形式不到位(按就近组合，自由结伴组合，短暂频繁组合)；或合作程度不到位(局限型合作——学生的参与度不均衡；障碍型合作——学生间的关系不协调或者是合作的内容太难所致；装饰型合作——重形式，轻实质)；或评价机制不到位(忽视自我评价，偏重整体奖赏，单一激励机制，评价与小组脱钩)。

3. 假作业

在假听课、假讨论形成恶性循环以后，也随即产生了假作业这一现象。这首先是因为学生没有听讲，没有掌握知识结构，做不出题来，所以他会采取抄袭作业的手段。其次，有一些同学好像是为了完成教师布置的任务一样，心态没有摆正，字迹潦草。再则，有的干脆不做或请人代写，欺骗教师，抱着“蒙混过关、得过且过”的态度。

### (二)数学教学过程中产生“三假”现象的根源

“三假”现象对于学生的全面发展是百害而无一益的，那么，产生“三假”现象的主要根源是什么呢？我个人认为，除了有学生的学习态度、班级风气、学习风气等原因外，最重要的在于教师。

首先，教师的教学方法陈旧落后，教学手段单一，没有激发学生学习数学的兴趣；课堂设计散乱，层次不清，目的不明确，语言不简练。

其次，教师课堂作秀，缺乏对小组学习的认识。小组讨论重形式、轻实质，只是走过场。《义务教育数学课程标准(2011版)》指出：“动手实践、自主探索、合作交流都是学生重要的学习方式。”有的教师则误解为几位同学简单组合在一起就是合作交流。

最后，作业没有分层。作业千篇一律，重复机械，采用“一刀切”，没有采用激励措施：好的学生可以快速完成，但他们会“吃不饱”，做完了没事做；学困生却又不会做，甚至不能完成，迫于教师的压力，只好抄作业来完成任务。

学生作业也是他们的劳动成果，他们也希望教师能够尊重他们的劳动，如果教师只简单地写几个字，没有一些激励性的语言，学生有时会表现得有一些失望。另外，不及时检查学生的作业是教师的大忌。试想一下，如果学生知道这位教师不会检查作业，尤其是家庭作业，他还会完成作业吗？

### （三）怎样在数学课堂上对“三假”现象进行打假呢？

#### 1. 对于“假听课”

教育的目标是：“促使全体学生的素质全面发展、个性健康发展，使每个学生学会学习，达到愿学、乐学、会学、善学。”因此，在数学教学中，教师应充分利用各种有效的教学策略，激发学生的学习兴趣，启发学生的创新思维，采用一种科学的学习方法，使教与学达到完美、和谐的统一。

（1）激趣——注重“趣”字，提高学生的学习兴趣

“教人未见其趣，必不乐学。”兴趣是推动学习的内在力量，是学生学习的强大动力。

为此，在教学中，教师要根据教材内容，充分挖掘教材的趣味线索，教材处理及教学过程力求集科学性、知识性、趣味性于一体，适当采用先进的多媒体手段进行教学，让教学直观、生动，图文并茂，有声有色；此外，针对学生好动、好奇、好胜的特征，设计灵活多样的教学形式。例如，在教学“圆的认识”时，我充分挖掘圆的文化、圆的历史和圆的审美等环节，让学生体验到圆是世界上最美的图形，在生活中无处不在——从太阳下盛开的花、体育老师在操场上随手用竹竿画的圆、各种标志到小石子落入水中形成的一道道波纹，等等。课堂有趣了，学生的学习兴趣自然浓厚了——激趣是打假的关键。

（2）诱思——注重启发，培养学生的创造性思维

“学起于思，思源于疑。”教师要努力营造一种宽松、平等、和谐的课堂气氛，激发学生敢想、敢说、敢做的热情。首先，鼓励学生展开想象的翅膀，标新立异。教师可根据教学内容，利用多种途径，或借助实物、直观教具，或运用丰富、优美、生动的教学语言，或组织丰富多彩的课外活动，为学生装上想象的翅膀。其次，鼓励学生在实践中主动、独立地发现新事物，提出新见解，培养解决新问题的创新性思维能力。素质教育的核心是培养学生的创新意识和实践能力。我仍以“圆的认识”一课为例，我问同学们：“小石子落入水中为什么会形成一道道圆形的波纹？”有的同学就说道：“小石子落入水中，其实就是我们所学习的圆心，由于用力均匀，所以就形成了美丽的圆。”有的同学还分组说明了建筑物上圆形设计

的原理。心理学家皮亚杰说过:“教育的主要目的是造就能创造新的而不是简单重复前人所做过的事的人,这种人能有创造、发明和发现。”教师应引导学生在时间上和空间上放宽或变换角度进行思考和分析,运用发散性思维,创造新的方法、新的观念。

(3) 导学——科学的育人方法,教学的持续发展策略

陶行知说:“教是为了不教”,这从侧面说出了教育的本质。

教师要深入钻研教材,精心设计教学过程,有计划、有步骤地培养学生养成良好的学习习惯,帮助学生摸索、寻找适合自己的学习方法,培养学生自主学习的能力和终身学习的能力。

在“三角形的内角和”的教学中,我首先让学生说出长方形和正方形的内角和是 360°,让学生明确平面图形的内角和的意义;再从学生熟悉的直角三角尺开始,让他们知道直角三角尺的内角和是 180°;随后让学生猜想:是不是任意一个直角三角形的内角和都是 180°。教师拿出几个形状、大小不一样的直角三角形,安排学生动手实践、动手探索,学生在明确量一量的基础上,知道测量会产生误差,会直接影响三角形的内角和的准确性,之后进行撕一撕、拼一拼等活动,最终推导出直角三角形的三个内角能合拼成一个平角,也就验证出所有的直角三角形的内角和是 180°。

同理,学生在经历“猜想—验证”的主线下,继续验证出任意一个锐角三角形、任意一个钝角三角形的内角和都是 180°,最终揭示出任意一个三角形的内角和是 180°。

学生经历这样的一个学习过程,对于三角形的内角和的推理过程印象深刻,这样获取的知识是非常扎实的。学生也会留下一个数学就是一种过程的印象。这节课后,我终于感悟了教育家第斯多惠的一句话:“教学的艺术不在于传授本领,而在于激励、唤醒、鼓励。”

这种引导、启发、鼓励的导学策略,不仅能促成良好学风的形成,更重要的是能帮助学生掌握科学的方法,适应信息万变、知识不断更新的社会,培养学生可持续发展的能力。

(4) 忌散——课堂紧凑,抓住学生求知的眼球

教师在备课过程中要认真细致,教材、教法、学生的学习方法等要面面俱到,使一堂课设计下来紧凑不松散,让学生紧跟教师的教学思路,没有开小差、做小动作的空隙。只有教师创造性地运用教材,选择适合本班学生的教学方法,让学生能听得明白,理解掌握所讲授的知识点,学生才会体会到学习数学的乐趣,变

“厌学”为“爱学”。备课是上好课的基础，而上好课也是解决“三假”现象的前提。在授课过程中，教师还要掌握语言的艺术性，让学生在听的过程中感觉是一种享受，课后做好教学反思。

2. 对于“假讨论”

(1) 准备充分。小组合作之前，教师布置任务并落实好讨论提纲、安排好小组成员及小组长。每个小组做到合理分工、注重良好的倾听和表达习惯。

(2) 给学生充分的时间和空间。不走过场，小组讨论落到实处。教师提出讨论提纲后，让学生带着问题学习，通过解决问题来学习，如教学“认识平行四边形”时，我出示了以下问题：

① 你猜猜，平行四边形有什么特征？

② 平行四边形的边有什么特征？

③ 平行四边形的角有什么特征？

④ 你有没有一个好的方法去验证你的猜想？

⑤ 伸缩门为什么是平行四边形的结构？

先由学生展开讨论，形成共识，最后师生总结。这种做法的优点在于：让班级的每一位同学感受“我真正成为了学习的小主人”，学生在“动手实践、自主探索、合作交流”的过程中学会了研究问题、解决问题的方法，体验了数学的价值，以及学与生活的联系。

(3) 教师积极参与到学生的讨论之中，及时指导有困难的学习小组。

(4) 科学民主评价。师生评价、生生评价与自我评价多种评价方式相结合，充分培养会学习的学生。

3. 对于“假作业”

(1) 分层教学，分层作业，分层评价。作业设计要科学合理。上课时充分考虑优生以及后进生，多照顾学困生，不应让他们成为课堂教学的旁观者，而应该是教学活动的参与者。多给予他们回答问题、发言的机会，这是求真作业的前提之一。只有学困生会做了，他才不会去抄袭作业，更没有去抄袭作业的理由和念头。对于学困生可以布置一些基础题目，让他们初步体会成功的快乐及学会的喜悦。而对于优秀生来说，可以多加一些培优题，即一些数学奥林匹克竞赛的题目，让他们的学习思维得到拓展。在进行评价时，也应该采取不同的量化标准。再则，要让学生养成按时完成作业并及时上交的习惯，不能拖延，哪怕完不成，教师也可以陪学生一直到他们上交为止。布置作业的时候也要科学合理，控制作业量，杜绝题海战术以及机械式作业，作业太多了，学生做不完，会再次陷入假作业的泥淖。

（2）倡导面批面改。前面谈到作业是学生的劳动成果，教师要尊重学生的劳动成果。那么采取怎样的批改方式才能达到最佳效果呢？我认为要尽量做到面批面改、及时评价。质量高的给予表扬，做得不太好的，当面指正，这样，学生的基础知识也就会越来越丰富，兴趣也会变浓，学习态度也会转变，信心更加足了，尤其是看到老师尊重自己的劳动成果，能不爱上这位老师的课吗？

（3）最后，进行赏识性教育。可以说，赏识性教育是铲除“三假”现象的钥匙。我自始至终认为：人人都能成才，也主张赏识进步就是优秀的新型育人观。当孩子的成绩和行为习惯进步的时候，我会及时地赏识他。在全班同学面前让他（尤其是后进生）觉得自己是最棒的！同时，表扬与批评相结合，毕竟“假作业”不是一朝一夕就能改正的，有一个过程。魏书生老师说过：“后进生有上进的心，也能上进，但上进的过程充满反复，要反复抓，抓反复。”教师不能看到后进生进步了，作业成绩提高了，字迹规范整洁了，就以为那是假象，以为是装的；而是应该及时鼓励他们，但当再犯假作业的毛病时也要适度批评，劝说其改正。

数学教学过程中的“三假”现象存在严重的危害性：因为假听课，所以产生假讨论；没有听课，作业做不出来，导致假作业；作业不会，又会对学习没有兴趣，所以回到了假听课，这样就形成了恶性循环——这是违背素质教育精神的。归根结底，对于教学中的“三假”现象最好的法宝是：一靠民主，以学生为本；二靠科学，科学设计课堂教学，科学组织教学工作与科学进行作业设计。我深信，做到这两点，我们的数学课堂将会是创新务实、高效的课堂。

假听课，假讨论，假作业，掺假必误，误人前程误子弟。

真课堂，真讨论，真作业，求真务实，为人师表育新人。

## 二、“认识负数”教学实录与说明

**【课前慎思】**

“认识负数”一课是让学生了解负数产生的背景，初步认识生活中的负数，感知负数在生活中的广泛应用，并让学生借助数轴，认识负数、正数和 0 的关系。负数在生活中比较常见，但这个概念对学生来说是陌生的，教材的安排是紧密联系生活，把生活中的负数引入课堂，使学生既感到熟悉，又感到亲切。关于本内容的教学，我有以下几点思考：

(1) 如何选取学生熟悉的生活素材,加深学生对负数意义的理解?

天气预报是学生熟悉的事物,熟悉的情境容易唤起他们已有的生活经验,使他们在具体的情境中认识负数。随着不同城市气温的变化,负数也逐渐出现,自然而然引入到课堂,降低学习的难度,而学生的问题也随之浮出水面:零下的温度如何记录?

(2) 在教学过程中如何让学生去探索、去体验?

学生是富有个性的生命体。他们对教学内容的理解也极富有独特性与创造性。对于负数的认识,有的学生可能是第一次听说,而有的学生已有了一定的知识经验。在教学中如何创设不同的情境,运用比较的方法,组织开展动手实践活动,让学生明确零上温度与零下温度所表示的是具有相反意义的量;领悟出零度是零上温度与零下温度的分界点;为学生将正数、负数、0 整合到一个新的概念框架(有理数)之中打好基础。

(3) 如何借助几何直观体现数形结合的思想,将数轴上的点和具体的数联系起来?数轴的认识、负数的意义,课本中只是描述性的定义,如何让学生学会在数轴上表示正数、0 和负数?

**【教学实录与说明】**

**教学内容:**

苏教版实验教科书五年级上册第 1—3 页及相应的练习题

**教学目标:**

1. 结合具体情境,使学生了解负数产生的背景、理解负数的意义,知道正数和负数的读写方法;知道 0 既不是正数也不是负数,负数都小于 0。初步了解负数可以用来表示相反意义的量。

2. 创设具体情境,在观察、交流、创造、应用中经历负数的产生,理解和掌握负数的意义,使学生体验数学来源于生活又应用于生活。

3. 通过负数的学习,进一步培养学生的合作意识,提高学生学习数学的自信心以及对数学的应用意识。

**教学重点:**

负数的形成过程以及负数的意义

**教学难点:**

理解负数的意义

**教学过程：**

一、创设情境，初步感悟负数

1. 谈话揭题、激发兴趣

师：五(1)班上学期转出了2位同学、转入了2位同学，这里的“2位”表示的意义一样吗？

生：不一样。

师：如果都用“2位”来表示，你认为怎么样？

生：不好，这样就不能表示两个“2”的区别了。

师：那通过怎样的表示方法能让所有人一眼看出“哪个2位”表示转入人数，“哪个2位”表示转出人数呢？带着这个问题进入我们今天的学习。

2. 经历过程、创造负数

师：小组一起交流一下，可以用怎样的办法表示转入2人和转出2人？

学生交流探究。

集体汇报：

生：(1) 可以用文字表示：写上转出2人和转入2人。

(2) 可以用符号表示：写上⊙2人和○2人。

(3) 可以用加号和减号符号表示：写上+2人和-2人。

……

师：你更喜欢哪一种方法？为什么？

生：我更喜欢第三种方法，运用加号和减号的表示方法比较简便，一目了然，言简意赅。

师：运用我们的老朋友“加号”和“减号”分别表示转入2位和转出2位，但是这里不再是“加号”和“减号”，而被赋予了新的意义——它们分别被称为“正号”和“负号”。

师：表示转入的同学我们可以用正数表示，记作“+2人”；表示转出的同学我们可以记作“-2人”。

生：读“+2”和“-2”。

生：开火车读一读并且板书“+2”和“-2”。

师：“+2”在这里表示什么意思？“-2”又表示什么意思？

同桌交流。

**【设计意图】**让学生从具体生活中感悟数学问题，要表示相同“2位”的不同意思，激发学生的学习兴趣和认知上的矛盾冲突，引发学生自主学习数学的内在需求。

## 二、结合生活，进一步感悟负数

1. 教学例1，感受温度中的正数和负数

师：中央电视台播报了三个城市某一天的最低温度。测量温度用到什么？

生：温度计。

师：有谁认识温度计？

生：介绍温度计。

师小结：温度计常识。根据我们中国人的常识，通常我们看左边的摄氏温度。“0”刻度依次往上数是“零上几摄氏度”，“0”刻度以下依次往下数是“零下几摄氏度”。每一小格表示2摄氏度。

师：任意指出几个刻度，请学生说一说各是多少摄氏度。

师：出示主题图。从这三个主题图中，你知道上海、南京、北京这三个城市的最低温度各是多少？你会怎么表示？

生：上海的最低气温是零上4摄氏度，南京的最低气温是0摄氏度，北京的最低气温是零下4摄氏度。

生重点感知：0摄氏度，零上和零下三个关键词。

师：你会用刚才学会的知识来表示零上4摄氏度和零下4摄氏度吗？

生：零上4摄氏度可以用“+4摄氏度”表示，零下4摄氏度可以用“−4摄氏度”表示。

师：反过来说，“+4摄氏度”表示什么？“−4摄氏度”表示什么？

生：集体交流。

师：+4还可以把前面的正号省略不写，直接写成“4”。简单吗？这样表示有什么好处？

生：简单，更加简洁明了。

师：负数前面的“负号”可以省略不写吗？为什么？

生：不可以，如果负数前面的“负号”省略不写的话就分不清楚哪一个是正数，哪一个是负数了。

2. 小结反馈、及时巩固所学知识

师：你能用这样的数表示其他地方的温度吗？请打开课本第2页，看一看香港、哈尔滨、西宁三个城市的气温图，你能在括号里填上合适的数并读一读吗？

生：尝试练习，填好后，指名读数，集体订正。

3. 指导完成书本第3页“练一练”第2题

生：直接说出赤道、北极和南极的气温。

【设计意图】通过具体情境，让学生进一步感知数学来源于生活，又应用于生活，让学生感知数学与生活的紧密联系，对数学有亲切感，加深生活与数学的联系。例题后及时巩固所学知识，让学生感受学习数学的价值。

三、教学例题 2，揭示正数和负数的概念

1. 用正数和负数表示海拔高度

师出示：珠穆朗玛峰和吐鲁番盆地主题图。

谈话：从图中你知道了什么？比海平面高 8 844 米指的是哪一段距离？比海平面低 155 米又是指的哪一段距离？

生：请一位同学在大屏幕上指一指。

师：海平面相当于温度计的"0"刻度，珠穆朗玛峰的顶峰与海平面相比的高度称为它的海拔高度。你认为珠穆朗玛峰和吐鲁番盆地的海拔高度各应该怎样记录？把想法说给你的同桌听一听。

同桌交流。

师小结：以海平面为基准，珠穆朗玛峰高于海平面 8 844 米，可以记作海拔"+8 844 米"或海拔"8 844 米"；吐鲁番盆地低于海平面 155 米，可以记作海拔"−155 米"。

2. 巩固练习：练习一第 1 题

学生尝试。

小组汇报交流。

3. 学生自学课本第 2 页

师：联系转入和转出、零上和零下、海拔高度揭示正数和负数的意义。

生汇报：像+2、+4、19、+8844 这样的数都是正数，像−2、−4、−7、−155 这样的数都是负数。

师：0 是正数还是负数？

生：0 既不是正数，也不是负数。

生探究：正数、负数和 0 的大小关系。

师：借助温度计、海拔图等，揭示正数、负数和 0 的大小关系。

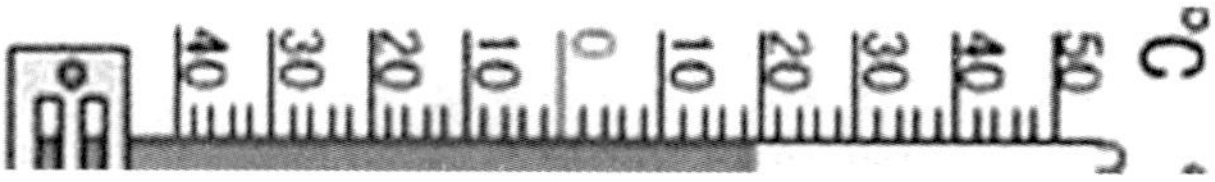


师：逐步抽象成数轴图

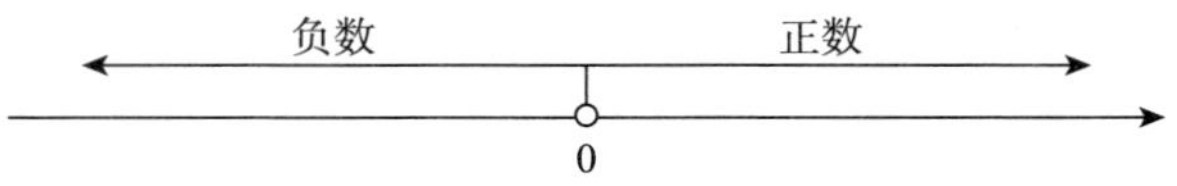


生：正数都大于0，负数都小于0，0是正数和负数的分界点。

4. 回归生活，感悟负数无处不在

师：出示一张存折，老师在存折上发现了一个有趣的数，你见过吗？

生：存折上有负数。

师：生活中，你在哪里看到过负数。

生：在电梯按钮、存折上。

师：进一步介绍负数在生活中的运用，学生读一读生活中的负数，书本练习一第5题。

**【设计意图】**对于五年级的学生来说，要用比较规范的数学语言来表述正数和负数的含义还是比较困难的，只有借助具体的实例，通过转入和转出学生人数、城市温度、海拔高度，描述怎样的数是正数，怎样的数是负数。同时，让学生感悟负数是无处不在的，生活中运用负数是非常广泛的。

**四、巩固练习，内化新知**

1. 书本第3页，练一练

学生尝试。

师：你是怎样想的？

师：增加几个特殊的负分数、负小数让学生判断是不是负数。

2. 书本练习一：第4题

学生尝试。

师：你是怎样想的？

生：图中分别是冰箱里冷冻的鱼、水里游的鱼和刚刚烧熟的鱼，它们的温度分别是−10℃，10℃和70℃。

3. 渗透数学文化，感知负数产生的过程

师：介绍负数相关数学史，负数的产生过程以及古代负数的表示，感受数学的独特魅力。

生：自主查阅负数的产生背景和过程。

**【设计意图】**学习是为了用，只有练习才能加深对所学知识的巩固，才能体会数学价值，让数学进一步回归生活，体现生活情境数学化、数学问题生活化的教学理念。通过对数学史等相关知识的了解，对中国负数的运用比西方早1 000多年的历史的自豪感油然而生，激发学生的数学学习兴趣。

**五、全课小结，为下一课时埋下伏笔**

师：今天你学会了什么？有什么收获？

师：还有什么疑问？

转入和转出相反，零上温度与零下温度相反，高于海平面和低于海平面相反，对于这三组相反意义的量我们学会了用正负数来表示，那么生活中还有哪些方向相反意义的量呢？也能用负数表示吗？下一节课我们继续学习。

**【设计意图】**总结是为了更好地学习，提问是为了更好地“思维”，提高学生提出问题和解决问题的能力。

## 三、“常见的数量关系”教学实录与说明

**【课前慎思】**

《义务教育数学课程标准(2011版)》提出了数感、符号意识、空间观念、几何直观、数据分析观念、运算能力、推理能力、模型思想、应用意识和创新意识等十个核心词。模型思想是在《义务教育数学课程标准(2011版)》的基础上新增加的核心词之一，也是学生数学学习的核心素养之一。常见数量关系是人们对客观世界中复杂的数量关系的概括和总结，具有高度的抽象性、严密的逻辑性和广泛的应用性。学生在以往的学习中积累了丰富的数量关系的基础上，学习“常见的数量关系”这一知识，既是培养分析问题和解决问题的能力、提高数学思维水平的需要，也是进一步学习和生活的需要。对于“常见的数量关系”，我做了如下思考：

(1) 单价、数量和总价这三者之间的关系学生已经有了一定的体验，如何激发学生的已有经验？

(2) 如何体验速度？在北师大版小学数学教材中，“认识速度”是作为一节课时的教学内容，如何在体验速度的同时构建速度模型呢？

(3) 在小学阶段，我们主要学习总量模型和速度模型，而这节课建立的总价、速度模型能否用图形表示出来？能否把本课中的两个基本的数量关系合并成一个数学模型呢？

**【教学实录与说明】**

**教学内容：**常见的数量关系

**教学目标：**

1. 学生认识单价、数量、总价、速度、时间、路程；理解并掌握单价、数量和总价之间及速度、时间和路程之间的关系；掌握这两类常见的数量关系，并能应用它们解决相应的简单的实际问题；初步培养学生借助几何直观理解数学，建立总量和速度这两类模型。

2. 学生通过解决问题抽象、概括出常见的数量关系，体验模型思想；能说明自己的思考过程，进一步提高分析、比较、抽象及概括等能力；感悟数量关系，进一步发展数感。

3. 学生进一步了解社会生活中与数学相关的信息，感受现实生活中蕴含的大量与数量有关的问题；能主动参与数量关系的分析与概括活动，培养有据思考、说理严密的品质。

**教学重点：**掌握单价、数量和总价之间，速度、时间和路程之间的数量关系

**教学难点：**理解和概括数量关系及数量关系的变换

**教学过程：**

一、借助生活情境，初步建立模型

师：生活中有许多数学问题，今天的数学课我们就从购物开始。

师：出示例 2 局部图，从图中你知道了哪些条件？

生：钢笔每支 12 元，练习本每本 3 元。

师：单件商品的价钱，叫做商品的“单价”。单价可以用另外一种方法表示，例如钢笔的单价“每支 12 元”可以写成“12 元/支”，按照从左往右的顺序读做“12 元每支”。

师：“12 元/支”表示什么意思？

生：每支钢笔 12 元。

师：练习本的单价“每本 3 元”又可以怎样写、怎样读呢？

生：尝试着写一写、读一读。

生：写成“3 元/本”，读做“3 元每本”。

师："3 元/本"又表示什么意思呢？

生：每本练习本 3 元。

师：像"元/本"这样的单位我们称为复合单位。

师：认识了单价，我们继续看图（出示第二幅情境图），现在你从图中还能找到哪些条件？

生：我买了 4 支钢笔和 5 本练习本。

师：购买一种商品的件数，叫做购买商品的"数量"。

师：根据我们找到的条件，你能提出一步计算的数学问题吗？

生 1：钢笔一共用去多少钱？

生 2：笔记本一共用去多少钱？

师：总共用去的价钱，叫做"总价"。

师：你能计算出钢笔的总价是多少吗？

生：12×4=48（元）

师：你是怎么想的？

生 1：每支钢笔 12 元，买了 4 支，就是 4 个 12，用乘法计算就是 12×4=48（元）

生 2：练习本的总价是 3×5=15（元）

师：如果购买了 7 本练习本，一共用去多少元？

生：3×7=21（元）

师：10 本呢？

生：3×10=30（元）

师：根据上面的计算，你发现单价、数量和总价之间有什么关系？

生：总价=单价×数量。

师：从解决购物问题的过程中我们发现：总价=单价×数量，这是生活里常见的一种数量关系。

师：在二年级的时候，我们就遇到过类似的问题。出示图片：

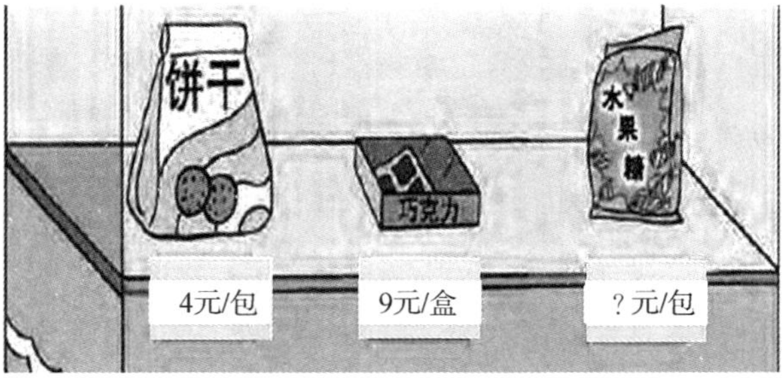

师：张阿姨要买9包饼干，一共要用多少元？要求什么，你是怎样想的？

生：要求饼干的总价，用饼干的单价4元/包乘数量9包，一共要用36元。

师：李阿姨用27元，可以买多少盒巧克力？这又要求什么，你是怎样想的？

生：要求巧克力的数量，用27÷9=3(盒)。

师：想一想，知道总价和单价，可以求什么？怎么求？

生：可以求数量，数量=总价÷单价。

师：如果知道总价和数量，可以求什么？怎么求？

生：可以求单价，单价=总价÷数量。

师：赵阿姨用18元买了3包水果糖，每包水果糖多少元？

生：18÷3=6(元/包)

师：回顾一下，我们发现了哪些数量关系，是怎样发现的？

生：我们通过解决求总价的实际问题，发现了"总价=单价×数量"，根据这个数量关系，推导出另外两个数量关系。

师：张叔叔在购物的过程中也遇到这样一个问题，你能分别求出下面三种商品的总价、数量和单价吗？

下面是张叔叔的购物发票：

**大润发购物中心发票**

**客户名称：张××**　　　　**开票日期：2015年12月7日**

| 商品名称 | 单价 | 数量 | 总价 |
|---|---|---|---|
| 红花牌餐具 | 24元/套 | 3套 | |
| CD光盘 | 5元/盘 | | 125元 |
| A4复印纸 | | 10包 | 360元 |
| 人民币(大写) | 仟　佰　拾　元　角　分 | | |
| 备注 | | | |

师：你是怎样想的？

生1：我运用总价和单价、数量三者之间的关系。

生2：我发现了总价、单价和数量这三个数量，只要知道其中的两个，就可以求出第三个数量。

**【设计意图】**借助具体情境，激发学生的生活经验，理解单价、数量和总价的关系，在练习中及时回忆二年级的问题解决之法，让学生从感性认识上升到理性认识。运用所学的单价、数量和总价三者之间的数量关系，解决购物中的发票问题，从生活到数学，再从数学回归生活。

二、利用生活经验，认识并体会速度

1. 认识速度

师：苏苏从家到学校走了320米，贝贝从家到学校走了350米，你认为哪位同学走得快一些？

生：只有一个条件不能判断哪位同学快一些，缺少时间。

师：物体行驶的距离叫做“路程”，现在提供给你时间。

师：苏苏走了4分钟，贝贝走了5分钟。

生：苏苏每分钟走多少米？320÷4=80(米)

贝贝每分钟走多少米？350÷5=70(米)，所以苏苏走得快一些。

师：在行程问题里，每小时、每分钟或每秒钟等行驶的路程叫做速度，这里的每分钟走80米是苏苏的速度，每分钟走70米是贝贝的速度。

师：速度单位怎么写呢？

生1：每分钟走80米可以写成80米/分。

生2：每分钟走70米可以写成70米/分。

2. 体会速度

师：生活中很多物体的速度是不能直接测量的，而是通过计算得出来的。

师：刘翔110米跨栏的速度是8.5米/秒，你觉得刘翔跨栏的速度怎么样？

生：非常快，“滴答”一下，刘翔就从教室的这边跑到教室的另一边。

师：我们知道，动物界谁的奔跑速度最快？

生：猎豹。

师：猎豹奔跑的速度是30米/秒，它的速度和刘翔相比较，怎么样？

生：快多了！

师：如果给你“500米”，你能判断这个物体速度的快慢吗？

生：不能，如果是1小时行走500米，那就非常慢了，我们还要看时间的长短。

师：海龟在陆地上爬行的速度是500米/小时。

生：海龟的爬行速度和刘翔叔叔比较，慢多了！

师：物体的速度和什么有关？

生：与路程和时间有关。

**【设计意图】**理解速度是本节课的教学难点，通过对速度的体验，明确速度与行驶的路程和时间有关，了解生活中几种物体的速度，进一步理解速度。

三、自主学习探究，体验数学模型

师：游老师从苏州开车到泰州，每小时行驶 90 千米，行驶了 2 小时，苏州到泰州一共多少千米？

李冬骑自行车到学校，每分钟行驶 200 米，骑了 8 分钟，李冬家离学校多少米？

生：根据研究单的提示自主探索。

（1）写：把速度改写成复合单位的形式。

（2）算：计算出汽车和自行车行驶的路程。

| | 速度 | 时间 | 路程 |
|---|---|---|---|
| 汽车 | | 2 小时 | （　　）千米 |
| 自行车 | | 8 分钟 | （　　）米 |

（3）想：路程与速度、时间之间有什么关系？

生：路程＝速度×时间。

师：如果我骑摩托车从苏州到泰州，行驶了 3 小时，摩托车行驶的速度是多少？

生 1：180÷3＝60（千米/小时）

生 2：速度＝路程÷时间。

师：如果泰州开通了高铁，每小时行驶 180 千米/小时，几小时可以到苏州呢？

生 1：180÷180＝1（小时）

生 2：时间＝路程÷速度。

师：我们把三种交通工具的信息放在一张表中：

| | 速　度 | 时　间 | 路　程 |
|---|---|---|---|
| 汽　车 | 90 千米/小时 | 2 小时 | 180 千米 |
| 摩托车 | 60 千米/小时 | 3 小时 | 180 千米 |
| 动　车 | 180 千米/小时 | 1 小时 | 180 千米 |

师：当路程不变时，速度和时间有什么变化？

生：当路程不变时，速度越快，花的时间越少。

师：我们通过解决求路程实际问题的计算，发现路程＝速度×时间；根据这个数量关系，又推导出时间＝路程÷速度，速度＝路程÷时间。

**【设计意图】**在教学中以学生自主学习为主。在教学“速度、时间和路程”这一组数量关系时，学生理解“速度”难度很大，所以在教学过程中，先引导学生认识“速度”以及体验“速度”，再探索“速度、时间和路程”三者之间的关系。从简单到复杂，从具体到抽象，由扶到放再到收，符合学生的认知顺序。学生初步感悟“数学就是研究千变万化中不变的关系”。

**四、回顾反思，灵活运用数学模型**

师：回顾刚才的学习过程，我们今天学到了哪些内容？

生 1：生活中有很多常见的数量关系。

生 2：常见的数量关系可以帮助我们解决实际问题。

生 3：在解决实际问题的过程中，要学会总结和应用数量关系……

师：苏苏从家到学校去上学，他的速度是 180 米/分钟，还有 5 分钟就要开始上课了，他离学校还有 720 米，他能按时到达吗？

生：学生独立思考，小组交流，全班汇报。

师：你是怎么想的？运用到了哪个数量关系式？

生 1：我是用比较路程的方法：180×5＝900（米），900 米＞720 米。

生 2：我是用比较速度的方法：720÷5＝144（米/分钟），180 米/分钟＞144 米/分钟。

生 3：我是用比较时间的方法：720÷180＝4（分钟），5 分钟＞4 分钟。

师：灵活运用不同的方法可以发现，苏苏能按时到达。

**五、延伸课堂教学，丰富数学模型**

师：单价、速度可以用这样的一段线段表示，3 支或 3 小时我们就用这样的三段来表示。今天我们学习的两个数量关系可以用下面的线段图表示。

师：整条线段表示什么数量呢？

生：总价或路程。

师：看到这幅线段图，你能想到什么？

生：单价、速度我们可以看做是每份数，数量、时间我们可以看做是份数，用每份数乘份数我们可以求出总数。

师：线段图中的每一份还可以表示什么吗？

生：每一份还可以看做是每天完成的工作量，我们每分钟完成的口算计算题，整条线段表示的是完成的工作总量。

师：刚才我们说速度是不能直接测量的，需要通过计算得到，例如：8.5 米/分钟，这个复合单位是不是也隐藏一个数量关系呢？12 元/本又表示什么数量关系呢？带着这样的问题课后我们再思考。

**【设计意图】**借助线段图统一了本课所学习的两个数量关系，学生在构建数学模型思想的过程中，能够选择不同的数量关系解决生活中的实际问题，由“生活化”到“数学化”再到“再创造”，在这个过程中，学生进一步感知每一种数量关系体现了不同的数学模型。

## 四、“认识比”教学实录与说明

**【课前慎思】**

“认识比”是在学生已学过分数乘(除)法的意义和计算、分数的意义及基本性质以及分数与除法的关系的基础上进行的，这些知识都是学生学习本课内容的直接基础。但是学生对除法和分数的认识还未完全上升到知识间的内在联系这个层次，认知结构对现实生活中数量关系的理解和认识还不够完善，容易混淆“生活中的比”与“数学中的比”。在用比表示两个具体数量的关系时，一般有两种情况：一种是表示两个同类数量间的倍数关系，另一种是表示两个不同类的数量间的关系。教材编排了两道例题，分别教学这两种情况，然后概括出比的意义。

1. 在概念教学中，我们能否“先学后教”？

现代的教育理念应该是“以生为本”，而不应该是“以知识为本”。以生为本的含义主要有两个：一个是学会站在学生的立场上去思考问题，实行尊重的教育；另一个是注重学生的全面发展，实行素质教育。在新单元的第一个课时，有没有实行学生“先学后教”的可能性？

2. 学生先学学什么？教师后教怎样教？

学生自学如何学？教师在学生学的过程中如何发挥“组织者、引导者与合作者”的作用？学生在学的过程中如何处理个体差异？学生自学了，教师需不需要教？该怎样教？

3. 如何建立“两个数相除，又叫做两个数的比”这一核心概念？是通过直线推进直接告知学生，还是通过大量的具体情境建构比的概念？

**【教学实录与说明】**

**教学内容：**认识比

**教学目标：**

1. 使学生在具体情境中理解比的意义，掌握比的读写方法，知道比的各部分名称，会求比值。

2. 使学生经历探索比与分数、除法关系的过程，初步理解比与分数、除法的关系，明白比的后项不能为0的道理，会把比改写成分数的形式。

3. 使学生在活动中培养分析、综合、抽象、概括的能力，在解决实际问题的过程中，体会数学与生活的联系，感受数学学习的乐趣。

**教学重点：**理解比的意义

**教学难点：**比与分数、除法的关系

**教学过程：**

课前组织学生自学，学生在15分钟左右完成阅读书本第68、69页。

“认识比”自学单设计如下：

**“认识比”自学单**

**班级：　　　　　姓名：**

同学们，我们即将要开始一个新的单元“认识比”的学习，请先打开课本，自学阅读，联系以前有关除法和分数的知识，完成自学单。

【自学内容】书本第68、69页，重点语句可以划一划。

【自主尝试】

阅读课本，然后完成下面的题目。

1. 我会写比、读比

写一写：5比2记作________；

　　　　0.32比0.8记作________。

读一读：20∶88∶20。

2. 我知道生活中的比

一种盐水，盐和水的比是1∶8。

如果把盐看做1份，那么（　　）可以看做（　　）份，

1∶8表示：（　　）是（　　）的（　　）。

画一画：用你自己喜欢的方法画出1∶8的意思。

3. 我知道什么叫比

阅读课本，划一划什么叫比，并写下来。

________________________________________________

| 4. 我要求助： |
| --- |
| |

**【设计意图】**通过在课前给学生下发“认识比”的自学单，让学生主动探究比的读法、写法，把自学过程中的疑问记录下来，提高学生发现问题和提出问题的能力。

一、创设情境、初步认识比

1. 谈话交流，自主提问

谈话：妈妈早晨准备了2杯果汁和3杯牛奶。你能根据这两个信息，提出一个数学问题吗？

汇报：牛奶比果汁多几杯？果汁比牛奶少几杯？

启发：你会解答这个问题吗？

交流：3－2＝1(杯)

启发：你还能提出其他数学问题吗？

汇报：果汁的杯数是牛奶的几分之几？牛奶的杯数是果汁的几倍？

提问：你是怎样计算的？

交流：2÷3　　3÷2

小结：同学们，我们可以用减法来求两个数量相差多少，也可以用除法来表示它们之间的倍数关系。

2. 结合情境，引出“比”的意义

谈话：当表示两个数的倍数关系时，我们也可以这样表示。

板书：2∶3。

谈话：这就是我们这节课所要学习的比(板书课题)。

谈话：通过自学，你会读这个比吗？中间的两个小圆点是什么符号？比号前面的数叫什么？比号后面的数叫什么？

汇报：学生汇报自学情况。

3. 初步理解比是两个数量的关系

谈话：2∶3是哪个数量和哪个数量的比？

交流：是果汁和牛奶杯数的比。

启发：3÷2，你能像老师刚才那样用比表示吗？

尝试写成：3∶2。

交流：你是怎样写的？

汇报：先写3，再写上两个小圆点，最后写2。

启发：3∶2表示哪个数量和哪个数量的比呢？

汇报：牛奶和果汁的杯数的比。

4. 理解比是有序的

谈话：同学们想一想，为什么在 2∶3 中，比的前项是 2，而在 3∶2 中，2 又是比的后项了呢？

汇报：因为 2∶3 是果汁和牛奶的比，3∶2 是牛奶和果汁的比。

小结：颠倒两个数量的位置，就会得到另一个比，它的意义也就不同了。大家在说的时候，一定要说清楚是哪个数量与哪个数量在比。

练习：六(3)班有 19 名学生，16 名女生。

交流：男生与女生人数的比是(　　)。

你还能知道哪些数量和哪个数量的比？

5. 根据自学，用图理解比的意义

谈话：在学生自学时，学生分别理解了生活中不同的比，并用不同的形式来表达比的意义(如方格图、长条图、线段图等)。

交流：从不同的表达形式中概括它们表达的意义，把(　　)看做 1 份，水就可以看做(　　)。

谈话：下面同学所画的图能够表示出盐和水的质量比是 1∶8 吗？为什么？

交流：不能。可能没有标出名称或可能没有标明等份。

师生共同修改完善好学生的图。

启发：除了 1∶8，还可以怎样表示盐和水的质量之间的关系？

汇报：盐的重量是水的$\frac{1}{8}$。

**二、自主探究、深化概念**

1. 谈话：通过刚才的学习，我们对比有了初步的认识，在生活中也有很多比的例子(教师出示信息，学生提出问题)。

走一段 900 米的小路，小军用了 15 分钟。

启发：你还会提出一个数学问题吗？

交流：小军每分钟走多少米？

谈话：用什么方法求速度？

汇报：路程÷时间＝速度，即 900÷15。

谈话：我们也可以用比来表示路程和时间的关系，即 900∶15。

交流：900∶15 表示什么呢？

汇报：表示路程和时间的比，或者路程÷时间。

2. 张祥买了 3 本笔记本，用去 10.5 元。

3. 提出问题，自主写比，同桌交流比的意义。

观察：黑板上的除法算式和比的式子。

交流：这一列算式，都是我们学过的什么运算？所有这些除法算式我们都可以用比来表示。也就是说：两个数的比表示两个数相除。

4. 数学阅读：比的来历。

5. 合作交流，探究求比值。

在 2∶3 中，比的前项是几？后项是几？比的前项除以后项的商是几？

汇报：我们把比的前项除以后项所得的商叫做比值。分别计算 3∶2、900∶15、10.5∶3 的比值。

观察：比值是一个数，它可以是分数、小数和整数。

**三、深入探究比、除法和分数的关系**

1. 谈话：我们已经知道了有关比的很多知识，那么：关于“比”，你还想知道么？（如果学生有困难，可以结合“我要求助单”）

汇报：我还想知道比和除法、分数有什么关系？

我还想知道学习比有什么用？

2. 观察：小组讨论、师生交流、完成表格。

| 名称 | 相互联系 | | | | 区别 |
|---|---|---|---|---|---|
| 比 | 前项 | ∶（比号） | 后项 | 比值 | 两个数的关系 |
| 除法 | 被除数 | ÷（除号） | 除数 | 商 | 一种运算 |
| 分数 | 分子 | —（分数线） | 分母 | 分数值 | 一个数 |

3. 讨论：比、除法和分数有什么区别？

4. 巩固练习：

(1) $3:5=(\quad)\div(\quad)=\dfrac{(\quad)}{(\quad)}$

(2) $a\div 12=(\quad):(\quad)=\dfrac{(\quad)}{(\quad)}$

(3) $\dfrac{a}{b}(b\neq 0)=(\quad):(\quad)=(\quad)\div(\quad)$

学生自主完成，交流反馈。

5. 交流：比的后项可以是 0 吗？为什么？

**四、巩固练习、提升美感**

1. 我会写：第 70 页练一练 1、3 题，练习十三第 2 题。

2. 我会辨：下面的说法对吗？

(1) 小明身高1米，爸爸身高174厘米，小明与爸爸身高的比是1∶174。

(2) 把1克糖溶解在20克水中，糖和糖水的比是1∶20。

学生独立思考，全部交流改正方法。

3. 我会说：甲的速度是乙的$\frac{1}{3}$，甲与乙的速度比是(　　)∶(　　)，两个数的比表示两个数相除的关系，是"除法"的一种特殊表示方式，比在生活中的运用是很广泛的。

介绍：比的生活运用、黄金比照片等。

**五、全课小结、分享收获**

谈话：这节课我们学习了什么？你有什么收获？还有什么问题？

## 五、"确定位置"教学实录与说明

**【课前慎思】**

本课主要学习数对的意义以及用数对确定位置，学生在一年级已经学习了用"前、后、左、右、上、下"表示物体的位置，会用类似"第几""第几排第几个"等方式描述物体在方向或平面上的位置，初步获得了用自然数表示位置的经验。本课主要对这种经验加以提升，用抽象的数对来表示位置，进一步发展空间观念，提高抽象思维能力。数对能帮助学生初步建立平面的表象，架起数与形之间的桥梁，初步渗透数形结合及坐标思想，这也是学生以后学习平面直角坐标系的重要基础。学生经历由"用自己的方法确定位置"设疑到"用列和行的方法确定位置"，再到"用数对确定物体的位置"，体会数学符号的简洁正确性，从学到用，体会数学一一对应的思想。针对本节课的教学，我进行了如下思考：

从学生的感性经验上升到用抽象的数对来表示位置，怎样引发学生的学习需求？如何发展学生的抽象思维能力？如何增强空间观念，初步形成数形结合的思想方法，同时也为学生第三学段学习平面直角坐标系做一些铺垫和准备？如何将确定直线上点的位置、面上点的位置以及空间中点的位置形成一个完善的认知系统？

**【教学实录与说明】**

**教学内容：**用数对确定位置

**教学目标：**

1. 学生在具体情境中认识列、行的含义，知道确定第几列、第几行的规则；初步理解数对的意义，运用数对表示具体情境中物体的位置。

2. 学生经历"用自己的方法确定位置"到"用列和行的方法确定位置"，最后到"用数对确定位置"这三个阶段，由模糊到清晰，由具体到抽象，逐步掌握用数对确定位置的方法，丰富对现实空间的认识，进一步发展空间观念。

3. 学生积极参与学习活动，感受数对与生活实际的联系，体会数形结合的数学思想，拓宽知识视野，激发数学学习的兴趣。

**教学重点：**掌握用数对确定位置的方法

**教学难点：**理解用数对表示物体的对应位置

**教学过程：**

一、用自己的方法确定位置

谈话：这是四年级某班一横排的座位图，你知道了什么？

交流：有6个人，其中一个人叫小军。

谈话：你能说出小军坐在哪里？

汇报：从左边数，小军坐第4个位置；从右边数，小军坐第3个位置。

小结：是的，我们可以用"左"或者"右"确定物体的位置。教师板书：左和右。

谈话：现在换成了一竖排，小军坐在哪里？

交流：从前面数，小军坐在第4个位置；从后面数，小军坐在第3个位置。

小结：是的，我们也可以用"前"或者"后"确定物体的位置。教师板书：前和后。

谈话：这是小军班级的座位图，你知道小军坐在哪里？

汇报：小军坐在第4组第3个；小军坐在第3排第4个。

谈话：你是怎样想的？

设疑：为什么同一个位置，说法却不一样呢？（引发学生对已有的确定位置的方法进行质疑）

引导：标准不统一。有的同学是先从左右方向数的，有的同学是先从前后方向数的。你的方法你能懂，他的方法他能懂，这样交流起来怎么样呢？

交流：麻烦！

引导：怎样才能不麻烦呢？我们需要统一标准。

揭题：今天我们一起来研究“确定位置”。教师板书：确定位置。

**【设计意图】**从学生的已有经验出发，让学生用自己的方法确定小军的位置，激发学生的认知冲突，产生运用一种统一、简洁的方式确定物体的位置的需要。

二、用列与行的方法确定位置

1. 认识列和行的概念

谈话：像这样排列时，通常用“列”和“行”来确定位置。什么叫做“列”？

汇报：竖排叫做“列”。

启发：哪儿是第一列呢？（可以请学生上台指一指）

交流：确定第几列，一般从左往右数。（完善板书：从左往右）

谈话：什么叫做“行”呢？

汇报：横排叫做行。

启发：哪儿是第一行呢？（也可以请学生上讲台指一指）

交流：确定第几行，一般从前往后数。（完善板书：从前往后）

2. 用列和行确定位置

谈话：现在你能用列和行的方法说出小军坐的位置吗？让学生尝试用第几列第几行进行描述。

汇报：先确定第几列，从左往右数是第4列，再确定第几行，从前往后数是第3行。合起来说就是第4列第3行，教师板书。

简化：为了研究方便，还可以把这张座位图变成圆圈图，红圆圈就是小军的位置，你还能用列和行的方法说出小军坐的位置吗？

启发：你是怎样想的？

汇报：先确定第几列，从左往右数是第4列，再确定第几行，从前往后数是第3行。小军在这条竖线和横线交汇的地方。

练习：你能用“列和行的方法”说出小明和小芳的位置吗？

汇报：小明坐在第3列第4行，小芳坐在第5列第5行。

三、用数对的方法确定位置

1. 初步认识数对

谈话：用第几列第几行的方法，让我们确定位置有了统一的标准。以小军的位置为例，但是外国人看不懂中文呀，你能不能发明一种外国人都能看得懂的方法呢？

尝试：学生思考、讨论、汇报交流。

汇报：去掉中文，只留下阿拉伯数字，中间都用逗号隔开。

交流：为了表示第几列和第几行是一个整体，我们用一个括号括起来。

像这样用两个数表示位置，这样的一对数我们称为“数对”。(板书：用数对)

启发：数对(4,3)表示什么意思？

交流：表示第4列第3行。

练习：你能用数对表示小明和小芳的位置吗？

比较：数对(3,4)和数对(4,3)表示的意思一样吗？两个数的位置调换了，表示的意思也就改变了。数对(5,5)中两个5表示的意思一样吗？

小结：数对中的两个数各表示什么呢？谁在前？谁在后？

通常我先写列，再写行，老师有一个特别棒的方法，让你一看就明白，把“列”的一竖和行的“二”用红粉笔加粗。

交流：你发现了什么？

汇报：列字里面有一个“1”，行字里面有一个“二”。

2、体验价值

谈话：用数对确定位置的方法，有什么好处呀？

汇报：简洁明了，便于交流。

**【设计意图】**从用自己的方法到直接告知用列和行的方法，最后抽象出用数对确定物体的位置的数学化过程，体会数学的抽象和模型思想，培养学生的符号意识。

四、数对的应用

1. 教室中的数对。

谈话：你能用数对表示你在教室里的位置吗？

交流：有的数对中的两个数都一样，你发现了什么？

汇报：这些同学在同一条斜线上。

表示第一列同学位置的数对有什么特点？你发现了什么？为什么？

表示第一行同学位置的数对有什么特点？你又发现了什么？为什么？

小结：我们不仅找到了自己的位置，而且还发现了数对和图形之间的特点，有了数对，我们就能更好地去研究图形了。

2. 交流：生活中还有哪些地方用到数对确定位置？

学生汇报交流，课件出示。

3. 介绍数对的发明。

谈话：数对给我们的生活带来了方便，但数对的发明却是一件非常偶然的事情。（课件播放）

启发：笛卡尔写给瑞典公主克里斯汀的心形线密信。

4. 猜一猜，小动物的家在哪里？

如果小狗的家用数对(2,3)表示，你能找到它的家吗？

小狗(2,3)，小鸡(3,5)，小鸭(△,4)和小猫(△,○)

5. 如下图，如果学校所在的位置用数对(4,3)表示，那你能想办法用数对表示出其他各点的位置吗？

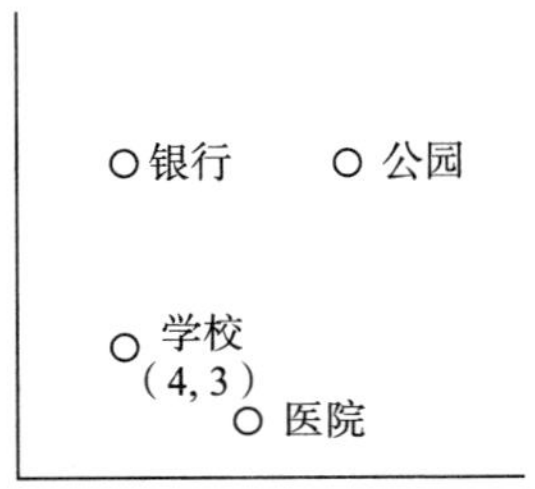


**【设计意图】**通过一系列练习，层层深入，沟通数学和生活的联系，巩固并进而熟悉方法，在掌握方法的基础上，着重体会数对和物体的位置一一对应的关系。

**五、激发兴趣，拓展思维**

谈话：教室空间里的一个物体，它的位置又应该怎么样确定呢？课后我们还要继续研究。

## 六、“认识公顷”教学实录与说明

**【课前慎思】**

本课是在掌握了平面图形面积计算的基础上进行教学的。本课教学重点是让学生认识1公顷，会进行简单的单位换算。教学难点是体会1公顷的实际大小，建立1公顷的表象。教材中首先通过介绍南京明孝陵的占地面积、北京中华世纪坛的占地面积、台湾日月潭的面积、我国2004年森林的面积等引出“公顷”这一土地面积单位。接下来告诉学生边长100米的正方形土地面积是1公顷，帮助学生初步建立1公顷的实际大小的表象。再引导学生通过计算这块正方形土地的面积，既发现公顷和平方米之间的进率，又进一步明确公顷的实际大小。教材还结合学生的实际，以28个小朋友手拉手围成一个正方形，面积大约是100平方米为素材，让学生通过简单的推理体会到100个这样的正方形面积大约才是1公顷。“试一试”让学生先算出平行四边形土地的面积是多少平方米，再利用刚刚学到的知识把计算结果换算成公顷。“练一练”安排了两道题，分别让学生算一算足球场、教室的面积，进一步帮助学生利用熟悉的场地体会1公顷的实际大小。针对以上对“认识公顷”的分析，我提出以下几个思考问题：

1. 如何在学生头脑中建构1公顷的表象，培养学生的空间观念？

“认识公顷”有很多公开课最后上成了解决问题的课，尤其是涉及单位转化的求平行四边形、梯形面积公式的实际问题，而我这节课的教学重点放在体验1公顷的大小，建立1公顷的表象，根据建立在头脑中1公顷的表象感悟“几公顷”，重点培养学生的空间观念。

2. 如何在实践操作中借助推理体验较大的面积单位？

1公顷这个土地面积单位实在是太大了，学生必须在实践操作中去体会。7个孩子双手伸直的长度大约10米，28个孩子围城一个正方形的面积大约是100平方米，在体验了100平方米的基础上，再进行推理，100个这样的正方形的面积大约是1公顷。教学之前，组织学生测量操场、教室等学校较常见的建筑物的面积。

3. 在学习公顷的基础上，如何引发冲突，为下一节课“认识千米”的学习埋下伏笔，做好铺垫？

**【教学实录与说明】**

**教学内容：**认识公顷

**教学目标：**

1. 让学生经历认识较大面积单位的产生过程，通过实际观察和体验、想象和推理，初步建立1公顷的面积概念，体会它的大小。

2. 知道1公顷＝10 000平方米，会进行简单的单位换算。

3. 培养学生的合作能力，让学生进一步体会数学与生活的联系，激发他们学习数学的兴趣。

**教学重点：**

体验1公顷的实际大小，知道平方米和公顷之间的进率

**教学难点：**

建立1公顷的表象

**教学准备：**

多媒体课件、学生课前调查表

**教学过程：**

**一、复习导入，揭示课题**

谈话：同学们，我们已经学过了哪些面积单位？

启发：它们用符号是怎样表示的？根据学生回答教师板书。

引导：1平方厘米有多大呢？你能比划一下吗？1平方分米呢？1平方米呢？

谈话：我们已经知道：

边长1厘米的正方形，面积是1平方厘米；

边长1分米的正方形，面积是1平方分米；

边长是1米的正方形，面积是1平方米。

谈话：小虎记录了生活中几种常见物体表面的大小，请看大屏幕。

(1) 苏州外国语学校教师的校牌表面的大小大约是13(　　)。

(2) 我们课桌桌面的大小大约是24(　　)。

(3) 教室地面的大小大约是63(　　)。

启发：你觉得他的记录怎么样？

汇报：他的记录不完整，缺少单位名称。

引导：你能填上合适的面积单位吗？

谈话：老师从报纸上摘录了一条这样的信息，你能填上合适的单位名称吗？

拙政园的占地面积约为5(　　)。

启发：计量这么一大块的土地面积用“平方米”作单位，你觉得怎么样啊？

引导：在这里如果填“平方米”的话就不合适了，那样拙政园的占地面积比一个教室的地面还要小了，我们需要创造更大的单位……

引导：这里我们可以用“公顷”作单位。

谈话：测量和计算土地面积，通常用“公顷”作单位，那你在哪儿见过用“公顷”作单位？

（学生交流课前查找到的用公顷作单位的材料）

谈话：测量和计算土地面积，你会选什么作单位？

揭示课题：今天这节课，我们一起来认识公顷。

**【设计意图】**让学生复习已学过的面积单位，比划它们的大小，逐步回忆面积单位的产生过程。创设“拙政园的占地面积约为5(　　)”问题情境，引起认知冲突，引发学生学习大面积单位的学习需求。

**二、自主探究，感悟公顷**

谈话：看到“公顷”，你想了解什么？

引导：1公顷有多大呀？公顷和平方米有什么关系？在什么情况用公顷作单位？还有没有其他的土地面积单位？

谈话：通过这节课的学习，我们能找到问题的答案。

1. 自学2分钟，学习1公顷的单位定义

启发：1公顷有多大呀？

汇报：边长100米的正方形土地，面积是1公顷。

谈话：算一算1公顷是多少平方米？你是怎样算的？

学生汇报：100×100＝10 000(平方米)

所以：1公顷＝10 000平方米。(学生变换形式进行朗读)

谈话：读了之后，从中你能发现公顷和平方米的进率是多少？

**【设计意图】**采用导学法，通过让学生提出问题、自学探究、集体交流等过程，激发学生自主探索获取知识的能力，提升学习能力。

2. 初步感受1公顷的实际大小

谈话：知道了1公顷就是10 000平方米，1公顷到底有多大，让我们一起来感受一下。

谈话：课前我们请28位同学围成一个边长约10米的正方形，面积大约是100平方米。

引导：你觉得100平方米大的正方形土地怎么样呀？

启发：100平方米已经很大了！

谈话：100平方米已经很大了，可是它离1公顷还差得远呢！

引导：继续往下算，多少个这样的正方形面积是1公顷？你是怎样想的？

根据学生汇报，交流思考过程。要求孩子闭上眼睛先想一想面积100平方米的正方形土地，再让他们在头脑中想象100个这样的正方形土地就是1公顷。

谈话：现在你对1公顷有什么体会？

3. 小组合作,深入体会1公顷的实际大小

谈话:课前我们每个小组的同学都测量了学校报告厅、礼仪广场、足球场、室内篮球场和教室的长和宽,请计算出它们的面积大约是多少。想一想,大约多少个这样的面积就是1公顷?

出示合作学习单:

我们小组选择的场地是(　　),它的长约(　　),宽约(　　),它的面积大约是(　　),大约(　　)个这样的面积就是1公顷。

谈话:请每一个小组派一位代表把你们的结论说给大家听,一起分享你们的学习成果,好吗?

(学生汇报后,再次请全体同学闭上眼睛,一起想象1公顷大约是1.3个我们苏州外国语学校的足球场那么大)

4. 联系学校平面图,继续感受1公顷的大小

谈话:这是我们学校的平面示意图,想不想知道我们学校的哪一块土地面积正好是1公顷?

谈话:从学校的足球场框出正好是1公顷的土地。

引导:你们能不能估算出我们学校的占地面积大约是多少公顷?

出示地图:这是我们学校的周边地形图,你能找到苏州乐园吗?

引导:你能不能根据我们学校的大小估算出苏州乐园的占地面积?

**【设计意图】**联系学生的生活实际,选择学生熟悉的篮球场、足球场、报告厅、礼仪广场等,让他们在体验式活动中生成数学知识。通过学生闭上眼睛展开空间想象,1.3个学校的足球场、28个学校的报告厅的占地面积大约是1公顷,加深学生对1公顷的理解。

**三、分层练习,内化新知**

谈话:下面运用我们这节课学习到的知识解决一些实际问题。

1. 出示初步练习:填写合适的面积单位

(1) 天安门广场是世界上最大的城市广场,面积大约是40(　　)。

(2) 北京的故宫是世界上最大的宫殿,占地面积约为72(　　)。

(3) 学校计算机房的占地面积是96(　　)。

(4) 笔记本电脑的屏幕面积大约是700(　　)。

先让学生独自解答,然后同桌交流想法。

集体交流:你是怎样想的?

2. 谈话：相信下面的单位换算题难不倒你们

6 公顷＝(　　　)平方米

0.8 公顷＝(　　　)平方米

70 000 平方米＝(　　　)公顷

9 000 平方米＝(　　　)公顷

学生独自尝试后交流换算的想法。

谈话：把以平方米作单位的数量改写成以公顷作单位的数量时，可以用原来的数除以 10 000，或者直接把原来数的小数点向左移动四位。

3. 解决实际问题

一块平行四边形的菜地，底是 250 米，高是 40 米。这块菜地有多少平方米？合多少公顷？

先在书本上练习，再集体交流。

**四、有机拓展、提升素养**

谈话：自古就有"江南园林甲天下，苏州园林甲江南"之说，下面老师带来了有关苏州园林的一段视频。

谈话：视频看完了，生活中的一些信息也就来了。

介绍狮子林、沧浪亭、怡园、留园等著名园林的占地面积等信息。

**【设计意图】**数学只有回归到生活中去，才会显示其价值，展示其魅力。学生只有回到生活中去用数学，才有利于培养学生用数学的眼光去观察世界，用数学的思维去思考问题。

**五、全课小结、课后延伸**

谈话：今天我们一起学习了什么？你有什么收获？

出示苏州市高新区图片。

谈话：老师最后还给你带来一道题：苏州高新区的占地面积大约是 223(　　　)，这里你会填写什么单位呢？

引导：这里填写"公顷"也不合适了，需要更大的面积单位了。

谈话：是的，下节课我们将继续讨论。

## 七、"整数除以分数"教学实录与说明

**【课前慎思】**

整数除以分数是在学生已经掌握了分数乘法和分数除以整数的基础上进行

教学的。通过教学，一方面能使学生系统掌握分数的四则计算，也为进一步学习分数四则混合运算打好基础；另一方面能使学生进一步加深对乘、除法关系的理解，体会数学知识和方法的内在联系，并为后续学习稍复杂的分数实际问题打下坚实的基础。

在教学过程中，我对以下几个问题进行了思考：

1. 如何循序渐进地安排教学内容？

例题 2 是整数除以几分之一，例题 3 是整数除以几分之几，我们如何借助几何直观将抽象的算理和算法统一起来？在完成例题 2、3 的教学之后，如何引导学生通过类比、归纳出整数除以分数的计算方法？

2. 如何借助直观手段，帮助学生理解算理、探索算法？

让学生通过实际操作求出得数，感知一个数除以几分之一的计算方法。还有其他方式吗？或者是通过画示意图，让学生深刻感知一个数除以几分之一等于这个数乘几分之一的倒数？如何从直观手段过渡到运用分析、比较、类比等思维活动探索算法、理解算理？

**【教学实录与说明】**

**教学内容：**整数除以分数

**教学目标：**

1. 结合具体情境，通过分一分、画一画等动手实践活动，理解算理和算法，掌握整数除以分数的计算方法。

2. 通过动手实践、自主探索、合作交流等学习方式，体验转化、归纳的数学思想，运用数学知识解决生活中的实际问题。

3. 在学习过程中，提高提出问题、分析问题的能力，进一步提升自己对数学问题的探究意识，形成良好的数学学习习惯。

**教学重点：**整数除以分数的计算方法

**教学难点：**理解整数除以分数的算理和算法的统一

**教学准备：**课件、圆片、直尺

**教学过程：**

一、复习引入、提出猜想

1. 口算

$\frac{3}{8}\div 3=$　　　　$\frac{4}{13}\div 2=$

交流算法：

(1) 关于分数除以整数，我们知道了什么？

交流：分数除以整数，可以转化成乘法计算；分数除以整数，等于分数乘这个整数的倒数。

启发：如果把分数和整数的位置对调一下，变成整数除以分数，我们能想到什么？

(2) 还想知道什么？

追问：是这样的吗？为什么呢？带着这样的猜想，我们进入今天的学习——整数除以分数。

**【设计意图】**回顾分数除以整数的计算方法，引发学生的数学思考、扩展学生的思路，为本课的学习做好铺垫。

**二、探索新知、验证猜想**

1. 教学例2，结合具体情境，初步感知算法。

出示例2：4个橙子，每个分$\frac{1}{2}$个，可以分给几人？分析条件和问题。

学生口答列式。

引导：求分给几个人，用什么方法计算？

交流：因为是平均分的数学问题，根据橙子的总数和每人分的个数这两个条件，用除法计算。

启发：现在老师把条件换一下。

出示问题(2)：每人分$\frac{1}{2}$个，可以分给几人？

学生列出算式并说明理由(平均分)。

谈话：$4\div\frac{1}{2}$等于多少呢？我们借助圆片来分一分、看一看。

(师生动手分四个橙子，一个一个地分)

展示：观察黑板上分橙子的结果，你知道了什么？

$4\div\frac{1}{2}=8$(人)

启发：回想分橙子的过程，你想到了什么？

汇报：1个橙子分给了2个小朋友，4个橙子可以分给8个小朋友，用4×2等于8。

也就是说：$4\div\frac{1}{2}=4\times2$。(板书等式)

谈话：$\frac{1}{2}$和 2 有什么关系？喔，互为倒数，我们把分数除法转化成分数乘法。

2. 出示问题(3)：4 个橙子，每人分$\frac{1}{3}$个，可以分给几个人？每人分$\frac{1}{4}$个，可以分给几个人？

学生列出算式，$4\div\frac{1}{3}$，$4\div\frac{1}{4}$。

启发：我们还是用四个圆片代表四个橙子，同学们先分一分，再想一想，填一填，你发现了什么？

交流：

$4\div\frac{1}{3}=12$ 人，因为 1 个橙子可以分给 3 个人，4 个橙子可以分给 4 个 3 人。

$4\div\frac{1}{4}=16$ 人，因为 1 个橙子可以分给 4 个人，4 个橙子可以分给 4 个 4 人。

分别板书：

$4\div\frac{1}{3}=4\times3$

$4\div\frac{1}{4}=4\times4$

交流：括号里的数和除数有什么关系？

谈话：看来，整数除以分数和分数除以整数还是有联系的，但是你发现了这三个等式都是除以几分之一吗？如果是整数除以几分之几，符合这个规律吗？

**【设计意图】**学生借助直观图，通过动手实践、自主探索、合作交流等学习方式，感悟整数除以几分之一的计算方法，算理和算法初步统一起来。

2. 教学例 3，借助单位“1”，深入感悟算法。

启发：4 米的彩带，每$\frac{2}{3}$米分一段，可以分几段？你能列式吗？

学生列式：$4\div\frac{2}{3}$

交流：我们先借助直条图或线段图分一分，再写出结果。

启发：得到结果还不是学习数学最高明的方法，为什么是这样的呢？让我们再来回顾一遍分一分的过程。

展示：1 米 1 米地分，揭示 1 米和$\frac{2}{3}$米的关系。1 米是$\frac{2}{3}$米的 3/2 倍，所以，4

米就是$\frac{2}{3}$米的4个$\frac{3}{2}$倍，也就是$4\times\frac{3}{2}$。

根据上面的结果，$4\div\frac{2}{3}=6$，$4\times\frac{3}{2}=6$

$4\div\frac{2}{3}=4\times\frac{3}{2}$。

谈话：观察这几个等式，你有什么发现？

设疑：被除数如果不是4，而是3，这个规律还成立吗？

探究：书本第5题第二小题，只要分单位1就不需要再往下分。

3. 统一算理算法，归纳计算方法。

谈话：再次比较以下5个等式，你有什么发现？先想一想，然后在小组内说一说。

$4\div\frac{1}{2}=4\times2$

$4\div\frac{1}{3}=4\times3$

$4\div\frac{1}{4}=4\times4$

$4\div\frac{2}{3}=4\times\frac{3}{2}$

$3\div\frac{2}{3}=3\times\frac{3}{2}$

集体汇报交流。

小结：整数除以分数都可以转化成乘法计算。整数除以分数，等于整数乘这个分数的倒数。分数除以整数和整数除以分数的方法是一样的。

**【设计说明】**借助单位1和每段长度的关系，结合具体直观图，理解算理算法，归纳推理出整数除以分数的计算方法。

**三、运用新知、解决问题**

1. 完成书本练一练。

学生独立完成练一练第一题。

集体汇报：你是怎样想的？

交流：整数除以分数，等于乘这个分数的倒数。

2. 题组练习：练习七第7题。

独立完成。

集体汇报：每组中的两道题有什么不同？

3. 题组练习：练习七第8题。

独立完成。

汇报交流，你是怎样想的？

**四、全课小结、埋下伏笔**

这节课我们学习了什么内容？

你还有什么问题？

如果把分数除以整数的除数变成分数，计算方法还是一样的吗？

## 八、"数据的分段与整理"教学实录与说明

**【课前慎思】**

学生已经初步学习了简单数据的收集和整理，知道用画"√"、画"□"、画"正"字等方法收集整理原始数据。依据学生的认知发展规律和已有经验，运用画"正"字的方法把数据进行分段整理，学生借助自己理解的特殊"记号"帮助自己计数过程中不重复、不遗漏地进行分段整理。通过分段整理，充分理解分段整理的好处以及在什么情况下需要进行分段整理，提升学生的数据分析观念、提高学生的数据分析意识。

基于以上对教材的理解，我在教学过程中针对以下几个问题进行了思考：

1. 数据的分段标准是老师直接给予学生还是让学生自主探究？

2. 如何让学生体会到分段整理数据的好处？是指向解决问题吗？

3. 如何在学生经历完整的数据的分段与整理的学习过程中，给学生建立起数据分析观念？

**【教学实录与说明】**

**教学内容：**数据的分段整理

**教学目标：**

1. 结合具体情境，理解并掌握对较多的数据进行分段整理、分析，通过分段整理、分析数据，解决生活中的实际问题。

2. 采用自主探索、合作交流等学习方式，运用分段整理数据进行统计、分析数据，经历统计的过程，积累数据统计经验，体验分段整理数据的好处——不重复、不遗漏。

3. 通过学习，提高数据整理和分析能力，增强数据分析观念，养成良好的数学学习习惯，增强学好数学的信心。

**教学重点**：数据的分段整理与统计

**教学难点**：体会分段整理数据的价值

**教学准备**：作业纸、课件

**教学过程**：

一、创设情境，激发需求

谈话：同学们经常到超市购物，你知道这个货架上的商品为什么这样摆放吗？

交流：超市商品摆放的黄金法则。

出示图片：这样的例子还有很多，大数据背景下的天气预测等。

揭示：统计对于我们的生活非常重要。

二、激发冲突，引入学习

谈话：梅峰小学就遇到了一个这样的实际问题。

出示：主题图片。

谈话：梅峰小学准备为鼓号队员购买服装。服装分为大号、中号和小号。你知道每种服装各要购买多少套吗？

汇报：缺少条件，即缺少每位同学的身高。

谈话：是的，购买服装需要知道队员的身高、体重、性别等信息。

引导：最重要的信息是身高。

出示：鼓号队 1 至 32 号队员的身高。

启发：现在你能知道每种服装各要购买多少套吗？

汇报：不能。

激趣：为什么呢？

汇报：缺少“多高穿多大的衣服”，即统一的分类标准。

交流：你认为应该以什么样的标准进行分类？

讨论后汇报：应该以身高这一标准进行分类，身高高的穿大号，身高矮的穿小号，不高不矮的穿中号。学生可以举例说一说。

谈话：是的，你们和老师想到一块去了(出示标准，学生观察)。你知道了什么？

交流：身高 130—139 cm 的队员适合穿 S 号，就是小号；140—149 cm 的队员适合穿 M 号，也就是中号；150—159 cm 的适合穿 L 号，也就是大号。

谈话：把上面这些数据分成了几段？每段的跨度是 10 cm，这样分有什么好处？

交流：段数不能太多，也不能太少，在这里，3 段比较合适。

三、尝试统计，体验方法

启发：身高数据有了，分段标准也确定了，现在我们知道各种服装需要购买多少套吗？

交流：要统计不同身高的人数。

谈话：你能用画“正”字的方法统计不同身高的人数吗？

尝试：学生尝试进行数据统计。

汇报：我是用画“正”字的方法进行分段整理数据，方便统计人数。

谈话：这就是我们今天要研究的数据的分段整理。（教师板书课题）

设疑：为什么这两位同学都是用画“正”字的方法进行统计，可是统计结果不一样呢？

汇报：分段整理时，可能是重复计算了，也可能遗漏了。

谈话：有什么好的方法能让我们统计各段人数不多也不少呢？

启发：看看这张整理的结果，你想知道不同身高的人数，你要数一遍，他想知道结果也要数一遍，我想看还是要数一遍，你觉得这方法怎么样？

汇报：很麻烦。

启发：怎么样才能不麻烦，让人一眼看出不同身高的人数呢？

谈话：把整理的结果填入统计表。

（学生尝试填表）

启发：合计这一栏你是怎样得到的？填写这一栏有什么好处？

（填写制表时间，解决问题）

谈话：现在能知道购买服装各多少套吗？

分析：从这张统计表中，你能知道什么信息？

27 号队员的身高是 159 cm，你估计一下他在鼓号队担任旗手还是指挥？为什么？

3 号队员的身高是 134 cm，你估计一下他在鼓号队担任什么角色？为什么呢？

**【设计意图】**创设日常生活情境，激发学生的认知冲突，从“为什么需要用画正字的方法进行统计？”引出话题，让学生体验到分段整理数据的好处，然后层层深入、循序渐进，加强学生的数学分析观念。

**四、回顾反思，提升素养**

1. 回忆过程，提高能力

谈话：我们刚才经历了几个步骤进行分段整理数据的？

汇报：收集数据、整理数据和分析数据三个步骤。

启发：通过统计，你有什么收获？

交流：通过分段整理，可以知道每种服装要买多少套，我们最终解决了实际问题。

注意：分段整理时，要注意不重复、不遗漏。

设疑：如果不给你原始数据整理表，直接给你统计表，你可以用画“正”字的方法进行统计吗？

汇报：可以的。先统计，再验证，填表之后再擦去。

2. 增强意识，提升素养

谈话：在什么情况下，我们要对数据进行分段整理统计？

交流：在数据较多，要分成几段不同的范围的时候。

**【设计意图】**通过回顾与反思，体验数据分析的方法，增强数据分析意识，提高学生的数学素养。

**五、巩固练习，内化新知**

1. 初步练习，练一练

出示：练一练。

谈话：读完这段话，你知道了什么信息？

汇报交流。

启发：要解决什么问题？

交流：要知道购买免票、半价票和全价票各有多少人。

统计收集各小组的身高，并分段整理。

启发：120 cm 以下是什么意思？120—150 cm？150 cm 以上呢？

交流：120 cm 以下不包含 120 cm，150 cm 以上也不包含 150 cm。

尝试：学生尝试解决。

汇报：全班汇总。

交流：你们班级同学乘火车时，是需要购买全票的人多，还是半价票的人多？你知道了什么？

小结回顾。

2. 深入练习，练习七第 2 题

（学生尝试练习）

汇报：集体汇报交流。

设疑：张小红1分钟仰卧起坐的成绩在这个班女同学中排在前10名。你能估计她的成绩可能是多少吗？

启发：你有什么话对张小红说？

**【设计意图】**通过练习，学生能够熟练运用所学知识，巩固新知，积累数学活动经验，体会到数学学习的乐趣，增强学好数学的自信心。

**六、全课总结，增强意识**

启发：这几课我们学会了什么？你能上台说给同学们听吗？

（学生交流）

## 九、“树叶中的比”教学实录与说明

**【课前慎思】**

这部分内容是在学生掌握了比的相关知识，特别是学习了如何求比值之后安排的一个综合与实践活动——测量树叶中的比。教学内容引导学生经历收集整理数据、分析数据、发现规律的过程，通过测量、比较同一树叶的长和宽的比值，发现树叶中隐藏的秘密。比如同一种树叶，长和宽的比值都比较接近；比值接近的不同树叶，形状也相似；树叶长与宽的比值越大，树叶就越狭长，等等。让学生在动手操作的过程中进一步体验比在现实生活中的应用，加强学生对比的认识，积累通过数据分析发现事物特征的经验，增强数据分析观念，提高初步的实践能力和创新意识，同时为第三学段学习图形的相似性打下知识基础。

1. 综合与实践活动的准备环节，如何做得更细致？让学生收集树叶，那采集之后怎样保存呢？如何有效指导学生测量树叶的长和宽？

2. 如何引发学生进行数学思考，提出问题，特别是提出核心问题？

3. 在回顾与反思环节，学生通过交流讨论，可以发现什么规律？

4. 综合与实践活动的目的：通过活动形式如何培养学生的创新意识和应用意识？

**【教学实录与说明】**

**教学目标：**

1. 通过数据收集和计算，探索发现一些常见树叶长与宽的比；学会根据树叶长和宽的比判断这片叶子是哪种树的叶子。

2. 让学生经历数据收集、计算、比较、合作交流等实践过程，感受数据收集的作用，体验数据的随机性，体会从数据里可以发现规律，进一步积累数学活动经验，发展数据观念。

3. 体会现实生活中的比，感受数学的意义和价值，提高学生学习数学、应用数学的兴趣。

**重难点分析：**

利用比的知识探究树叶长与宽之间的比例关系，发现并运用规律解决实际问题

**教学过程：**

一、创设情境，提出问题

1. 情境导入

出示：长和宽分别是 4 厘米、2 厘米和 8 厘米、4 厘米的两个大小不同的长方形。

（引导学生观察）

启发：这两个长方形的大小不同，但是它们的形状相同。

激趣：这是为什么呢？

交流：这是因为长方形的长和宽的比都是 2∶1，只要长和宽的比是 2∶1，长方形的形状就长得差不多，数学上称为相似。

2. 观察比较

谈话：图形有自己的形状，那生活中的树叶呢？课前大家收集了很多树叶，仔细观察一下采集的树叶，看看每种树叶有什么特点，小组里互相说说看。

启发：它们的大小形状是怎样的？不同树叶的大小、形状区别在哪里？相同的树，树叶的大小、形状又有怎样的关系？

小组观察后讨论。

学生汇报交流，可能出现以下汇报内容：

① 树叶有大有小，有的树叶长长的，有的圆圆的；

② 相同的树，树叶的大小不同，但形状是相似的；

③ 不同的树，树叶的形状一般是不同的。

3. 揭示课题

谈话：这是为什么呢？相同的树，树叶的大小不同，但是形状相似，联想刚才的两个长方形，我们从数学角度看，它有什么特点呢？让我们一起进入今天的学习，研究树叶中的比。

4. 设疑提问

交流：怎样可以知道每种树叶长和宽的比呢？怎样比较这些树叶长和宽的比呢？说说你的想法。

明确：先测量树叶的长和宽，再比较长和宽的比值。

指出：测量、计算、比较是我们研究数学常用的好方法。

**【设计意图】**这一环节从学生熟悉的长方形的比到树叶中的比，从学生的已有经验出发，探寻学生新的知识的“生长点”和“延伸点”。引导学生观察树叶，在比较树叶的过程中，发现通过测量、比较树叶的长和宽来探究同种和不同种树叶形状的方法，开启了学生的思维，培养了学生学以致用的意识，也为下面的探索实践做好了准备。

**二、动手实践、自主发现**

1. 认识长宽

谈话：动手实践之前，我们先要弄清楚树叶的长和宽指的是什么。

交流：以书本上的柳树为例，请同学们上台指一指柳树的长和宽。

巩固：桃树叶的长和宽、桑树叶的长和宽、枇杷树叶的长和宽以及银杏树叶的长和宽在哪里？请学生上台介绍解释，同桌互相说一说。

2. 动手实践

出示活动要求：

(1) 4 人一组，测量柳树的树叶，组长分工。

(2) 每个小组测量出 10 片同一种树叶的长和宽，并算出长和宽的比值(保留一位小数)，填在数学书第 67 页的表里。

(3) 计算出你测量的树叶的长和宽的比值的平均数。

(4) 在小组里交流各自测量到的树叶的长和宽的比值的平均数。

(5) 将测量和计算的结果进行对照，在小组里说说你的发现。

学生操作实践，记录数据并进行相应计算。

3. 汇报交流

可能有以下想法：

① 柳树树叶的长和宽的比值大约是 8；

② 同一种树叶的长和宽的比值都比较接近，虽然大小可能不同，但形状是相似的。

4. 深入探究

操作：组织学生从桑树叶、枇杷叶以及银杏叶中选择两种树叶，再一次进行上面的操作活动。

设疑：现在你测量和计算的结果还是8吗？这是为什么呢？你发现了什么？难道是我们刚才测量的数据或者是发现不正确吗？

交流：

① 不同树种的树叶长和宽的比值可能不同，也可能相同；

② 比值接近的不同树叶，形状也相似；

③ 树叶长和宽的比值越大，树叶就越狭长；

④ 长和宽的比值越小，树叶显得宽一些。

5. 实际运用

猜猜老师信封中采集的几种树叶的名称。

教师一一出示，学生根据规律进行猜想：

1号信封树叶，长和宽的比是8∶1；

2号信封树叶，长和宽的比是2∶1；

3号信封树叶，长和宽的比是7∶1；

4号信封树叶，长和宽的比是7∶1。

让学生猜测它们各是什么树叶，为什么？

**【设计意图】**自主探索柳树叶的长和宽的比值，积累数学活动经验，得出柳树叶的长和宽的比值的平均数大约是8，引发学生的认知冲突：为什么我们测量的桑树叶和桃树叶却不是8呢？这其中的奥秘在哪里？不断激发学生的学习兴趣，丰富学生的数学活动经验，培养学生的合作精神与探究能力，并进而提高学生的数学素养。

**三、课堂总结、回顾反思**

谈话：今天我们上了一节有趣的数学实践活动课，探究了树叶中的比，通过这次实践活动，你知道了树叶中的哪些奥秘？你有什么收获？

学生可能有以下收获进行汇报：

① 自然界中隐藏着很多有趣的规律；

② 通过测量、计算和比较，可以帮助我们分析问题、解决问题；

③ 善于发现和思考，才能发现和提出生活中的数学问题。

# 第六章　反思中，自然生长与师生共研

著名特级教师吴正宪老师特别强调小学数学教师要走进学生心中，读懂学生需求，站在学生的视角上看数学学习，按照学生的认知规律和心理需求来设计、组织教学。我从读懂学生这一角度展开师生共研：或是我写自学辅导材料给学生进行课前阅读；或是让学生写数学日记表达自己对数学的理解和看法；或是我们一起针对一个问题进行科学研究。

小学生的数学思维是从具体形象思维向抽象逻辑思维逐步过渡的阶段，而操作、体验、猜想、验证永远是学生最好的思维活动形式，只有我们俯下身来走进学生的内心，走进学生的数学世界，欣赏学生日常生活中的数学眼光，才能让学生对数学产生真正的感悟、深刻的体验，最终把这种感悟和体验形成文字，成为一种能力、一种素养、一种文化、一种精神，伴随他们一生。

## 一、有感于钱学森之问

2005年，温家宝同志在看望钱学森的时候，钱老感慨说："这么多年培养的学生，还没有哪一个学生的学术成就，能够跟民国时期培养的大师相比。"接着，钱老又发问："为什么我们的学校总是培养不出杰出的人才？"这就是著名的"钱学森之问"。它与李约瑟难题一脉相承，都是对中国科学的关怀。

"钱学森之问"是关于中国教育事业发展的一个艰深命题，需要整个教育界乃至社会各界共同破解。钱学森认为："现在中国没有完全发展起来，一个重要原因是没有一所大学能够按照培养科学技术发明创造人才的模式去办学，没有自己独特的创新的东西，老是'冒'不出杰出人才。"钱学森之问，包括两个层面：一是学校培养创造发明型人才的模式，二是创新创业型人才在社会上发挥作用脱颖而出的机制。

《义务教育数学课程标准（2011版）》提出：数学教学中要体现数学源于生活又应用于生活的特点，使学生感受数学与现实生活的联系，感受到数学的趣味和作用，增强学习数学的兴趣和应用数学的信心。“学生是学习的主体，学生学习应当是一个生动活泼的、主动的和富有个性的过程，除接受学习外，动手实践、自主探索与合作交流也是数学学习的重要方式，学生应当有足够的时间和空间经历观察、实验、猜测、验证、推理、计算、证明等活动过程。”从中可以看出：在数学教育教学过程中，要自始至终培养学生的创新意识和应用意识。而现实情况是：新课程标准实施十多年以来，学生在学习中被动式接受知识，最主要的活动就是听，其次就是做，不断地做、不停地写，学生的学习主动性、积极性和能动性丧失。

“一个没有创新的民族是没有希望的民族。”教师必须为学生营造自主学习、创新学习的氛围以实现从小为学生打好数学基础，发展思维能力，培养创新意识的目标。教师要给学生以足够的自主创新的空间，我们完全有可能而且有必要使学生养成良好的数学学习习惯，掌握创新性的学习方法，获得良好的数学知识。培养学生的创新意识和应用意识是时代所需。

2007 年，苏州出台了《苏州市深化素质教育，丰富校园生活，促进学生全面发展三项规定》，明确在完成国家课程计划的同时，教师应把时间还给学生，把兴趣爱好还给学生，把体育美育还给学生，让我们的学生多一些舒展的空间，多一些尝试的机会，多一些创造的天地，多一份未来发展的应有的良好素质。

小学生的年龄一般在 6—12 周岁，在心理学里称为学龄初期。这时期的学生的心理特点是：(1) 对新奇的具体的事物感兴趣，善于记忆具体事实。(2) 思维发展的基本特点，从具体形象思维逐步向抽象思维过渡。小学生对周围事物充满好奇，儿童有一种与生俱来的、以自我为中心的探索活动方式。正如苏霍姆林斯基所说：儿童希望自己是发现者、研究者、探索者。学生不是被动接受知识的容器，而是以自己已有的知识、经验甚至情感为基础的主动建构者。学生的学习过程强调以学生为主，以民主、宽松、和谐的学习氛围为条件，以发挥学生的主动性和积极性为特征，以发展学生的自主性、能动性和创造性为目的。

基于培养学生的创新意识和应用意识，我在教学过程中进行过师生共研和撰写数学日记的活动。师生共研和撰写数学日记在数学和生活之间架起了一座桥梁，使“用数学的眼光观察生活中的事物，用数学的头脑解决生活中遇到的问题，人人都能获得良好的数学教育”成为现实。

### （一）关于师生共研

师生共研，顾名思义就是老师和学生一起研究数学，重走数学家走过的路，发现数学、研究数学。我们师生一起挑战过编辑部老师，研究过七桥问题，思考过高速路上的刹车距离，探索过红绿灯的安全时长……我们通过改变作业形式，采用“4＋X”或“8＋X”，即每天完成4道或8道基础题，另外再选择一道师生共研题，且师生共研题是学生自主选择的，他们可以以小组研究、同桌研究、师生研究、汇报研究等形式进行研究。

曾经有一位同学研究过“洗衣服的学问”，为漂洗衣服选择方案。

共研题是这样的：脏衣服在用洗衣粉充分漂洗之后，一般先把衣服拧紧，排掉污水，再进行漂洗。可现在拧紧好大概还留有1千克的污水。现在有10千克清水，按以下三种方法去漂洗。

方法一：直接把衣服放入10千克水中，一次漂洗；

方法二：把10千克水分成两份，一份3千克，一份7千克，分两次漂洗；

方法三：把10千克水，平均分成两份，每份5千克，分两次漂洗。哪种洗的最干净？

我回到书房，把我的思考过程写下来：

(1) $1\div(1+10)=\frac{1}{11}$；

(2) $1\div(1+3)=\frac{1}{4}$，$\frac{1}{4}\div(7+1)=\frac{1}{32}$；

(3) $1\div(5+1)=\frac{1}{6}$，$\frac{1}{6}\div(5+1)=\frac{1}{36}$。

经过对比，方法三含有的污水最少，我迫不及待地告诉游老师，游老师直夸我是个聪明的孩子。我挠着头笑着说：“哪里，哪里，小意思啊！”。

最后学生认识到：在同样多水的条件下，平均把水分成的份数越多，洗得就越干净。原来洗衣服也有如此大的学问，少用一滴水，呵护我们赖以生存的摇篮——地球。看来生活中处处离不开数学啊！

数学家华罗庚曾说过：“宇宙之大，粒子之微，火箭之速，化工之巧，地球之变，日用之繁，无处不用数学。”通过师生共研，能真正让学生感受到数学来源于生活，感受数学的作用，提高学习数学的兴趣。

### （二）关于数学日记

数学日记，就是让学生以日记的形式记录下自己对数学教学内容的理解、对数学知识的深刻认识和反思以及数学在生活中的应用等。学生在学习过程中遇到的问题、学习的体会、思考过程都可以写下来，通过写数学日记，孩子们的数学素养和综合能力得到了很大发展。

记得有一位同学在他的数学日记中写道：

今天，我又一次自主学习了第15期《时代学习报》的“超级PK台”栏目。

看到最后一题“做小旗”了。原题是“一块长120厘米，宽100厘米的红布，最多可以做多少面直角边是40厘米和30厘米的三角形小旗?”我和我的同桌一起讨论，他说这道题太简单了，我问他是多少？他说结果是18面，因为宽里面只能剪3行，每行能剪6面，一共能做6×3=18(面)。但我不认为是18面，我说出了答案是20，那个同学偏说我用大面积除以小面积得到20面。

过了一会儿，我们去找老师请教。游老师问我能不能用好方法证明自己的答案。我信心十足地说：“我们可以在120厘米的那条边放3个40厘米的直角边，在100厘米的边上放2个30厘米的直角边和1个40厘米的直角边，这样就可以做出20面小旗了。”如下图所示：

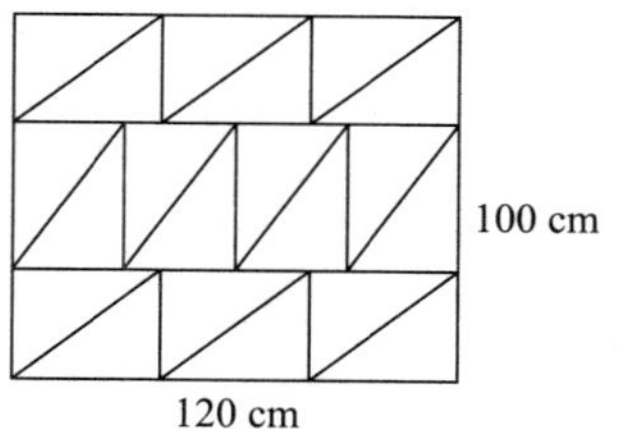


后来我参考了第16期的时代学习报，答案竟然写了只能做18面小旗，看来我们学习数学不仅要多思考，还要有创新思维。

其实何止是编辑，我当时也认为他的20面小旗是用“大面积÷小面积”得出来的，后来他走上讲台，画出图形，在没有浪费布料的情况下得到最佳答案，其他同学则以热烈的掌声对他表示钦佩。

（三）阅读+演讲

有很多数学老师认为，只有语文学科需要阅读，其实这种观点是不对的。每年暑假或寒假，我都给孩子开出阅读书单，如推荐《数学帮帮忙(全25册)》《数学绘本(全36册)》《李毓佩数学故事(全7册)》《中国科普名家名作趣味数学专辑(典藏版)》《好玩的数学》等，或者利用课余时间和学生一起读报，如《时代学习报》《小学生数学报》《少年智力开发报》，或者是读一些数学杂志，如《数学小灵通》,学生在阅读的过程中提高了收集信息的能力,提高了发现问题和提出问题的能力,提高了分析问题和解决问题的能力。

学生所写的数学日记可以走上讲台和全班同学一起分享,自己喜欢的数学文章可以和同学们一起交流,把自己知道的、看到的、想到的、质疑的、欣赏的数学问题通过演讲分享给其他同学,训练了学生的逻辑思维,提高了学生的理性精神、批判精神。

## 二、我给孩子编数学读本

自人类诞生之日起,学习就成为整个人类及其每一个个体的一项基本活动。学习的作用不仅局限于对某些知识和技能的掌握,还能使人聪慧文明,使人高尚完美,使人全面发展。正是基于这样的认识,人们始终把学习当做一个永恒的主题,反复强调学习的重要意义,不断探索科学的学习方法。同时,人们也越来越认识到,实践无止境,学习也无止境。古人云:“吾生也有涯,而知也无涯。”当今时代,世界在飞速变化,新情况、新问题层出不穷,知识更新的速度大大加快。人们要适应不断发展变化的客观世界,就必须把学习从单纯的求知变为生活的方式,努力做到活到老、学到老,终身学习。

基于培养学生自主学习的思考,我常常给孩子们编写一些数学阅读读本,让学生在课前进行自主学习,提高学生的数学阅读能力。读本或者以童话故事的形式,如《喜羊羊和小灰灰游北京》,或是介绍计算规则的文章,如《小数除法“三字经”》《三步走,巧计算》《变一变,更简便》等,还有介绍策略思想方法的,如《打破常规,巧求面积》《巧用方程,解决问题》等,还有介绍数学文化史的一些文章。

### 打破常规　巧求面积

学习计算比较复杂的多边形的面积,我们不但要掌握基本图形的面积计算公式,还要善于从整体上分析、观察图形,分析图形的特征,发现其中隐藏的数量关系,发挥想象力,有时还可能要添加一些辅助线,灵活、巧妙地进行解答。同学们,让我们一起来运用下面常用的几种方法进行有趣的求多边形的面积吧。

1.“去”，就是“去空求差，求面积”

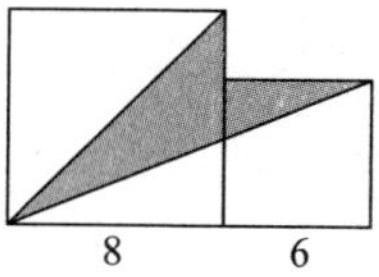


同学们都知道，遇到不规则的图形，有时无法用公式直接计算它们的面积。如右图：请你计算阴影部分的面积。仔细观察图形，我们发现用两个正方形的面积之和去掉两个空白部分三角形的面积，就是阴影部分的面积。即：$8\times8+6\times6-8\times8\div2-(8+6)\times6\div2=26$。

2.“分”，就是“分割求和，求面积”

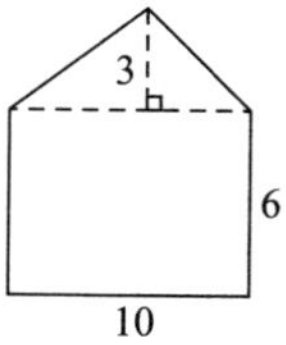


通常是把一个不规则的图形分割成几个基本图形，分别求出各个部分的面积，再相加。如右图：同学们，你能求出这个多边形的面积吗？试一试，相信你一定行！

3.“换”，就是“等量替换，求面积”

如下图：两个完全一样的直角三角形重叠在一起，求阴影部分的面积。

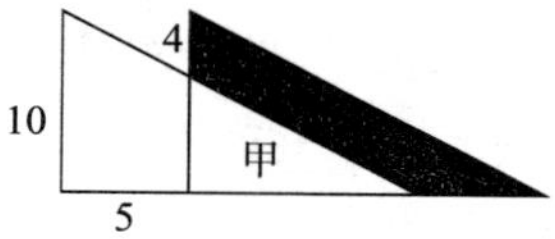


图中的阴影部分虽说是个梯形，可是它的几个基本条件都不知道，不能直接求出它的面积。但是，由于是两个完全一样的直角三角形重叠得到的阴影部分，我们可以想象成两个面积相等的直角三角形同时减去中间部分甲的面积，分别剩下的两个梯形面积仍然相等，于是，就把阴影部分的面积替换成左边梯形的面积了。因此，阴影部分的面积是：$(10-4+10)\times5\div2=40$。

4.“移”，就是“平移图形，求面积”

平行四边形的菜地（如下图），底长 39 米，高 34 米，中间有一条宽 1 米的小路，请利用平移的方法，求菜地的面积。

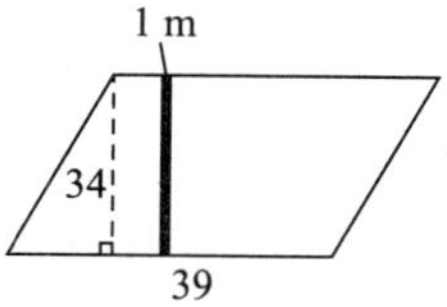


我们可以把左边的梯形向右平移，与右边的梯形合并成一个新的平行四边形。

5.“添”，就是“添辅助线，求面积”

遇到不规则的图形，我们可以添辅助线，画一画，分一分，把复杂的数学问题简单化。

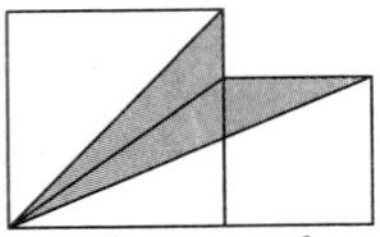


我们在日常学习中，有时可以运用多种方法解决同一道题，例如第一题，我们既可以用“去空求差”的方法，又可以用“分割求和”的方法（要添加辅助线），如右图：我们把阴影部分分割成两个钝角三角形。同学们，换个角度去思考数学问题，就会发现数学越来越好玩！

## 理解关键词　学小数性质

在小数王国里，有这样一条规定：在小数的末尾添上“0”或去掉“0”，小数的大小不变，这是小数的性质。在学习小数的性质时，我们只要紧紧抓住“小数”“末尾”“0”和“大小不变”这四个关键词，就一定能灵活掌握小数的性质。

（1）“小数”，即只在小数的末尾添上“0”或去掉“0”，小数的大小不变。如果在整数的后面添上“0”或去掉“0”，数的大小就会改变。像在5、30、800这些数的末尾添上或去掉“0”，数的大小就改变了。

（2）“末尾”，即只能去掉或添上小数末尾的“0”，而其他位置的“0”却不可以随意去掉或添上。像0.06、30.08、100.009中间的“0”就万万不能随意去掉，否则这些数的大小就会发生改变。

（3）“0”，即添上或者去掉的只能是“0”。如果添上或者去掉的是1、2、3……，数的大小也会发生改变。

（4）“大小不变”，即在小数的末尾添上或者去掉“0”，仅仅是小数的位数发生了改变，也就是小数的计数单位发生了变化，它的大小并没有发生改变。

同学们，那么小数末尾的“0”是不是不起任何作用，可以任意添上或者去掉呢？

答案是否定的，如果这个小数是一个准确数，就可以在这个小数的末尾添上或者去掉“0”，小数的大小不变；如果这个小数是一个近似数，而且又要精确到一定的小数位数，即保持一定的精确度，就不能在小数的末尾添上“0”或者去掉“0”。例如，将0.495保留两位小数，应该是0.50，而不能写成0.5。

同学们，你们理解了吗？

# 巧找等量关系

列方程解决实际问题最重要的是找准等量关系。那么，怎么找准等量关系呢？下面我给同学们介绍几种常用的方法，我们在解决实际问题的过程中可以灵活运用它们。

1. 理清题意，找等量关系

如：泰州市第一外国语学校一年级原来有学生 16 人，转进一些同学后，现在有学生 31 人。转进了多少学生？

根据题意可知，原来的学生数＋转来的学生数＝现在的学生数。解：设转来了 X 人，列出方程：16＋X＝31。

2. 画线段图，找等量关系

如：一年级男生人数是女生的 2 倍，男生有 36 人，女生有多少人？

我们可以采用画线段图的方法来找等量关系：

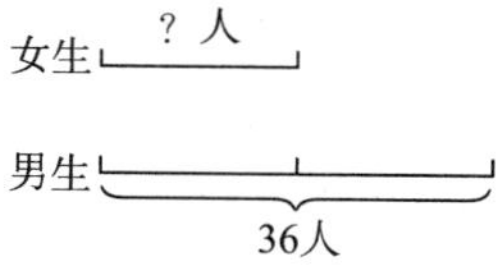


从图中可以清楚地看出：女生人数×2＝男生人数。于是，可以设女生人数为 X 人，得到方程：2X＝36。

3. 依据公式，找等量关系

如：一块平行四边形的菜地，面积为 24 平方米，高是 6 米，底是多少米？

根据平行四边形的面积公式：底×高＝面积。设底为 X 米，列出方程：6X＝24。

4. 找关键句，找等量关系

再如：蓝鲸是世界上最大的动物。一头蓝鲸重 165 吨，大约是一头非洲象的 33 倍，这头非洲象大约重多少吨？

在这道题目中，“（蓝鲸）大约是一头非洲象的 33 倍”是关键句，根据这句关键句可以找到等量关系“非洲象的体重×33＝蓝鲸的体重”。于是，设非洲象的体重是 X 吨。可以列出方程：33X＝165。我们找出的关键句可以表示倍数关系或者相差关系。同学们，你们学会了吗？

# 巧用方程　解决问题

列方程解应用题是小学数学的一项重要内容，是一种不同于算术解法的解题方法。列方程解决问题通常采用以下策略：找、设、列、解、验。下面我们就一起来学习有效提高问题解决的“五步法”吧。

1.“找”，即找等量关系

找等量关系式通常先找出题目中的关键句，常见的数量关系主要有倍数关系和相差关系。如：“地球表面的陆地面积比海洋面积少 2.1 亿平方千米”这句话的数量关系是：陆地面积＋2.1＝海洋面积；又如：“鸭的只数是鹅的只数的 3 倍”，这句话的数量关系是：鹅的只数×3＝鸭的只数。找数量关系的时候，我们可以用把关键句圈一圈、画一画的方法，使得我们能够很快找准数量关系。

2.“设”，就是设未知数

根据找到的数量关系设未知数，设未知数的方法分直接设和间接设两种：直接设未知数就是求什么就设什么，间接设未知数就是当直接设未知数不易列方程时，设与所求的问题相关的间接未知数。通常设“一倍数”的量为未知数。如：“饲养场养鸭和鹅共 7 200 只，其中鸭的只数是鹅的 3 倍。求饲养场养鸭和鹅各有多少只？”这道题“一倍数”是鹅的只数，通常我们就设：鹅的只数为 X 只，鸭的只数就是 3X 只。

3.“列”，就是列出方程

根据找到的数量式列出方程。上一道题我们列出的方程就是 3X＋X＝7 200，列好方程我们需要再看一看，方程的左边表示鸭的只数和鹅的只数，右边表示鸭和鹅的总数，方程两边保持平衡，说明我们的方程正确了。

4.“解”，即求方程的解

求方程的解这一过程就是根据等式的性质求出方程的解。

5.“验”，就是认真检验

认真检验、保证其正确性。例如上一题，我们求出来的答案是养鸭 5 400 只，养鹅 1 800 只，可以把答案代入原方程，看是不是能使方程两边相等；或者把答案代入题目中，看是不是符合所有的条件。即：5 400＋1 800＝7 200（只），1 800×3＝5 400（只），可以看出我们的解题过程正确。

亲爱的同学们，你们学会了吗？相信只要你们灵活运用“五步法”，就能养成良好的解题习惯，形成优秀的学习品质，一定能成为班级中的“方程达人”。

## 小灰灰和喜洋洋游北京

今年十一黄金周，小灰灰和喜洋洋一起乘飞机去北京旅游，一起参观了2008年奥运会主会场——“鸟巢”。

一到“鸟巢”，小灰灰立刻惊呆了。他沿着东西方向走了走，又沿着南北方向走了走，看了“鸟巢”的介绍说明，惊讶地说：“整个‘鸟巢’占地面积大约210 000平方米，真是太大了！”

喜羊羊挠了挠后脑勺，说：“对，慢羊羊村长告诉我们，测量和计算土地面积时，通常用公顷作单位。”

小灰灰说：“用公顷作单位比较合适。边长100米的正方形土地，面积是1公顷，也就是说1公顷=10 000平方米。把平方米换算成公顷，用210 000÷10 000，把210 000的小数点向左移动四位，所以210 000平方米=21公顷。”

喜羊羊说：“也可以用平方千米作单位。边长1 000米的正方形土地，面积是1平方千米，也就是说1平方千米=1 000 000平方米=100公顷。把公顷换算成平方千米比较简便，21÷100=0.21，21公顷=0.21平方千米。”

小灰灰随后来到天安门广场和故宫：“喜羊羊，你看，多漂亮的故宫，多雄伟的天安门广场呀！”

喜羊羊兴致勃勃地介绍说：“天安门广场是世界上最大的城市广场，占地面积40公顷；北京的故宫是世界上最大的宫殿，占地面积72公顷。小灰灰，你知道它们分别等于多少平方米吗？”

“这可难不倒我小灰灰，”小灰灰自信地说，“把公顷改写成平方米，只要用数乘它们的进率10 000。40公顷=400 000平方米，72公顷=720 000平方米。”

喜羊羊说：“看来你最近学习很用功啊！把慢羊羊村长的教学内容活学活用了。”

# 变一变 更简便

我们已经学习了乘法交换律、乘法结合律和乘法分配律，运用这些运算律和运算性质可以使计算简便。计算时，有些练习我们不能直接运用运算律进行简便计算，而需要先变一变，再进行简便计算，这就需要我们进行适当而灵活的变形。

## （一）与乘法交换律、结合律相关的变形

如：3.2×25×1.25

在整数乘法中，5、25、125等都是特殊的数，它们是分别与2、4、8相乘都能凑成整十、整百和整千的数。同样地，在小数乘法中，我们也要关注像0.5、2.5、1.25和12.5这样的数，并由此想到它们和2、0.2、4、0.4、8和0.8……相乘。上面的例子我们可以把3.2写成8×0.4，计算过程写成8×0.4×25×1.25=(8×1.25)×(0.4×25)=10×10=100。

## （二）与乘法分配律相关的变形

如：2.4×1.02

因为1.02接近整数1，所以把1.02拆成1和0.02的和，然后再运用乘法分配律，计算就可以更加简便了，计算过程写成2.4×(1+0.02)=2.4×1+2.4×0.02=2.448。

## （三）与积不变规律相关的变形

如：4.5×7.2+55×0.72

这道练习我们可以把它分解成两部分，即4.5×7.2和55×0.72，我们很容易想到，可以运用积不变的规律，使这两部分含有共同的因数7.2或0.72，那么我们再用乘法分配率就能够进行简便计算了。因此，我们可以把7.2变成0.72，或者把0.72变成7.2，就显得非常重要。计算过程写成4.5×7.2+55×0.72=4.5×7.2+5.5×7.2=(4.5+5.5)×7.2=72；也可以写成4.5×7.2+55×0.72=45×0.72+55×0.72=(45+55)×0.72=72。

同学们，你们会利用上面学会的方法计算0.125×2.5×32、0.86×2.01和3.6×99+0.36×10吗？

# 巧妙分组 活用规律

在日常生活中，有许多现象都是按照一定的规律，依次不断重复出现的，我们把这种现象称为周期规律，如：一年四季的变化、白天黑夜的交替、运动场上各种彩旗的摆放，等等。在数学中，我们把与周期性有关的数学问题叫做周期问题。下面我们来学习一种简洁有效的活用规律的方法——“分组法”。

例如： ……

上面的篮球、排球和足球是按一定的规律排列的，其中第 34 个是什么球？前 34 个球有多少个篮球？

仔细观察、分析图中球的排列，就可以发现球是以 4 个为一组的，每一组都是按照篮球、排球、篮球、足球的顺序依次重复出现的，因此我们可以圈一圈、分一分组，再看 34 里面包含几个这样的组，若正好有整数个组，那么结果就是每一组的最后一个，若是有整数个组还有余数，那么结果就是每组的第几个。可以解答为：34÷4＝8(组)……2(个)，一共有 8 个组，余下的 2 个是第 9 组的 2 个，因为每组中相同序号的物体是相同的，所以第 9 组的第二个和第一组的第二个一样，都是排球。要求前 34 个球中有多少个篮球，可知一共有 8 个组，每组有 2 个篮球，再加上余下的 1 个，可以得出篮球一共有 8×2＋1＝17(个)。

但有时我们可能在一题中有多个不同的组，我们依旧采用巧妙分组的方法。如下图：

| | | | | | | | | | | | | | | | |
|---|---|---|---|---|---|---|---|---|---|---|---|---|---|---|---|
| 少 | 年 | 智 | 力 | 开 | 发 | 报 | 少 | 年 | 智 | 力 | 开 | 发 | 报 | 少 | …… |
| 小 | 学 | 生 | 都 | 爱 | 看 | 小 | 学 | 生 | 都 | 爱 | 看 | 小 | 学 | 生 | …… |

如图所示，每列上下两个字组成一组。例如：第一组是(少，小)，第二组是(年，学)……，第 60 组是什么？这道题有两个周期规律，解答时需要认真观察、分析、比较，同样可以采用圈一圈、分一分的方法，分别找出上下两列第 60 个字是什么，从而正确解题，解题如下：

60÷7＝8(组)……4(个)→“力”

60÷6＝10(组)　　　　→“看”

所以第 60 组是(力,看)。

同学们,周期问题好玩吧！只要我们在解决周期问题的过程中多动手操作,多自主思考,就一定能活学活用规律,解决生活中的各种实际问题。

## 小数除法“三字经”

小数是一种奇妙的数,小小圆点可以带给我们无穷的乐趣。在进行小数加减法笔算时,要做到“齐、算、点、简、验”,灵活运用这“五字经”,小数加减你一定行！下面我们就一起来学习有效提高计算正确率的“五字经”吧！

1.“齐”,就是把小数点对齐

小数加、减法的计算方法和整数加、减法的计算方法相同,都要把相同单位的数分别相加、减,小数加、减法的关键是要把小数点对齐,相同数位也就对齐了,即使是位数不同的几个小数,也能快速把相同数位对齐,如右图。

$$\begin{array}{r} 5.2\phantom{0} \\ -\,3.74 \\ \hline \end{array}$$

2.“算”,就是从最低位算起

有时小数位数不同,通常根据小数的性质把小数改写成位数相同的算式,再细心地计算。例如:计算 5.2－3.74 时,我们列竖式通常写成:

$$\begin{array}{r} 5.20 \\ -\,3.74 \\ \hline \end{array}$$

3.“点”,即在得数上点小数点

亲爱的同学们,你知道右图的计算错在哪里吗,相信聪明的你一定能够改正过来。

$$\begin{array}{r} 5.20 \\ -\,3.74 \\ \hline 146 \end{array}$$

4.“简”,就是把最后得数化简

如果最后得数不是最简小数,要根据小数的基本性质去掉小数末尾的零。

$$\begin{array}{r} 17.85 \\ +\ \ 2.15 \\ \hline 20.00 \end{array}$$

5.“验”,就是要认真检验

小数加减法的检验方法和整数加减法的检验方法是一样的,加法可以运用交换加数的位置再加一遍,也可以用和减去其中的一个加数,看是不是等于另一个加数;验算小数减法既可以用被减数减去差,看是不是等于减数,又可以用减数加上差，看是不是等于被减数。

亲爱的同学们，你们学会了吗？相信你们能灵活运用“五字经”，养成良好的计算习惯，形成优秀的计算品质，成为班级中的“计算高手”。

## 三步走，巧计算

很多同学非常怕小数除法，在计算小数除法时也常常出错，原因在于不理解小数除法的计算方法。其实，运用“化、算、验”三步法，小数除法咱不怕。下面让我们一起学习“三步法”吧。

1.“化”，即把除数是小数化成除数是整数

计算除数是小数的除法，先看除数是几位小数，把除数的小数点向右移动几位，使除数变成整数，然后根据商不变的规律把被除数的小数点也向右移动相同的位数，数位不够的用零补足。同学们，你们知道为什么要先移动除数的小数点吗？我们举个例子就明白了，比如：0.568÷2.4，如果先移动被除数的小数点，使被除数变成整数，那么被除数和除数同时向右移动三位，也就变成了568÷2400，这时，计算起来就比较麻烦；而如果先移动除数的小数点，变成5.68÷24，计算起来就比较简便。

2.“算”，就是按照除数是整数的方法计算

转化成除数是整数的小数除法之后，就按照整数除法的法则去除，商的小数点要和被除数的小数点对齐；如果除到被除数的末尾仍有余数，就在余数后面补零，再继续除。例如：

```
          2.5        商的小数点对齐被除数的小数点
   4.6)11.5.
        9 2
       ─────
        2 3 0        除到末尾有余数，添0继续除
        2 3 0
       ─────
            0
```

3.“验”，就是用小数乘法、除法进行验算

计算之后我们要养成验算的习惯，验算小数除法我们用小数乘法或除法验算。例如验算11.5÷4.6=2.5，可以用4.6×2.5，看看结果是不是等于11.5；或者用11.5÷2.5，看看结果是不是等于4.6。

计算时，只要我们运用“化”“算”和“验”这三个计算步骤，养成良好的计算习

惯，认真思考、细心计算，人人都能成为计算能手哦！

## 三、学生数眼看世界

我对学生数学日记的要求是：把内容写清楚，能让读者看明白就可以。你可以写数学课发生的故事，也可以写生活中的数学故事，还可以写对数学的理解、感觉到数学的美妙与神奇……有话则长，无话则短，想写什么就写什么，兴趣第一，内容和形式第二。

四年下来，学生对写数学日记的兴趣越来越浓，数学能力和数学素养得到进一步的提升。每个孩子的数学日记都是我们日常生活作业的一部分，你可以到讲台前来宣讲你的数学日记，也可以把数学日记发表在我们的校报《小眼睛看世界》上，还可以展览在学校的公告栏上。通过各种激励措施，让学生们更乐意写数学日记。

从一开始不知道怎么写，到写的日记内容和形式比较单一，再到现在人人喜欢写，我们学校学生的数学日记可谓蓬勃发展。每个班级都有自己的数学日记集，师生一起取了不少动听的名字：《萌日记》《逐梦日记》《学生眼中的数学》《数眼看世界》，等等。

学生的数学日记有以下选题内容：

### （一）数学在生活中的应用

数学来源于生活，又回归于生活。学生用数学课堂所学习到的知识应用于生活实践之中，在数学日记中展示数学和生活的密切联系。

如一个学生在日记中写道：

我把瓶子放在水龙头下面，30 秒的时间我就灌满了 2 升水。这么快啊？我很惊讶。我想我每次洗澡都要 20 分钟，而且水龙头从来不关的。如果我在洗头涂洗发露、沐浴露时关紧水龙头，最起码也能节约 5 分钟。如果再加快点动作，不是可以再节约 5 分钟，这样一共可以节约 10 分钟。如果每次节约十分钟，那我就可以列出以下的算式：10×60＝600（秒），600÷30＝20（瓶），20×2＝40（升）。我每次洗澡可以节约 40 升水！我一年淋浴洗澡 300 次，可以节约的水量就是 300×40＝12 000（升），每个人每天喝 1 200 毫升，那我一年节约的水可以够 12 000 000÷1 200＝10 000（人）一天的水量。

通过今天的实验与计算，我感受到自己平时的坏习惯造成了巨大的浪费，以后一定要养成节约用水的习惯。

### （二）课堂的收获与质疑

由于课堂时间和空间的限制，或者是老师没有给学生与大家交流的机会，那么学生就可以借助数学日记把对数学知识的理解、对问题的分析和思考一一记录下来，通过文字对话给老师以教学反馈，以便其调整教学设计。记得我教过这样一位女生，那次我在讲评数学试卷过后，建议大家建立错题集，把错误的试题抄下来以便日后复习。这时她举起手，而我为了把这份试卷讲完，竟然忽略了她的举手发言。

后来她把这件事写进了她的数学日记，在日记中她写出了自己举手的想法，是想把她整理错题集的方法分享给大家。她的错题集总共分成四部分，而不是简单地抄题。错题集分为"原题、错误原因、正确解法和类似题型"。看了她写的数学日记，我那个后悔呀，当时怎么就没有让她把话说完呢？第二天下午，我请她走上讲台担任我的助教，在全班同学面前分享她整理错题集的方法。

### （三）记录独立思考的数学体验

数学课后，我们班级通常开展"师生共研"活动，在探索数学问题的过程中，学生把对问题的分析、探究和解决的过程记录下来，在记录的过程中，提高了学生发现、提出、分析和解决问题的能力。

如一位同学在他的数学日记中写道：

今天下午，阳光明媚，我和一个小伙伴正在小区里漫步，一幢高大的新建楼房映入了我们的眼帘，我们好奇心突起，便商量不如来测量一下这幢房子的高度吧，比一比谁想出的方法多。

小伙伴先灵机一动，他随手拉了一根绳子，从二楼的窗口抛向地面，我在楼下尽量让绳子垂直于地面，在绳子上做了一个标记，绳子长 3.3 米，再乘上楼房的层数，即 3.3×8＝26.4（米）。我毫不示弱，面对着太阳，恍然大悟，就用影长的知识来解答。我们先一丝不苟地测量了我身高的影长，大约是 30 厘米，我的身高是一米五，身高与影长的比就是 5∶1，我们又仔细地测量了楼房影长的高度，大约是 5.2 米，5.2×5＝26 米。看来这次的 PK 打了个平手啊！

通过这次巧测楼房的高度，我对数学产生了更加浓厚的兴趣，数学神秘莫测的力量可以像魔术师那样让一件看似几乎不可能完成的事变得格外简单，在日常生活中大大地帮助了我们。

数学日记的内容主要有数学在生活中的应用、课堂的收获与质疑、记录独立思考和体验，还有自己学习方法的总结、编写数学童话、画数学故事，等等。数学日记这种形式，培养了学生的创新意识和应用意识，提升了学生的数学素养。

## 巧用梯形公式

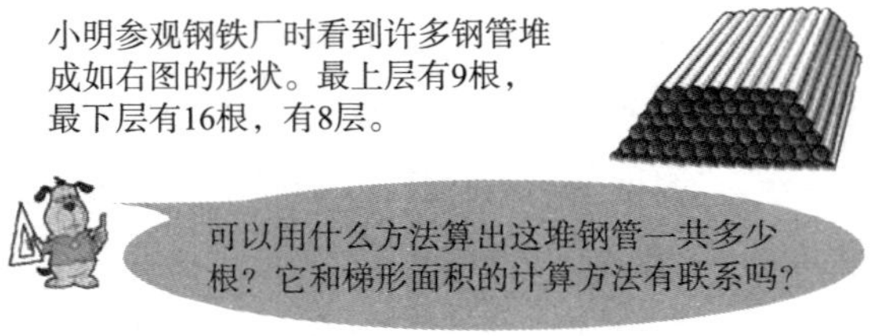


这是课本中的思考题，我与我的小伙伴们在解答这道题时进行了探索。最上层是 9 根，下面几层依次是 10、11、12……16 根，所以钢管一共有 9＋10＋11＋12＋…＋16＝100(根)。

可不可以用我们刚学的多边形的面积公式来计算呢？最后发现钢管顶层的根数相当于梯形的上底长，底层的根数相当于梯形的下底长，钢管的层数相当于梯形的高，用梯形的面积公式来计算，即(9＋16)×8÷2＝100(根)。

这两种计算方法的答案一样，是一种偶然的情况吗？

我们带着这样的疑问又进行了探索：因为梯形的面积计算公式来源于平行四边形，所以我们试着把它拼成一个平行四边形，如右图，发现底就是 16＋9＝25(根)，高就是 8 层，也可以这样理解每层有 25 根，有 8 层，即 25×8＝200(根)。一半呢？再用 200÷2＝100(根)。所以这类求一堆钢管(依次相差 1)数量的题用梯形的面积公式算是有道理的。

我不满足于得到这个结论，自己静静地思考着。通过观察 9＋10＋11＋12＋…＋16＝100 和(9＋16)×8÷2＝100 这两个算式，我发现：求一列有规律的数(每相邻的两个加数，后一个比前一个多 1)之和，都可以利用梯形的面积公式来计算。如 2＋3＋4＋5＋6＋7，第一个数 2 相当于梯形的上底，最后一个数 7 相当于梯形的下底，加数的个数 6 就相当于梯形的高。所以 2＋3＋4＋5＋6＋7＝(2＋7)×6÷2＝27。

我把我的发现告诉了同学们,有一位同学提出一个问题:“2+4+6+8+10+12”这组数据中,每相邻的两个加数相差2,可以用梯形的面积公式来计算吗?我们又一次进行了探索,最后得出结论:只要一组数据的每两个相邻加数的后一个数与前一个数的差都相同,就能用梯形面积公式来计算这组数据的和,(2+12)×6÷2=42。

得出了这个结论,大家非常高兴,沉浸在成功的喜悦中。

## 标签中的学问

星期天,马克陪妈妈去超市购物。看到马克最爱吃的煎饼,妈妈就拿起一包,说:“平时我们购买食品时,要注意观察商品包装标签,你看上面有:配料表,生产许可证号、保质日期,还标明单价是每千克12元,重量是0.336千克,总价是4.03元……”

“不对,这个标签有问题。”没等妈妈说完,马克说:“您看,单价是每千克12元,重量是0.336千克,要求总价是多少,应该用12×0.336,根据我刚学的小数乘法知识,两个因数中一共是三位小数,那积一定是三位小数,而标签上总价是4.03元。”

“呵呵,没想到我们买煎饼还买出问题来了!”妈妈说道。

“让我来算一算。”马克说,“12×0.336=4.032(元),4.032元表示4元零3分2……2什么呢?妈妈,借您的手机用用,我上网查一查。”

以元为单位的小数点后面第三位是厘,虽然没有面值多少厘的人民币,但在计算存贷款利息、外汇兑换时,看上去很小的一厘钱,若要和几万、几亿人民币这些很大的数字相乘,也是一笔很大的数目。

“我知道了,因为没有面值多少厘的人民币,我们实际付款时,只能付4元零3分,所以要用四舍五入法取近似值。”

4.032元≈4.03元

“求近似数时,要看需要保留位数的后一位。若保留两位小数,就要看小数点后面第三位，如果第三位上的数字小于5，那么要直接舍去；如果第三位上的数字大于等于5，就要向前一位进1，然后把后面的数舍去。2<5，所以直接舍去，结果是4.03。”马克分析道。

“嗯，你真是个爱动脑筋的好孩子！为了表示奖励，多买几包你最爱吃的煎饼！”妈妈笑着说。

## 巧求图形面积

今天是我们家巧求图形面积的比赛，我们都做好了充分的准备迎接比赛。我和爸爸一组，甜甜姐姐和妈妈一组，我和甜甜姐姐用石头剪刀布决定谁先出题，结果我输了，只能让甜甜姐姐先出题。

甜甜姐姐和妈妈商量来商量去，最后出了这道题：下图是5个相等的三角形拼成的图形，求这个图形的面积。

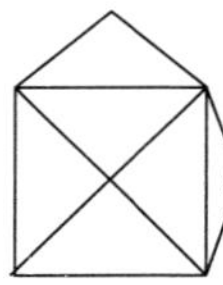


这下爸爸可发愁了，问我：“怎么办？”我可没回答他，而是一直在用铅笔在草稿纸上写来写去。突然，我想出来了个好办法。我看着姐姐，自信满满地说：“图形下面部分是一个边长6厘米的正方形，面积为6×6＝36（平方厘米），而正方形是由4个相同的三角形组成的，每个三角形的面积就是36÷4＝9（平方厘米），整个图形又是由5个相等的三角形拼成，面积就好求了，就是5×9＝45（平方厘米），所以这个图形的面积是45平方厘米！”这下甜甜姐姐、妈妈和爸爸都惊呆了，他们异口同声地对我说：“你真厉害！”

其实只要你掌握了技巧，就会把数学学得很好哦！我爱数学！

## 消费中也有数学

星期天，我和妈妈去石路国际商场逛街。

正好，我们碰上了商场搞特惠活动，有两种活动：第一种是“满100立减50”的活动，第二种是“满100立减30”的活动。突然，一家卖女式鞋子的店吸引了我和妈妈的眼球，这家店也正好参加“满100立减50”的活动。妈妈看中的是一双原价为748元的鞋子，活动后只要700÷100×（100－50）＋48＝398（元）。我们一想，不合算，因为如果凑满 800 元，只要花 800÷100×(100－50)＝400(元)。

我们为了凑满 800 元，又在商场里寻找需要且便宜的东西。但是，很多商品都搞的是“满 100 减 30”的活动，与“满 100 减 50”的商品不能同时累计。我们找了很久，终于找到了我们想要的东西——袜子。我们来到了袜子专柜：一双儿童袜要花 15 元，一双女式袜要花 19 元，一双男式袜和女式袜的价钱一样。三双不同款式的袜子需要花 15＋19×2＝53(元)。现在所有的东西原价只需 53＋748＝801(元)。我们去柜台结账，一共只付了 800÷100×(100－50)＋1＝401(元)。

原价买三双袜子要花 53 元，但活动后只花了 401－398＝3(元)。我们用 3 元买到了值 53 元的三双袜子，真是太划算了！

原来消费中也有数学啊！真是无处不在的数学！

## 一次性筷子的危害

每当我路过小吃店的时候，总会发现大大的垃圾桶里面躺着一双双沉睡的一次性筷子，这些可怜的筷子为人们服务，被使用一次后却被无情地随意丢弃。

筷子是中国人的主要餐具，是中国饮食文化的重要体现。但近些年来，当古老的传统遇到现代社会快速、便捷、卫生的价值观时，国人对这项餐具的耗费让人触目惊心。于是，我就想通过观察一家小吃店，统计他们一天使用的一次性筷子的数量，来算算人们浪费的木材。据我观察，中午的人流量最多，大约有40 人，而上午和晚上大约各有 20 人，这样 40＋20×2＝80(人)，也就是要使用 80 双一次性筷子。照这样计算，一年就要使用 80×365＝29 200(双)，一家小吃店一年要用掉 29 200 双筷子。我查阅了相关的资料，发现如果用一棵一年的树来做筷子，可以做成 100 双一次性筷子。换句话说，一家小吃店一年就要砍掉 292 棵这样的小树，更何况整个苏州，乃至整个中国呢？这真是令人震惊啊！而这些一次性筷子被随意丢弃，又对环境卫生造成了二次污染；而砍伐树木，会影响造林，减少氧气，造成水土流失。

我建议大家使用可重复使用的筷子，这样我们就可以少砍伐树木，并且要积极参加植树造林活动，通过我们的行动让环境变得更好！

希望人人都行动起来，创造更美好的世界！

## 巧测楼房的高度

舅舅家新盖了一幢楼房，三层的，很气派。双休日我们去舅舅家，舅舅笑着问我："小宇，你知道我家的楼房有多高吗？"

"舅舅，这还不简单吗！"说着我从舅舅家的工具箱里拿出一把卷尺，"用卷尺，不就可以测量了。"说着，我从二楼的位置把卷尺往下拉到地面，先测出一层楼的高度为 3.4 米，三层楼的高度是一样的，那就是 $3.4\times3\approx10.2$(米)。"舅舅家的楼房高 10.2 米！"我得意地对舅舅说。

舅舅听了，点点头，把我手里的卷尺一收，就又向我"发号施令"了："用你文具盒里的直尺，能测吗？"这可真是难办了，我文具盒里的直尺最长也只有 20 厘米，怎么量这 10 米高的楼房呢？脑子转呀转，终于想到了：可以用绳子先代替刚才的卷尺进行测量，把楼房的高度转化成绳子的长度，再用直尺分段测量就行了。我把这种想法告诉了舅舅，这次舅舅表扬了我。

舅舅又进一步提出要求，让我只用直尺进行测量。我拿着短短的直尺在楼房上不断比划，这可怎么办呢？看着眼前的楼房，门、窗户、玻璃……还有什么我可以利用的呢？我仔细观察后，不由地眼前一亮——墙上铺的瓷砖！将高高的楼房"化长为短"，最直接的方法就是替换。于是，我用直尺量了一块瓷砖的高度是 23 厘米，加上两块瓷砖之间的缝隙 1 厘米，一层一共是 14 块瓷砖的高度，一层的高度大约就是 $(23+1)\times14=336$(厘米)，336 厘米 $=3.36$ 米，再用 $3.36\times3\approx10.08$(米)，这就是舅舅家楼房的高度了。

哈哈，问题解决啦！同学们，你们还有比我更好的方法来测楼房的高度吗？

## 帮老爸算一算汽车的油耗

春节到了，我们一家人准备出去自驾游，目的地——厦门。出发前老爸对我说："莹莹，这回我们出去旅游，一路上你顺便帮老爸算算咱家汽车的油耗吧？"我欣然接受了老爸的这个任务。

首先，我在网上查了一下，我们通常所说的汽车油耗是指每百公里所燃烧的汽油总量，即：百公里汽车油耗＝燃烧的汽油总量÷总的行驶里程×100。这样的话，我只要知道这次旅行的总里程数和行驶这段路程所燃烧的汽油总量，就可以帮老爸算出他的汽车油耗了。

出发时，我先让老爸把油箱加满，同时我也记下了出发时老爸的汽车里程表的读数是 53 000 km。接着，我们一家人就快乐地踏上了厦门之旅。在经过长达 12 个小时的行驶之后，我们终于到达了此次的目的地——美丽的厦门鼓浪屿。老爸这时又在加油站把油箱加满了，我记下了此时里程表的读数正好是 54 200 km。这一路上，我们一共加了两次油，一次 55 L，一次 50 L。

到达宾馆后，我就迫不及待地开始计算：

总的行驶里程：54 200－53 000＝1 200(km)；

燃烧的汽油总量：55＋50＝105(L)；

百公里汽车油耗：105÷1 200×100＝8.75(L)。

所以，老爸的汽车百公里油耗为 8.75 L。当我把这个结果告诉老爸的时候，老爸开心地笑了，说："我们家莹莹真棒，数学学得非常好！"在帮爸爸算出油耗后，我也觉得很有成就感，同时我也明白生活中到处都有数学，所以我以后要更加努力把数学知识学好！

## 我找到了规律

有一天，爸爸给我出了这样一道思考题："一个五边形的内角和是多少度？"

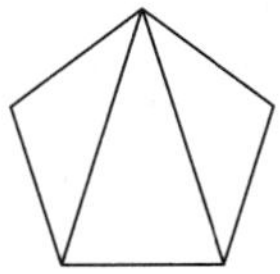

我想了好久好久，都没有想出答案来。于是我拿这道题去问爸爸。爸爸温和地告诉我说："不要着急，我们可以在纸上运用画一画、分一分的策略，尝试借助已经学过的三角形的内角和的知识来解决它。"我们先画了一个五边形，爸爸引导我从五边形的任意一个顶点向和它不相邻的顶点连接，这样就把五边形分成了三个三角形(如右图)。

画好之后，爸爸让我观察这个五边形的内角和与这三个三角形的内角和有什么联系。我仔细地观察，发现可以把五边形的内角和转化成三个三角形的内角和之和。我把我的发现告诉了爸爸，爸爸笑着问我："你现在会求五边形的内角和了吗？"我突然明白了，要求五边形的内角和，只要求三个三角形的内角和之和，即 $180^\circ \times 3 = 540^\circ$。

接着我用同样的方法发现：

四边形的内角和：180°×2=360°；

六边形的内角和：180°×4=720°；

七边形的内角和：180°×5=900°。

也就是说：任意多边形的内角和就是用它的边数减去2，然后乘以180°。

现在我可以自豪地说："不管你画出几边形，我都可以计算出它的内角和。"自己找到了规律，我好开心！

## 变废为宝

一张使用过的白纸，一个喝空了的易拉罐，一只拆空了的包装箱……虽然我们不会过多地在意它们，可它们正在被一点一点地浪费着。

据统计，每个家庭平均一天就会产生0.5千克废品，以中国为例，中国大约有13亿人口，按三口之家算，那就约有433 333 333个家庭，一天就会产生大约433 333 333×0.5=216 666 666.5(千克)=216 666.666 5(吨)废品，整个世界岂不是更多？这样惊人的数字确实让人难以置信。比如像随手丢弃的废电池，每节就能产生0.001 7千克废气，我国每年平均有60多亿节废电池被随手丢弃，就会产生大约60×0.001 7=0.102(亿千克)的废气，那对人类的危害有多大呀！

我常常在想：这些被废弃的资源如都能重新被利用，世界一定就会变得更加美好。现在国家正在提倡低碳生活，我们怎样变废为宝呢？把丢弃的废旧易拉罐集合起来可以制成精致美丽的金属用品，所有的废电池合起来的能量可以使一台大型机器人维持动力10个月，每人每天节约一张纸可以挽救一片绿洲……

光浪费不懂得环保，一定会给人类带来天大的灾难，只要我们懂得节约，那么废品将会变成宝贝(见下面三幅图)。

废灯制作的油灯

利用枯树枝制作的花盆

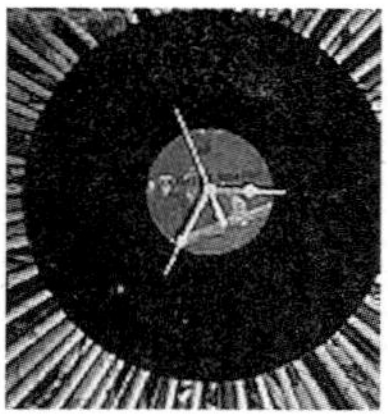

废旧唱片的小创意

# 结语　着眼于学生未来的发展

华东师范大学教授叶澜曾指出:“课堂教学应被看做师生人生中一段重要的生命经历,是他们生命的有意义的构成部分。对于学生而言,课堂教学是学校生命的最基本的构成部分,它的质量直接影响学生当前及以后的多方面发展和成长。”

什么样的课是好课?在学生眼中,能帮助学生解决一个个问题,能让他们学到新的知识;能不停地鼓励他们,对学生的错误不要有太多的批评;能很好地组织课堂教学,把课堂的话语权交给学生的课是好课。一节好课应着眼于学生未来的发展,教师就是播种者,播下智慧、播下思想、播下创新、播下希望、播下精神……

## 一、在体验中学习,激发数学兴趣

《义务教育数学课程标准(2011 版)》倡导学生主动参与、乐于探究、勤于动手,强调积极主动的学习态度,使获得基础知识与基本技能的过程同时成为积累数学活动经验和渗透数学思想的过程。因此,在课堂上,我们要鼓励学生质疑,激发学生的学习兴趣。

在课堂上,教师要创设各种问题情境,给学生足够的时间和空间经历尝试、探究、猜想、验证、计算和推理等思维过程。

在教学“圆的周长”这一内容时,我创设了这样的情境:

从滚铁环引入

谈话:滚铁环游戏你们玩过么?来看看是怎么玩的?(播放滚铁环视频)

假如游老师给你们三种铁环(分别是直径 60 厘米、50 厘米和 40 厘米),游戏规则是“一起开始滚动一周,谁的距离远谁就获胜”,你会选择哪一种?为什么?

交流:第 1 个,因为第 1 个滚得最远,铁环最大!

谈话:铁环滚动一周所行的路程,其实就是这个铁环的周长。

启发：你能把这个铁环的周长指出来吗？会用语言描述一下，什么是铁环的周长？

汇报：指出铁环的周长。

谈话：这三个铁环，哪一个铁环的周长最长？

交流：直径 60 厘米的铁环的周长最长，直径 40 厘米的铁环的周长最短。

设疑：你觉得铁环的周长可能和什么有关系？有怎样的关系？

在新课导入部分一定要简短、简洁，要激发学生的学习兴趣，点燃学生的求知欲望。

## 二、在操作中学习，引发数学思考

子曰："吾听吾忘，吾见吾记，吾做吾悟。"著名心理学家皮亚杰说："儿童的思维是从动作开始的，切断动作与思维的联系，思维就不能发展。"在数学教学过程中，需要经常让学生动手试一试，让学生在操作中学习数学、理解数学。

在教学"平行四边形"时，我组织学生做一个平行四边形的活动。

谈话：同学们都认识了"平行四边形"，闭上眼睛在小脑袋里想一想平行四边形是什么样子的？好，脑子里有平行四边形的样子了吗？如果老师让你们做一个平行四边形，你们准备怎么做？

（学生思考）

学生用手头材料做，做完后交流我是怎么做平行四边形的。

（教师巡视指导）

谈话：谁愿意上台来展示自己是怎么做的？

生 1：我用钉子板围。

生 2：我用小棒摆的。

生 3：我在方格图上画。

生 4：我是直接折的。

生 5：我是用剪刀剪的。

谈话：同学们想出的办法真多，请同学们观察一下自己面前的平行四边形，它的边有什么共同特点呢？

在做平行四边形的过程中，我利用了多元表征的理论，让学生从多方面去理解和感悟平行四边形的特征，把操作和数学思考紧密结合，把动手和概念理解紧密联系。通过操作，让学生在操作的过程中积累数学经验，为理解平行四边形的特征提供感性支撑。

## 三、在应用中学习，提高应用意识

教师不仅要让学生获得良好的数学教育，而且要培养学生未来从事任何职业都需要的数学素养。应用意识有两个方面的含义：一方面，有意识地利用数学的概念、原理和方法解释现实世界中的现象，解决现实世界中的问题；另一方面，认识到现实生活中蕴含着大量与数量和图形相关的问题，这些问题可以抽象成数学问题，用数学的方法予以解决。

数学教学，要架起学生"经验世界"和"数学世界"的桥梁，让学生感受和体验数学的魅力与价值，提高学生学习的兴趣和自信心。在实际教学中，我鼓励学生写数学日记，学会应用数学知识去解释生活中的现象，解决生活中的问题。

有一位同学在他编写的童话故事中记录下这样一段话：

一天，聪聪去探望一位土豪。刚走进院子，他就看到院子中有一个大笼子，里面装着鸡和兔子，但数不清各有多少只。他问了问土豪："爷爷，这笼子里一共有几只鸡、几只兔啊？"土豪便趁机出了一道题："鸡和兔子共 15 只，脚共有 40 只，鸡和兔各有多少只？"聪聪想："老师刚教过一一列举的策略，正好可以用在这。"他心里窃喜。于是，他拿了一张纸，按照"脚共有 40 只"的条件填写了下表：

| 兔(只) | 0 | 1 | 2 | 3 | 4 | 5 | 6 | 7 | 8 | 9 | 10 |
|---|---|---|---|---|---|---|---|---|---|---|---|
| 鸡(只) | 20 | 18 | 16 | 14 | 12 | 10 | 8 | 6 | 4 | 2 | 0 |

表中只有 10＋5＝15(只)符合另一个条件，所以答案很明显：鸡有 10 只、兔有 5 只。

土豪说："我有我的方法，想不想听听？"

"还有其他的方法？"聪聪感到很诧异。

"当然有了！"只听到土豪吹了一声哨，那些鸡和兔都训练有素地抬起一只脚，这时笼子里还剩 40－15＝25(只)脚。土豪又吹一声哨，鸡和兔又抬起一只脚，笼子里只剩 25－15＝10(只)脚了，这时鸡都在笼子里飞，而兔子还剩两只脚站着。所以兔子是 10÷2＝5(只)，那么鸡有 15－5＝10(只)。"这个方法不错吧！"土豪得意地看着聪聪说。

聪聪感叹道："真不能死读书啊，到头来还没一土豪算得快。"

这位同学在学习了"解决问题的策略——列举"之后写了这个童话故事，也是我国古代非常有名的数学问题，即鸡兔同笼。任何数学知识和生活都有联系，数学来源于生活，又回归生活、应用于生活，在实际教学中，我们要把数学和生活紧密联系起来，提高学生的应用意识。

## 四、在自主中学习，提升数学素养

有人认为："教书有三个境界：第一个境界是教知识，第二个境界是教方法，第三个境界是教思想。"数学思想方法是学生认识事物、学习数学的基本依据，是处理数学问题的指导思想和基本策略，是学生数学素养的核心。

在"常见的数量关系"教学中，我把"单价、数量和总价""速度、时间和路程"这两个数量关系用线段图表示。

谈话：单价、速度可以用这样的一段线段表示，3 支或 3 小时我们就用这样的三段来表示。今天我们学习的两个数量关系可以用下面的线段图表示。

启发：整条线段表示什么数量呢？

交流：总价或路程。

引导：看到这幅线段图，你能想到什么？

交流：单价、速度我们可以看做是每份数，数量、时间我们可以看做是份数，用每份数乘份数可以求出总数。

启发：线段图中的每一份还可以表示什么吗？

汇报：每一份还可以看做是每天完成的工作量或我们每分钟完成的口算计算题，整条线段表示的是完成的工作总量。

回味：刚才我们说速度是不能直接测量的，而是通过计算得来的。例如：8.5 米/分钟，这个复合单位是不是也隐藏一个数量关系呢？12 元/本又表示什么数量关系呢？带着这样的问题课后我们再思考。

课后，很多有兴趣的学生在老师问题的引领下继续思考，12 元/本包含了"单价＝总价÷数量"的数量关系，8.5 米/分钟包含了"速度＝路程÷时间"的数量关系。在教学过程中，我们应让学生有更多的时间和空间去掌握数学思考的方法，体验数学问题解决的变化与联系，回味数学理性的美，最终提升学生的数学核心素养。

《义务教育数学课程标准(2011 版)》提出:“模型思想的建立是学生体会和理解数学与外部世界联系的基本途径。建立和求解模型的过程包括:从现实生活或具体环境中抽象出数学问题,用数学符号建立方程、不等式、函数等表示数学问题中的数量关系和变化规律,求出结果并讨论结果的意义。这些内容的学习有助于学生初步形成模型思想,提高学习数学的兴趣和应用意识。”在教学中,渗透数学思想方法,可以使学生自觉地将数学知识转化为数学能力,提升自身的数学素养。

我们要着眼于学生的未来发展而教,让学生在学习过程中多一些体验、多一些操作、多一些应用、多一些自主,在过程中发现数学的美妙、神奇,感受数学的价值。

# 后 记

我们生来就是弱者，所以需要力量；我们生来无助，所以需要帮助；我们生来无知，所以需要理性。一切我们生来不具备的才能，一切我们成长的必需因素，都来自教育的馈赠。

——卢梭

2015 年 11 月，当江苏省小学数学基本功比赛结束之后，我就想把自己的教学主张用文字记录下来，三百个日日夜夜，我思考着、前行着、阅读着、演讲着，在多种场合和他人一起分享——让知识自然生长。

作为数学教师，首先要做三种人。

1. 数学人

作为一名数学教师，我们要把握数学学科知识和学科思想。知识的产生、发展、相互联系我们都要了解，数学的三个层次思想我们都要理解。只有具备丰富的学科素养，才能不误人子弟；作为数学人需要不断地学习，以适应信息时代的知识更新，给学生以源源不断的知识沃土。作为数学人，需要不断地反思，在教学中不忘研究，在研究中不忘教学，教研合二为一，以丰富自己的理性认识。

2. 教育人

教育理念是根本性的问题。现代的教育理念是“以人为本”，所以我主张让知识自然生长，在书中我记录了自己的成长故事、自然生长的内涵、提升学生素养的途径、自然生长与以生为本的联系…… 作为教育人，要走进学生心中，站在孩子的立场上看学习、站在孩子的立场上去思考问题；作为教育人，要读懂学生的需求，与学生和平共处，民主、平等地和学生对话；作为教育人，需要了解学生，教学设计要从学生已有的知识出发，分析学情，设计教学；作为教育人，需要传道、授业、解惑，要懂教育学和心理学，要会研究，做学生的朋友……

3. 动能人

作为教育人，要时时刻刻给学生以动力和能力，而不是整天唠叨、对比、讽刺、抱怨等。儿童是活生生的生命个体，我们应多赏识孩子、鼓励孩子、肯定孩子、宽容孩子，真诚地和孩子做朋友，友善地走进学生的内心深处，做一位学生喜欢的老师。每一位动能人要始终坚信：教育因尊重每一个生命的平等而神圣！

大道思远，大道至简，大道不孤。作为一名一线草根研究者，我很高兴地看到自己的教学主张形成文字。在写作过程中，我力求将理念和案例结合起来，用讲故事的形式对自己的教学和研究再次梳理和反思，也是对教育思想的重新碰撞和智慧迸发。如果这本书的一些想法能引起一些老师的共鸣，那也是这本书的价值所在。

在写这本书的过程中，我要特别感谢苏州教科院小学数学教研员刘晓萍老师、高新区小学数学教研员袁凤珍老师，是她们一路鼓励我、引领我逐步成长，在此书的修改过程中给了我许多建议，感谢袁老师在百忙之中为此书作序。感谢东南大学出版社的丁志星老师为此书的出版提供帮助。感谢学校提供的文化场。感谢我的妻子黄明英和儿子游致谦对我钟情的教育事业给予的包容和理解。

唯有我加倍努力前行，培育更多精英以答谢各位，谢谢！

游小云

2017 年 4 月